普通高等教育"十三五"规划教材

人际关系心理学

郑应霞 甘琳琳 主 编

华中科技大学出版社
中国·武汉

内容提要

本书是依据在线精品课程"人际关系心理学"讲稿扩充而成的。全书以人际关系的产生、建立、发展、维持等为主线,采用研究案例分析等方法,力争以通俗易懂、情感渗透的方式向大家呈现人际关系心理学的各个方面,经典研究、案例分析、话题讨论等与实践相结合,学以致用,提升人际关系水平。

人际关系心理学是一门生活中的心理学,它与每个人息息相关。本书特别适合对人际关系感兴趣、有认识和改善自己人际关系需要的人阅读与参考!人际关系心理学是高校心理健康教育系列课程之一,本书可供高校心理学、社会学、公共关系等专业的学生学习使用,也可作为高校其他专业学生跨专业公选课的参考教材。

图书在版编目(CIP)数据

人际关系心理学/郑应霞,甘琳琳主编. —武汉:华中科技大学出版社,2020.8(2024.8 重印)
ISBN 978-7-5680-6166-7

Ⅰ. ①人… Ⅱ. ①郑… ②甘… Ⅲ. ①人际关系-社会心理学 Ⅳ. ①C912.11

中国版本图书馆 CIP 数据核字(2020)第 152179 号

人际关系心理学　　　　　　　　　　　　　　　　　郑应霞　甘琳琳　主编
Renji Guanxi Xinlixue

策划编辑:汪　粲
责任编辑:朱建丽
封面设计:原色设计
责任校对:刘　竣
责任监印:徐　露
出版发行:华中科技大学出版社(中国·武汉)　　电话:(027)81321913
　　　　　武汉市东湖新技术开发区华工科技园　　邮编:430223
录　　排:华中科技大学惠友文印中心
印　　刷:武汉科源印刷设计有限公司
开　　本:787mm×1092mm　1/16
印　　张:13.5
字　　数:345 千字
版　　次:2024 年 8 月第 1 版第 3 次印刷
定　　价:46.00 元

本书若有印装质量问题,请向出版社营销中心调换
全国免费服务热线:400-6679-118　竭诚为您服务
版权所有　侵权必究

前　言

　　人际关系心理学是生活中的心理学，它与每个人都息息相关，特别是对人际关系感兴趣，有认识和改善自己人际关系需要的人们！人际关系心理学是高校心理健康教育系列课程之一，本书可供高校心理学、社会学、公共关系等专业学生学习使用，也可作为高校其他专业学生跨专业公选课的参考教材。同时，本书还可供对人际关系心理学感兴趣、有需求的社会人士学习参考。

　　有人的地方就有人际关系，人际关系在人们的社会生活、工作中发挥着越来越重要的作用。本书依据人们在现实生活中建立、发展和维持人际关系的一般顺序，探讨我们每个人为什么离不开人际关系，如何建立和维持良好的人际关系，如何在他人面前留下一个良好的印象，如何成为一个受欢迎的人，如何收获亲情、友情和爱情，如何在群体中与他人互动，又如何在接受他人影响的同时不迷失自我等。通过对人际关系中种种人际心理、行为的描述和解释，帮助人们理解和调节自己的人际心理、行为，从而更好地预测自己和他人的人际心理、行为。

　　本书是以在线课程人际关系心理学的同名讲稿为基础编写而成的。全书内容遵循人际关系的发展规律，关注人际关系的提升，力求体现通识性、实用性和生活化以及情感渗透性，不追求人际关系心理学学科的理论性，而以人们生活中实际的人际心理需求为关注点，通过生活化的探讨、情浸式的论述和经典案例的佐证，让大家更好地走进人际心理，一起成长。

　　通识性方面，用通俗易懂的文字、案例分析等方式呈现，更好地满足读者的人际需求；实用性方面，人际关系心理学的学习偏重学以致用，编写本书时，力争更好地结合人们需要的人际心理知识和技能展开，素材来源于生活实际也应用于生活实际；生活化方面，人际关系心理学是生活中的心理学，编写本书时，人际关系心理学的内容设计凸显现实需求，生活化的体现，摆脱心理学的"高大上"桎梏；情感渗透性方面，人际关系心理学更多的是人与人之间的情感联系，编写本书时，通过文学作品的渗透，情感话题的探讨，更好地体现人际关系心理学的生命色彩和情感价值。

　　本书内容包含八个章节。第一章人际漫谈。采用漫谈的方式，探讨人际关系的普遍性及其意义，阐明人际交往的心理动机，对人际关系心理学有一个初步的认识。第二章人际知觉。人际关系始于人际知觉，本章阐明人是如何形成对他人的认知，并如何管理自己，使自己在他人面前留下一个良好的印象。第三章人际沟通。人际关系的形成与人际沟通密切相关，本章阐明人际沟通的基本过程，如何对人际沟通中常见的障碍进行有效沟通。第四章人际关系。阐明人际关系的建立、发展和维持，如何遵循人际关系发展的原则，提升自己的人际关系。第五章人际吸引。阐明人际吸引的常见形式及其原则，探讨爱情与喜欢的区别与联系，如何认识爱情、理解爱情、走进爱情，收获良好的亲密关系。第六章人际互动。阐明人际互动的常见形式，探讨合作与竞争的原因、机制和影响因素。第七章从众、服从和顺从。阐明在生活中，从众、服从、顺从的原因、影响因素及如何理性从众、服从，此外还对顺从的策略进行了探讨。第八章群体心理。阐明生活中常见的群体心理效应：社会助长和社会干扰、社会惰化、去个性化、群体极化和冒险转移、模仿、暗示等。本书重视生活中的人际心理、行为与基本理论的融合,每章有本章小结和思考题,章节中还附有美文赏析、资料链接、资料延伸、心理测试和电影推荐等。此外,在本书后面附有部分参考文献,供有兴趣继续深入研究者和学习者使用。

本书前四章的内容由湖北工程学院郑应霞编写,后四章的内容由武汉学院甘琳琳编写,部分图表由湖北工程学院张晓函同学绘制。本书的内容结构设计和全书统筹由郑应霞负责。

在编写的过程中,本书参考了大量的文献资料,并引用了其中部分研究资料和成果,同时,本书也参考了一些网络资源。在此,谨向多年来致力于人际关系心理学研究的国内外学者表示崇高的敬意和衷心的感谢,对所引用资料和成果的作者表示最真挚的感谢!由于编写者学识的局限,本书还有很多的疏漏和不足之处,希望得到大家的批评指正,使本书进一步完善。

在书稿完成和出版之际,感谢所有家人、同事的支持和鼓励,让我获得勇气;感谢我可亲可爱的同学们,在教授人际关系心理学课程中给我无限的快乐和灵感;感谢养育我的父母,你们对我人格的影响让我终身受益;感谢我的读者,感谢您的选择和阅读……所有感谢,凝聚为一句诚挚的祝福:祝愿大家幸福快乐、平安吉祥!

目 录

第一章 人际漫谈 /1
    第一节 人际无处不在 /1
    第二节 人际关系的意义 /5
    第三节 人际交往的心理动机 /10
    第四节 认识人际关系心理学 /13

第二章 人际知觉 /20
    第一节 认识人际知觉 /20
    第二节 社会认知的影响因素 /23
    第三节 印象形成 /28
    第四节 认知偏差 /32
    第五节 印象管理 /37

第三章 人际沟通 /41
    第一节 认识人际沟通 /41
    第二节 人际沟通的过程 /47
    第三节 人际沟通的类型 /53
    第四节 身体语言沟通 /61
    第五节 沟通经验分享 /70

第四章 人际关系 /76
    第一节 认识人际关系 /76
    第二节 良好人际关系的建立和人际关系的恶化 /82
    第三节 自我暴露 /86
    第四节 人际关系的原则 /89
    第五节 人际交往能力的提升 /94

第五章 人际吸引 /108
    第一节 认识人际吸引 /108
    第二节 人际吸引的影响因素 /112
    第三节 走进爱情 /120
    第四节 理解爱情 /132
    第五节 大学生恋爱的困惑 /140
    第六节 面对失恋 /143

第六章 人际互动 /148
    第一节 认识人际互动 /148
    第二节 合作与竞争的心理机制 /152
    第三节 合作与竞争的影响因素 /156

第七章　从众、服从和顺从 /161
　　第一节　从众 /161
　　第二节　服从 /170
　　第三节　顺从 /178
第八章　群体心理 /185
　　第一节　社会助长和社会干扰 /185
　　第二节　社会惰化和去个性化 /190
　　第三节　群体极化和冒险转移 /194
　　第四节　模仿和暗示 /196

参考文献 /210

第一章 人际漫谈

人是社会人，人类最显著的特征之一是合群性。每一个个体，从出生到成年，从家庭到社会，都离不开群体、离不开群体中人的影响。个体与他人、与群体等建立的人际关系是伴随人一生的重要社会关系。

人际关系心理学是一门运用现代心理学研究方法和知识探讨人际关系心理方面客观规律的心理学分支，它主要研究人与人关系的各种社会心理现象。人际关系心理学已成为现代社会人们越来越关注和重视的一门学科。作为本书开篇——人际漫谈，主要采用漫谈的方式，让读者对人际关系心理学有一个初步的印象。人际关系在社会工作、学习和生活中无处不在，学习本章，使读者了解人为什么需要人际关系，个体与他人交往的心理动机是什么，人际关系心理学的界定及研究对象和研究任务等。

第一节 人际无处不在

在现代快节奏的工作、学习和生活中，我们常常渴望自己能拥有一方净土，一块安静的、属于自己独有的空间，不受社会外界的干扰。这种渴望成为我们心中一个美好的愿望，也成为众多心理学学者研究的课题。如果真的拥有这样一个空间，给你充足的时间，你能够独自生活多久呢？在长期脱离人际关系、离开他人的空间里，你能够忍受吗？

一、一个问题的思考

让我们来思考一个问题：人能长期离开他人在社会中独自生活吗？

打开百度，当输入这个问题时，可以搜索到很多网友的回答。

有人说：不太现实。人始终是群居动物。封闭自己是不可行的，要尝试融入社会，学会与人沟通。

有人说：感觉似乎办不到……

有人说：社会生活中的每一个人都离不开交往。只有融入社会，与人交往，才能更好地认识自我、发展自我；才能体验人生的快乐、悲伤、烦恼、爱与恨；才能满足心理需求；才能更好地适应社会，所以人不可以脱离他人而单独生活。

有人说：人怎么也不能脱离群体而独自生活，人是社会动物，必须生活在社会中与各种人打交道才能生存，就算是鲁滨孙，也是在和"星期五"的交流与合作中才能在孤岛中生活那么长时间。独自生活很可能陷入孤独与自闭中，得抑郁症，那可是要有生命危险的。

有人说：人是离不开社会和他人的，完全独自一人是很难活下去的，不太可能过得好的。从客观的物质条件来说，人的衣食住行，都需要人类分工才能完成并获得。例如，我们吃的粮食需要有人种才能吃到，穿的衣服也需要有人做才能够穿上，等等。另外，人要在社会上生存,获取生存条件,就必须融入社会活动、参加工作,为社会付出了才会获取社会给你的回报。

有人说:有一个实验,把一个人关在一个房间里,没有灯光,没有声音,没有一切,一个人最多只能待上几天。这说明人是属于社会的,而不属于个体的,所以,要沟通、要交流。如果自己单独待一年,就会变得孤僻、极端,从而导致不能和社会很好地接触等严重后果。

也有人说:我很难和这个社会和睦相处,为了在这个社会上生存,很多事情都背离了我的本心,让我觉得很累。很想到一个没有其他人的地方,独自生活。我朋友跟我说:这就是理想与现实对人精神的撕裂,逃避是没有用的,你只能坚强地走下去,没有理想的世界,只有现实,只有面对。但我真的好累!

也有人说:可以的,人本就不该作为集体动物,独居是现代人类文明的最高体现形式,自己一个人很自由,想干什么就干什么。

……

面对这个问题,你的回答呢?

可能回答:不能。因为你意识到我们生活在一个人际交往的社会之中,人生两大主题:适应和发展,都是在与人交往中逐步完成的。我们在人际交往中适应社会和发展自我,形成自我人格,扮演社会角色,适应社会发展成为一名社会人。人的本质属性是其社会性,人只有在社会中,与他人交往,才能完成自然人向社会人的转变,才能在社会中构建各种社会关系,满足人生存和发展所需的物质和精神需要。

可能回答:能。因为你是一个独立且内心强大的人,你或者习惯独处,习惯沉浸在自己的世界之中;或者不太擅长抑或不太喜欢现实社会中各种纷繁复杂的人际关系,于是选择独处。独处能满足我们独立的需求。

人际满足我们更多其他情感交流、价值肯定、社会认可、可靠同盟等需求。一时独处不等同于一世独处,一时独处不等同于不需要人际关系。特定时间的独处只是人在社会生活中心灵的片刻宁静和思索。

人是社会人,脱离他人,脱离人类社会而独自生活是很难想象的。人不可能脱离社会,离群索居、到深山老林独自生活的人极少,尤其是现代社会也很少存在这样的地方。个人和社会存在如下辩证关系。

(1) 个人的存在和发展离不开社会。个人总是生活在一定的社会之中。在今天的社会生活中,个人能否顺利发展关键在于能否正确地利用社会资源。各种社会资源尤其是人际资源的合理利用,可以促进人更好、更快发展,而不善于利用社会条件和人际资源的人则会显得特立独行,甚至可能阻碍个体发展。正如《礼记·学记》中所说:"独学而无友,则孤陋而寡闻。"

(2) 社会的存在和变迁离不开个人。社会是由个人组成的,个人的品德、才能、成就、动机等直接影响社会。一个人对社会产生着积极作用,就会如同星星之火而不断燎原;一个人对社会产生着消极作用,就会如同病毒一样传播而损害他人。

在社会学中,社会指的是由有一定联系、相互依存的人们组成的超乎个人的、有机的整体,它是人们的社会生活体系。马克思主义学说认为,社会是人们通过交往形成的社会关系的总和,是人类生活的共同体。人们在交往活动中必然要建立一定的社会关系,而人际关系是社会关系的产物,我们研究人际关系,必须把它放在社会关系中考察。人们在社会中生存和发展,与他人发生着各种社会关系,社会为人的生存和发展提供各种条件和保障,人离不开社会,离不开社会中的他人,离不开与他人建立的各种各样的人际关系。因此,人是不能长期离开他人而在社会中独自生活的,同时,人也是不能离开社会而独自生活的。

二、两项心理学的研究案例

人是否能够离开社会、离开他人而独自生活,也受到很多心理学研究者的关注。在心理学研究中,有很多经典的案例阐明人是社会人,人在社会中生活,与各种各样的人打交道,完成从自然人向社会人的发展变化,逐步成为适应社会发展的、合格的社会人,离开了人,离开了人类社会,人的生存和发展就会受到阻碍。下面重点分析两项心理学的研究案例,进一步论证:人是不能长期离开他人而在社会中独自生活的。

案例1:拉森等人对人们时间利用的研究

在一天内,你会做些什么?是独处的时间多,还是与他人在一起的时间多?拉森(R. Larson)等人让一个成人样本和一个青少年样本中的每一位被试在一周内随身携带一台寻呼机,每天从清晨到深夜,研究者随机呼叫被试若干次,被呼叫的被试需要填写一份简短的问卷,说明他们正在做什么,是独自一人还是与其他人在一起。

研究结果是什么呢?结果表明,人们在将近四分之三的非睡眠时间中都是与他人在一起的,只有在做家务、洗澡、听音乐或在家学习时才独自一人。

人是社会性动物,具有合群与群居的倾向,人们大部分时间是与他人一起度过的。

案例2:印度狼孩卡玛拉的故事

1920年9月19日,在印度加尔各答西面的一座小城附近,一位牧师贾尔·辛格救下了两名被狼抚养长大的女孩,年长的约8岁,年幼的一岁半,大概都是在出生半年后被狼衔去的。两人回到人类世界后,分别取名卡玛拉和阿玛拉。从她们的言语、动作姿势、情绪反应等方面都能看出其很明显的狼的生活痕迹,如图1-1所示。

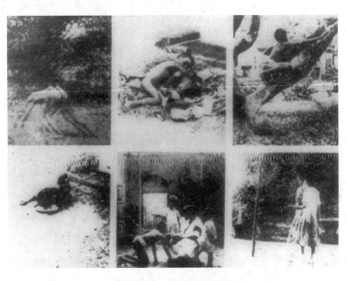

图1-1 狼孩照片

她们不会说话,发音独特,不像人的声音。不会用手,也不会直立行走,只能依靠两手、两脚或两手、两膝爬行。她们惧怕人,对于狗、猫其次是对于小孩似乎特别有亲近感。白天她们一动也不动,一到夜间,到处乱窜,像狼那样嚎叫。

辛格牧师夫妇俩为使两个狼孩能转变为人,做了各种各样的尝试。

阿玛拉到第2个月,可以发出"波、波"的音,诉说饥饿和口渴。遗憾的是,回到人间的第11个月,阿玛拉就死去了。

卡玛拉在2年后,才学会发出两个单词("波、波"和叫牧师夫人"妈")。4年后掌握了6个单词,第7年学会了45个单词。她动作姿势的变化也很缓慢。经过1年4个月,只会使用两膝步行。经过1年7个月后,可以靠支撑两脚站起来。不用支撑就可以站立,是花了2年7个月训练后的事;到两脚步行,竟花费了5年的时间,但快跑时又会用四肢。卡玛拉在人类世界中生活了近10年,一直生活到17岁。但她直到死时还没真正学会说话,智力只相当于3、4岁的孩子。

案例2说明了什么?

人是社会人,人生活在人类社会中,离开了人类社会,人就无法正常生活,人的思维、语言和行为能力就会受到限制。人的发展有许多的关键期,这些关键期能力都是在人类社会中与他人互动的过程中形成和发展起来的,错过了这些关键期,人类的这些能力就很难再度培养和发展。就像案例2中的卡玛拉,直到死时还没有真正学会说话,就是因为错过了人类语言学习的关键期。

三、交往是人的本能

美国俄亥俄大学的一项研究表明,人类所有的行为都是由15种基本欲望和价值观所控制的,也就是说,人类所有的行为都是由15种本能驱动的。这15种基本欲望和价值观为:①好奇心;②食物;③荣誉感(道德);④被社会排斥的恐惧;⑤性;⑥运动;⑦秩序;⑧独立;⑨复仇;⑩社会交往;⑪家庭;⑫社会声望;⑬厌恶;⑭公民权;⑮力量。从上面的内容可以看出:社会交往是人的一种本能,驱使人在社会中做出各种交往行为。

美国心理学家马斯洛提出了著名的人的需要层次理论。按照马斯洛需要层次理论,人有5个层次的本能,满足了一个层次的需要必然会产生高一层次的需要,这些都是人的本能。这5个层次的本能如下。

(1) 生理的需要:人类维持自身生存的最基本要求,包括饥、渴、衣、住、性等方面的要求。

(2) 安全的需要:人类要求保障自身安全、摆脱事业和丧失财产威胁、避免职业病的侵袭、抵触严酷的监督等方面的需要。也就是说,人希望生活在一个有秩序的、可控制的环境之中。

(3) 归属与爱的需要:这一层次的需要包括两个方面的内容。一是友爱的需要,即人人都需要伙伴之间、同事之间的关系融洽或保持友谊和忠诚;人人都希望得到爱情,希望爱他人,也渴望接受他人的爱。二是归属的需要,即人人都有一种归属于一个群体的感情,希望成为群体中的一员,并相互关心和照顾。

(4) 尊重的需要:人人都希望自己有稳定的社会地位,要求个人的能力和成就得到社会的承认。尊重的需要又可分为内部尊重和外部尊重,即自尊和他尊。内部尊重是指一个人希望在各种不同情境中有实力、能胜任、充满信心、能独立自主。内部尊重就是人的自尊。外部尊重是指一个人希望有地位、有威信,受到他人的尊重、信赖和高度评价,外部尊重就是他尊。

(5) 自我实现的需要:这是最高层次的需要,它是指实现个人理想、抱负,发挥个人能力到最大程度,完成与自己的能力相衬的一切事情的需要。

从马斯洛的需要层次理论可以看出,归属与爱的需要就是一种人际需要,也就是说,人际交往是人的一种基本需要,交往是人的一种本能。马斯洛的其他层次的需要,生理的需要、安全的需要、尊重的需要、自我实现的需要都与他人有着密切的关系,其满足都离不开他人。

马克思和恩格斯从人的本质探讨,交往是人的本能,是人需要的满足,是人的社会属性的体现,在人生的长河中,人际关系无处不在。

马克思将人的本质界定为一切社会关系的总和。只有人们在现实生活中成为一个真真正正的社会人,才能有效地提升人对于自身本质理论的探索。有意识的精神活动与交往,是人区别于动物的一个重要标志。马克思说:"一个人的需要可以用另一个人的产品来满足,反过来也一样;一个人能生产出另一个人所需要的对象,每一个人在另一个人面前作为这另一个人所需要的客体的所有者而出现,这一切表明:每一个人作为人超出了他自己的特殊需要等等,他们是作为人彼此发生关系的;他们都意识到他们共同的类的本质。"因此,马克思和恩格斯指出:"人们意识到必须和周围的人们往来,也就是开始意识到人总是生活在社会中的。"也就是说,人有一种天生的积极进行社会交往的本能。

若进一步从人类史的角度看待人的交往,人类社会产生于人们的交往中。恩格斯说:"社会本能是从猿进化到人的最重要的杠杆之一。"马克思也说:"社会——不管其形式如何——究竟是什么? 是人们交互作用的产物。"因此,从上面的论断可以看出,社会是一种基于人们交往而产生的有机网络,人的交往活动所产生的直接结果就是社会的形成,在某种意义上来说,交往活动本身就是社会。人们要有效地生活,除了与自然界发生联系外,必须要通过社会交往、社会活动才可能保障人的生存和发展。

【资料延伸】

《我的一天,大学生的一天》,http://www.kmmu.yn.qnzs.youth.cn/index/show/id/33060335。

第二节 人际关系的意义

人是社会人,人在社会中存在着各种人际关系,人际关系无处不在。那人际关系对我们的意义是什么呢? 一位哲人曾说过:一个不会交往的人,犹如陆地上的船,永远不会漂流到人生的大海中去。人际关系与人的成长、发展、成功、幸福都是密切相关的。

人际关系的意义,仁者见仁,智者见智。每一个人都可以有自己的见解——交流信息和情感,促进身心健康,有助于人们问题的解决和各种需求的满足,促进社会和谐发展,助益人的事业成功等。

关于人际关系的意义,本节主要从三个方面论述:①人际关系维护人的心理健康;②人际关系影响人的幸福感;③人际关系促进人的事业成功。

一、人际关系维护人的心理健康

1946年第三届国际心理卫生大会提出,心理健康是指身体、智力、情绪十分协调;适应环境,在人际交往中能彼此谦让;有幸福感;在工作和职业中能充分发挥自己的能力,过有效率的生活。也就是说,良好的人际关系是我们心理健康的重要标志之一。

大家都有过类似的体验:上学的时候就想着放假,放假后又想快点返校。为什么放假后又想快点返校呢?在家里,虽有好吃好喝的,但脱离了自己的社交圈子,离开了平时一起学习、生活的伙伴,你会觉得孤单、寂寞、无聊和空虚,怀念一起在教室、图书馆的学习伙伴,在操场肆意挥洒的汗水,在宿舍畅快地网游和卧谈……人际关系满足了心理的需求,影响着心理的健康。

一位加拿大科学家做了一个疯狂的实验:把一个正常人困在一间封闭的小房间里能待多久?

在实验期间,参与者都被困在一个小房间里,没有任何娱乐设施,也没有任何与外界沟通的方式,房间完全密闭,听不到声音,也没有窗户。参与此次实验的报名人数有十五个,他们为了巨额的奖金而来,谁能撑到最后,谁就将获得三万美元的奖金,否则只能得到二百美元的实验补助。实验开始前,十五个实验者都统一进行了体检,他们各项指标正常,没有发现任何生理和心理疾病。

实验开始三天内,他们还可以勉强生活,科学家会按时发放食物。

三天后一些实验者出现了躁狂现象,有两个实验者由于失眠而退出实验。

剩下的十一个实验者在第五天时陆续申请退出。

最后两个实验者一直在相互较劲,他们都想得到奖金,其中一个实验者整日以泪洗面,可能这会让她心理更加轻松。

另一个实验者则进入了抑郁状态,整日昏睡,表情木讷,就这样实验进行到三十天的时候,有抑郁症状的实验者出现了精神错乱,他被送往精神病医院进行治疗,而最后的获奖者领到奖金后,不久死于自杀。

实验的最终结果令我们痛惜,但实验给我们带来的结果却是震撼的。人在社会中生活,需要建立各种人际关系。亲人、朋友、同学、同事等,他们在不同的场合下与我们进行着各种形式的互动,满足了我们各种信息的、情感的、价值的需求,让我们内心充实而平衡。这些人际关系的存在,让我们置身于爱的环境中,懂得爱与被爱,满足我们内心最深处的爱的需求;脱离了人际关系,抑或人际关系不良,会扰乱我们的认知、情绪和行为,让人心理处于一种紧张和失衡的状态,就像实验中的被试,最后出现了精神症状。

在现实生活中,每个人的人生并非一帆风顺。每个人都会面临各种各样的人生压力,但拥有良好人际关系的人,会得到来自亲人、朋友、同学、同事或者社会的支持,因此可以减少或防止各种压力引起的心理紧张所造成的心理影响。曾有心理学家设计过比较精巧的实验,结果表明,社会支持对心理健康有着重要作用,在绝大多数场合下,社会支持和高度的自我尊重可以保有一个健康的心理世界。也就是说,良好的人际关系可以缓解心理压力,促进心理健康,而不好的人际关系,却会很容易让人产生心理障碍。

类似实验的情形不希望再重演,人类是一种社会性的动物,离开了人类社会,离开了人际关系,人的心理健康水平将面临巨大的挑战。良好的人际关系满足了身心的需求,良好的人际关系维护着心理的健康。

二、人际关系影响人的幸福感

在现代社会中,人们行色匆匆,不断前行。当驻足时,你会不会问自己:为什么我会永远在路上？我在追求什么呢？

可能很多人会回答:我在追求幸福和快乐。那么请大家问问自己:幸福快乐是什么呢？我幸福吗？我快乐吗？

幸福,是指一个人的需求得到满足而产生长久的喜悦,并希望一直保持现状的心理情绪。快乐,是一种精神上的愉悦,是一种心灵上的满足,是由内到外心里感受到的一种非常舒服的感觉。幸福感与人的幸福、快乐密切关联。幸福感是指人类基于自身的满足感与安全感而主观产生的一系列欣喜与愉悦的心理体验。在持久的幸福和快乐下,我们会不断体验到幸福感。

曾经听说这样的一句话,至今仍印象深刻。这句话是:"幸福是什么？幸福是猫吃鱼,狗吃肉,奥特曼打小怪兽。"每个人,都能清楚自己的需求是什么,并且能够在追求自己需求的过程中获得满足和愉悦,这就是一种幸福。但在我们的身边,总有一些人会抱怨,我的生活不幸福呀,你看人家多幸福,又有钱又有权,孩子聪明乖巧,等等。当在追求幸福时,我们总看到他人拥有而自己没有的,这导致我们失落感倍增,幸福感削弱,最终徒增烦恼的是自己。人的幸福是什么呢？什么是幸福呢？只有我们真正懂得并珍惜自己所拥有的工作、家庭、朋友、亲人、健康等,还有一颗知足常乐、笑看风云之心,才能获得幸福感。

早在1960年,有记者曾问心理学大师荣格,"你认为,想要获得幸福感(happiness),人类的头脑里需要哪些必备的基本要素？"

荣格用以下5点回答了这个问题:
(1) 良好的生理和心理健康;
(2) 良好的人际关系和亲密关系,例如婚姻、家庭、朋友关系等;
(3) 从艺术与自然中感知美的能力;
(4) 一定的生活水准和令人满意的工作;
(5) 一种能够成功地用来应对世事变迁的哲学或宗教的视角。

从荣格的回答中,我们可以清晰地看到,人际关系会影响人的幸福感。人际关系在现实生活中贯穿于工作、家庭之中,存在于朋友、亲人之间,时时刻刻影响着我们的身心状况。拥有良好人际关系的人也将拥有满满的幸福感。

里奇(Reich,1981)等人的研究发现,人际关系是人们快乐的重要来源。人们快乐的来源主要是与人际关系相联系的。从表1-1可以看出,除后两项与人际关系联系不明显以外,其他各项都具有人际情感关系的性质。也就是说,我们的快乐更多的都是与人一起,在朋友、亲人的陪伴中感受到的亲情、友情、爱情,这让我们的生活快乐、人生幸福。

表 1-1　快乐的来源(满分 100 分)

联系	男性/(分)		女性/(分)	
	21 岁以下	21 岁以上	21 岁以下	21 岁以上
结婚或订婚	47.0	72.5	71.4	71.3
恋爱	75.7	72.9	73.1	87.0
生子	41.4	57.9	70.1	60.5
结交到新朋友	60.3	58.3	73.4	75.6
朋友来访或/和在一起	52.1	54.7	65.2	68.9
和同胞或近亲在一起	52.9	48.2	68.3	65.7
度假	64.0	72.0	71.0	74.2
获得学位	61.6	58.5	72.9	80.2
大病初愈	82.1	60.4	77.3	66.6

另一项研究,教育部人文社会科学重大项目课题组 2004 年在对 303 个不同地区的工人、农民、专业技术人员、大学生和中学生等进行深度访谈,调查人们回答"您认为失去什么将会使您的生活变得毫无意义?"人们首先重视的是婚姻家庭关系的先定价值,具体结果如表 1-2 所示。

表 1-2　生活中首先不能没有亲情关系

面临的问题	选择/(%)
失去婚姻家庭	58.1
失去工作	21.6
失去向往目标和追求	16.3
失去健康	15.6
失去友谊	13.0

亲情、友情和爱情是人生三宝,每个个体都离不开亲情的守护、友情的相伴和爱情的滋养。家庭是每个人永远停泊的港湾!良好的亲情关系,是人生永远的动力源泉!朋友是我们一生的财富,在人生旅途中给我们支持和陪伴;爱情是最美好的事物,让我们懂得爱自己和爱他人,传递爱的密码。亲情、友情和爱情等人际关系让我们的人生充满幸福感!

三、人际关系促进人的事业成功

古人讲"独学而无友,则孤陋而寡闻"。通过与人交往,个体可获得的信息比从书本上获得的信息更新颖,渠道更直接,速度更迅捷。良好的人际关系,不仅加快信息交流,同时也能促进个体成才。美国的贝尔实验室被誉为是新泽西州聪明工程师的思想库,心理学家通过实验室工作人员的追踪研究发现:那些成绩斐然的人往往不是智商最高的人,而是善于与人相处的、良好的合作者。当他们遇到技术难题时，他们可以向不同领域的专家联系请教，可使解决问题少费周折，提高解决问题的效率。因此，戴尔·卡耐基认为："一个人事业上的成功，有85%取决于自己的人际交往水平，而专业知识的作用仅占15%。"

卡内基理工学院分析了10000个人的记录后得出结论：15%的成功者技术熟练、头脑聪慧和工作能力强；85%的成功者在个性因素上，具有成功地与人交往的能力。反之，在生活中失败的人，90%是因为不善于与人展开有效交往而导致的。

阿尔波特·维哥姆博士在自己的联合报业专栏"探索你的心理"中提出自己的研究成果：4000名失业的人中，只有10%，即400人，是因为他们不能干这种工作；而有90%，即3600人，是因为他们还不曾发展自己与人成功相处的良好品质。

无论从事何种行业，或从事何种职业，若学会处理人际关系，你就等于在成功路上走了80%的路程，在个人幸福的路上走了90%的路程了。世界上最强有力的事业发展工具就是网络，其中包括建立起一个固定的人际关系网。你认识多少人，以及多少人认识你，决定了你能有多大的成就。

人际关系可以帮助我们成功，也可以使我们失败。除非一个人与他人有良好的关系，否则任何技术知识、技能都不能使他得心应手，发挥自如。从大量的数据和研究可以看出，良好的人际关系是事业成功的重要保障。

拥有良好人际关系的人，身心会处于健康水平；身心健康的人，更能体验幸福感；一个身心健康和拥有幸福感的人，也会更用心地工作和生活，感染身边的人，收获事业的成功。人际关系对每个人意义深远，让我们一起为创造良好人际关系而努力吧！

 资料链接

21世纪成功的秘诀——软动力[①]

人脉关系软件是成功的资本。

2001年9月，纽约世贸中心两座姊妹楼惨遭恐怖分子的袭击，其损失远远超过第二次世界大战中日本偷袭珍珠港所受损失。在这场灾难中，美国蒙受的最大的损失不在于看得见的物质损失，而在于失去了大量宝贵的人才。

美国《纽约时报》等主要媒体报道说："在这一次事件中，几大主要金融公司的职员无一没有失去自己的朋友、同事、同学、经营者、客户。"

纽约世贸中心两座大楼倒塌以后，遭到破坏的计算机网络很快得到了恢复。但是，华尔街众多金融专家却一去不复返。他们是积累了数十年金融事业经验和宝贵的人际关系的华尔街的核心资本。他们只需要打一个电话就能说服客户，成功地使得巨额融资业务的"人脉关系软件"（Humanware）遭到了沉重的打击。

很多人把当今社会说成是网络社会，这里说的网络还可以分为计算机网络和人际网络两种。如果说计算机之间的网络就是计算机网络，那么，同样的道理，人和人之间的关系网就是人际网络。于是，计算机网络和人际网络形成当今的信息化社会。

在纽约华尔街任职的金融公司职员，就其人数上说，可推算为二十万人。以他们为中心的信息网络左右着纽约金融市场，甚至可以说左右世界经济。一个华尔街核心人物的网络

[①] 资料来源：尹恩基.贵人[M].吴荣华，译.哈尔滨：哈尔滨出版社，2015.

拥有相当于一个中等企业固定资产几十倍的价值。这是说明人际关系重要性的一个很有说服力的旁证。

第三节 人际交往的心理动机

心理决定行为,行为反映心理。人的行为总是在一定的心理动机驱使之下所采取的行动。人际交往是人常见的一种行为,也是在一定的心理动机驱使之下产生的。那么,影响人的人际交往的心理动机有哪些呢?

当你生病时,你是否渴望亲人、朋友的陪伴?当你害怕、恐惧时,你是否会拉紧爱人的手?当你身处各种挫折和压力时,你是否渴望有人与你共同承担和面对?当你获取成功时,你是否想与他人分享你的喜悦之情……

人们在学校或者在工作时,更倾向于和他人在一起,并且和他人在一起时,个体会表现得更快乐、警觉和兴奋。人们为什么如此需要与他人为伴呢?

动机是人行为的动力,它是在需要的基础上产生的。人际交往,也是在一定心理动机的驱使之下产生的人际行为,它能满足人的人际心理需要。综合以往学者关于人际交往的心理动机的研究,人际交往的心理动机主要体现在三个方面:①亲和需要;②人际关系的报酬;③摆脱寂寞。

一、人际交往与亲和需要

阿特金森(J. W. Atkinson)等人认为,影响人们社会交往的动机有两种:一种是亲和需要;另一种是亲密需要。亲和需要是指建立友好亲密的人际关系,寻求被他人喜爱和接纳的需要。亲和需要根源于依恋。人是社会性的动物,合群在个体生命早期的表现是亲子间的依恋,即是婴儿对父母的出现有积极的反应,愿意和父母在一起的现象。依恋是一个发展延续的过程,成人也会出现依恋现象。成人依恋同婴儿依恋一样,也会对伴侣、重要他人产生一种类似婴儿与其照顾者之间的情感纽带。当你是婴儿时,需要依恋父母或其他监护人,获得他人帮助以求生存;当你是成人,遇到危险时,需要他人的保护;当你遇到困难时,需要他人的帮助,尤其是人类的社会生活,在高度的分工协作、经验传递、信息交流下,更需要与他人进行人际交往。

心理学家对亲和需要的影响因素进行了深入研究,发现其与恐惧、焦虑等密切相关。大家有没有看过恐怖电影,你是喜欢一个人看还是一群人看呢?当个体面临恐惧时,是否会表现出更强烈的亲和需要?

心理学家沙克特(S. Schachter)通过实验验证:面临恐惧的人具有更强烈的亲和行为倾向。他以女大学生为被试,通过给予被试不同的指导语来操纵恐惧的高低水平。研究者告诉被试,她们要参加一项电击影响生理反应的实验。高恐惧组的被试被告知电击非常痛但不会造成永久性伤害;低恐惧组的被试则被告知电击最多有点痒或者麻的感觉。实际上她们不会受到电击,研究者只是想让被试相信她们不久将会受到这样的电击。之后,沙克特告诉被试由于实验用的仪器还没有装配好,请她们等待10分钟,并且告诉她们可以自己单独等待,也可以与其他被试一起等待。结果显示:高恐惧组的被试选择与他人一起等待;低恐惧组的被试更愿意独自等待。具体数据分析如表1-3所示。

表1-3 恐惧对亲和行为的作用比率

组别	和他人在一起/(%)	不做选择/(%)	单独等待/(%)	亲和行为的强度/(%)
高度恐惧组	62.5	28.1	9.4	0.88
低度恐惧组	33.3	60.0	6.7	0.35

人在焦虑中，是否也需要他人陪伴呢？

萨尔诺夫(I. Sarnoff)和津巴多(P. Zimbrado)设计了一个实验，研究焦虑、恐惧与亲和需要的关系。实验开始时，研究者向被试提出一些特殊的要求以操纵被试的焦虑反应。高焦虑组的被试被告知他们需要在实验中戴围兜、吮吸奶嘴；低焦虑组的被试被告知他们需要在实验中吹口哨。高、低焦虑组的实验结果与高、低恐惧组的实验结果刚好相反：高焦虑组的被试比低焦虑组的被试更愿意单独一个人等待实验开始。这表明，恐惧会增加亲和需要，焦虑却会减少亲和需要。也就是说，当一个人与他人在一起不仅不能得到安慰，反而会显得尴尬时，他宁愿单独经历尴尬场面。

焦虑不同于恐惧，这是人的另一种情绪状态。恐惧是现实危险引起的情绪体验，恐惧越强烈，亲和需要越明显；焦虑是非现实危险、无法确定的原因引起的情绪体验，高焦虑者亲和需要较低。例如，在考试时，你会处于一种焦虑状态，此时，监考老师在你的旁边看你做题，就会加重你的心理负担，而不希望监考老师在你身边站着。你会自然而然地做出一些反感的动作，调整一下你的坐姿，用身体遮盖所做的题目，等等。也就是说，人在高焦虑时亲和需要偏低。

零点调查公司公布的一项调查结果显示，在四川汶川大地震后，中国公众的人际关系更加亲密，凝聚力进一步增强。强烈的地震，带给人们巨大的恐惧，面对生命在自然灾害面前的脆弱性，人们的内心受到巨大的冲击。地震灾难带来的恐惧让人们的心更加的靠近，大家抱成团，相互扶持，共同面对灾害。调查结果显示，灾后公众对各种社会角色的亲切程度都出现了较大幅度的提升：87.3%的受访者认为与家人更加亲近；76.8%的受访者认为与邻居、乡亲的关系更加和睦；还有57.5%受访者表示，与以前相比，现在更愿意对陌生人施与善意。同时，公众对政府的信任度也出现了较大的提高。也就是说，人的恐惧越强烈，亲和需要也越明显。

【资料延伸】

《吊桥效应》,https://baike.baidu.com/item/吊桥效应。

二、人际关系的报酬

人是理性的人，人的行为背后都有一定的动因。当我们帮助他人时，有没有想过在自己遇到困难时他人也会帮助自己呢？社会交换理论指出，人们通过社会交换获得心理与物质报酬，因此人们会尽量寻求并维持报酬大于付出的人际关系。人们从人际关系中获得好处是人际关系形成与维持的一个重要原因。韦斯(R. Weiss)认为人际关系能提供给个体的六种重要报酬，分别如下。

（1）依恋：是指亲密的人际关系提供给个体的安全感和舒适感，这种依恋在小时候指向父母，成人后则指向配偶或亲密朋友。

（2）社会融合：通过亲和与他人交往，并与他人拥有相同的观点和态度，产生团体归属感。通常从与朋友、同事、队友、战友等关系中获得。

（3）价值确定：得到他人支持时所产生的自己有能力有价值的感觉。

（4）可靠的同盟感：与他人建立良好的关系，可让我们形成在需要时会有人帮助我们的认知。

（5）得到指导：与他人交往可以使我们从他人（如从医生、朋友及老师）那儿获得有价值的指导。

（6）照顾他人的机会：在我们对他人健康负有责任时出现，照顾某人给我们一种被需要和自我重要的感觉。

在社会生活中，我们会发现很多的现象都可以验证人际关系的报酬。小孩会因为父母的抚摸、亲吻而变得平静；因为有一群志同道合的朋友，让我们的快乐倍增，让我们的痛苦减轻；因为在与家人、同事、朋友交往的过程中，我们在付出的同时也收获了亲情、友情和爱情，让我们懂得自己存在的意义和价值，找寻到生命的动力；当你年老时，在儿女的照顾下，你依然希望自己能够尽可能地帮助儿女分担，这种照顾他人和被他人照顾的感觉，让自己的内心充盈而幸福。

三、人际交往与摆脱寂寞

对大学生的恋爱动机进行调查，发现其中有一个重要的原因是：摆脱寂寞。在寂寞时，你是否会更渴望与他人交往呢？

寂寞，是指当人们的社会关系欠缺某种重要特征时所体验到的主观不适现象。在个人离开群体不久后，就会有一种特有状态，这种状态称为寂寞。寂寞是源于心理的一种无奈。寂寞虽可以说是一个人的孤单，但并不代表在人多的时候就不会感到寂寞，如人在他乡，或生活在他乡的异乡人，往往也会有一种寂寞感，寂寞是一种心境。

寂寞与孤独不同，孤独是一种与他人隔离的客观状态，孤独可以是愉快的也可以是不愉快的。例如，很多成功者是孤独的，因为他们牺牲了自己的时间去做自己的事业，把自己的青春年华都奉献给了自己的理想，所以他们是孤独的，但是他们不是寂寞的，他们有自己的成果作为陪伴。当然，也有孤独的人会自我封闭，处于离群索居而生活在一种消极的状态之中。

孤独并不意味着寂寞，很多时候，孤独可以让人享受自己独处中的自由自在，可以自己做出符合本人意愿的事情，而寂寞则需要人的陪伴，害怕一个人独处，寂寞会催使你做出一些不符合你本人意愿而又无法控制自己不去做的事情。但长时间生活在孤独的情境中会引起人的不适，产生寂寞，从而使人产生摆脱此情境的动力。

当我们离开家人、朋友和爱人时，来到一个新的城市，开始学习、工作和生活，我们会感受到寂寞。还记得离开父母在异地求学，躲在被窝里想念父母而流泪；爱人在外地工作，内心里渴盼团聚是那样的强烈；网上与曾经的朝夕相处现在却各自一方的同学聊天时的那种亲近和熟悉，依然让人回味和珍惜。寂寞让人难受，但寂寞也促使我们尽快适应环境，结交新的朋友，建立新的人际关系。在陌生的校园里，我们快速地与室友、同学、老师建立联系；

在陌生的城市里,我们找寻那些志趣相投的同事、朋友,一起工作一起娱乐。摆脱寂寞的唯一方法就是建立人际关系以满足人类"联结"的基本心理需求。不论在人生的什么阶段,我们总会碰到那些与我们有缘分、一起相处的人,正是因为我们不断地与人交往,所以,在每个人生阶段,都有你和他(她)的陪伴。

每个人都有人际需求,都需要获得满足。让我们在这种动力驱使下,努力构建自己的良好人际关系吧!

第四节 认识人际关系心理学

每个人通过人际交往满足自己的各种需要,在人际交往中构建自己的人际圈。坎贝尔(Campbell,1977)等人发现,人们为使自己的生活变得更有意义,专注于确定人际关系超过任何其他事情。人际关系心理学就是一门探讨人际关系心理方面客观规律的心理学分支学科。下面将重点阐释人际关系心理学的界定、研究对象和研究任务。

小赵想:为什么他/她有那么多朋友,每天都开开心心的,我却没有呢?结交一个知心朋友,感觉好困难呀!

小钱想:我为什么讨厌她/他,无论她/他做什么我都会看不顺眼呢?

小孙想:出去旅行时,我想和陌生人交谈,说什么好呢?为什么总感觉与他人没话可说,不敢在陌生的公众面前发言呢?

小李想:我为什么很怕和老师打交道啊?郁闷!

……

你有遇到这些困惑吗?你能思考或感到遇到这些困惑,就说明你开始关注自己的人际关系了,需要改善你的人际关系,需要学习人际关系心理学了!

一、什么是人际关系心理学

人际关系心理学是一门运用现代心理学研究方法和知识探讨人际关系心理方面客观规律的心理学分支。主要研究人与人关系的各种社会心理现象,包括人际知觉、自我知觉、人际沟通、人际吸引、人际关系、人际互动、人际冲突、人际影响,等等。任何人际关系的建立都有一个发生、发展、维持和完善的过程。

人际关系心理学的研究始于20世纪20年代,主要的是莱维特(H. Leavitt)等对人际关系行为模式的研究,纽科姆(T. M. Newcomb)等对人际关系结构的研究,梅奥(G. E. Mayo)等对人们工作积极性的研究等。人际关系心理学从产生至今不到100年的历史,本质上,它是一门正在形成的社会心理学分支或应用心理学分支学科。强调学习者将人际关系心理学方面的理论知识应用于实践的能力,因此在学习人际关系心理学时,需要学习者能够多读一些社会心理学的书籍。同时,也需要学习者能够依据所学的内容,在工作、生活中与他人交流沟通,了解他人,与他人建立良好人际关系。

二、人际关系心理学的研究任务

人际关系心理学的研究任务包含两个方面:理论任务和实践任务。

（一）理论任务

（1）全面揭示与阐明人际关系发生、发展的一般规律和机制,分析人际关系的理论基础,理解个人与个人、个人与群体的交互作用的方式,以及人在人际关系体系中的运作,探讨社会知觉、自我知觉、人际影响、人际吸引、人际冲突和群体行为等对人际关系的影响,建立人际关系心理学所独有的概念、术语、范畴体系,为进一步完善人际关系心理学的科学理论体系提供依据。

（2）人际关系心理学的另一理论任务是要使人际关系心理学尽快中国化,适合中国国情,经过"选择-摄取-中国化"的途径,建立符合我国国情的、适合改革开放实际的人际关系心理学体系。

（二）实践任务

（1）正确地处理人际关系。在现实生活中,当你与他人出现人际交往矛盾和冲突时,你需要按照正确的原则、方法加以最适当的处理,以保持心情愉快,心理健康,有效地适应学习、生活和工作环境。

（2）有效地调整人际关系。例如,人际冲突时如何调适。

（3）不断地改善人际关系。例如,如何彼此尊重、支持、协调,如何不断营造良好的人际环境,等等。

（4）发展新型人际关系。例如,如何在良好的人际环境中,让个体在平等、民主、尊重、自由和宽松的人际氛围中,得到全面和谐的发展。

（5）纠正畸形人际关系。例如,当出现人际冲突、人际内耗时,如何减少和纠正等。

每个人在人际关系上都会有特定的需求,这将成为完善和提升人际关系的突破口,良好的人际关系,需要每个人不断地审视和反思,认识自身的优势和不足,不断地采取行动,在行动中提升自我,提升人际关系水平。人际关系心理学是一门发展中的学科,希望我们每个人都能为它的发展添砖加瓦,同时在行动中构建自己的良好人际关系!

本 章 小 结

（1）人不能离开他人而在社会中独自生活,人是社会人,人在社会中生存和发展,人际关系无处不在。

（2）人际关系的意义主要体现在三个方面:人际关系维护人的心理健康;人际关系影响人的幸福感;人际关系促进人的事业成功。

（3）人际关系的心理动机主要体现在三个方面:人际关系能够满足人的亲和需求;能够让人获得六种重要报酬,即依恋、社会融合、价值确定、可靠的同盟感、得到指导、照顾他人的机会。

（4）人际关系心理学是一门运用现代心理学研究方法和知识探讨人际关系心理方面客

观规律的心理学分支。它主要研究人与人关系的各种社会心理现象。在学习中强调理论知识和实践能力的结合。

思 考 题

（1）人能离开他人而在社会中独自生活吗？谈谈你的看法。
（2）结合本章内容和你自身的体验和感悟，谈谈人际关系对你的意义。
（3）韦斯关于人际关系提供给个体的六种重要报酬是什么？
（4）结合你自身的经历，谈谈学习人际关系心理学的意义？

生 命 列 车

森春雪

人生一世，就好比是一次搭车旅行，要经历无数次上车、下车；时常有事故发生；有时是意外惊喜，有时却是刻骨铭心的悲伤……

降生人世，我们就坐上了生命列车。我们以为我们最先见到的那两个人——我们的父母，会在人生旅途中一直陪伴着我们。

很遗憾，事实并非如此。

他们会在某个车站下车，留下我们，孤独无助。他们的爱、他们的情、他们不可替代的陪伴，再也无从寻找。

尽管如此，还会有其他人上车。他们当中的一些人将对我们有着特殊的意义。

他们之中有我们的兄弟姐妹，有我们的亲朋好友。我们还将会体验千古不朽的爱情故事。

坐同一班车的人当中，有的轻松旅行；有的却带着深深的悲哀……

还有的，在列车上四处奔忙，随时准备帮助有需要的人……

很多人下车后，其他旅客对他们的回忆历久弥新……

但是，也有一些人，当他离开座位时，却没有人察觉。

有时候，对你来说情深义重的旅伴却坐到了另一节车厢。

你只得远离他，继续你的旅程。

当然，在旅途中，你也可以摇摇晃晃地穿过自己的车厢，去别的车厢找他……

可惜，你再也无法坐在他身旁，因为这个位置已经让别人给占了……

没关系。旅途充满挑战、梦想、希望、离别……就是不能回头。

因此，尽量使旅途愉快吧！

善待旅途上遇见的所有旅客，找出人们身上的闪光点。

永远记住，在某一段旅程中，有人会犹豫彷徨，因为我们自己也会犹豫彷徨。

我们要理解他人，因为我们需要他人的理解。

生命之谜就是：

我们在什么地方下车？

坐在身旁的伴侣在什么地方下车？

我们的朋友在什么地方下车？

我们无从知晓……

我时常这样想：到我该下车的时候，我会留恋吗？

我想我还是会的。

和我的朋友分离，我会痛苦。

让我的孩子孤独地前行，我会悲伤。

我执着地希望在我们大家都要到达的那个终点站，我们还会相聚……

我的孩子们上车时没有什么行李，如果我能在他们的行囊中留下美好的回忆，我会感到幸福。

我下车后，和我同行的旅客都还能记得我，想念我，我将感到快慰。

献给你，我生命列车上的同行者，祝你旅途愉快！

人际关系综合诊断量表①

这是一份测试人际关系行为困扰的诊断量表，共 28 个问题，每个问题有"是"（打 √）或"非"（打 ×）两种回答。请你根据自己的实际情况如实回答，答案没有对错之分。

1. 关于自己的烦恼有口难言。（　　）
2. 和生人见面感觉不自然。（　　）
3. 过分地羡慕和妒忌他人。（　　）
4. 与异性交往太少。（　　）
5. 对连续不断地会谈感到困难。（　　）
6. 在社交场合，感到紧张。（　　）
7. 时常伤害他人。（　　）
8. 与异性来往感觉不自然。（　　）
9. 与一大群朋友在一起，常感到孤寂或失落。（　　）
10. 极易受窘。（　　）
11. 与他人不能和睦相处。（　　）
12. 不知道与异性相处如何适可而止。（　　）
13. 当不熟悉的人对自己倾诉他的生平遭遇以求同情时，自己常感到不自在。（　　）
14. 担心他人对自己有什么坏印象。（　　）
15. 总是尽力让他人赏识自己。（　　）
16. 暗自思慕异性。（　　）
17. 时常避免表达自己的感受。（　　）
18. 对自己的仪表（容貌）缺乏信心。（　　）
19. 讨厌某人或被某人所讨厌。（　　）

---

① 资料来源：郑日昌. 大学心理辅导[M]. 北京：团结出版社，2001.

20. 瞧不起异性。（ ）
21. 不能专注地倾听。（ ）
22. 自己的烦恼无人可倾诉。（ ）
23. 受他人排斥与冷漠。（ ）
24. 被异性瞧不起。（ ）
25. 不能广泛听取各种各样的意见、看法。（ ）
26. 自己常因受伤害而暗自伤心。（ ）
27. 常被他人谈论、愚弄。（ ）
28. 与异性交往不知如何更好相处。（ ）

记分表如表1-4所示。

表1-4 记分表

Ⅰ	题目	1	5	9	13	17	21	25	小计
	分数								
Ⅱ	题目	2	6	10	14	18	22	26	小计
	分数								
Ⅲ	题目	3	7	11	15	19	23	27	小计
	分数								
Ⅳ	题目	4	8	12	16	20	24	28	小计
	分数								
评分	标准	打"√"的给1分,打"×"的给0分,总分:							

【结果解释】

1. 总分

如果你得到的总分是0～8分,那么说明你在与朋友相处上的困扰较少。你善于交谈,性格比较开朗、主动,喜欢关心他人,你对周围的朋友都比较好,愿意和他人在一起,他人也都喜欢你,你与朋友相处得不错。而且,你能够从与朋友相处中,得到乐趣。你的生活是比较充实而且丰富多彩的,你与异性朋友也相处得比较好。一句话,你不存在或较少存在交友方面的困扰,你善于与朋友相处,人缘很好,获得许多的好感与赞同。

如果你得到的总分是9～14分,那么,你与朋友相处存在一定程度的困扰。你的人缘很一般,换句话说,你和朋友的关系并不牢固,时好时坏,经常处在一种起伏波动之中。

如果你得到的总分是15～28分,那就表明你在与朋友相处上的行为困扰较严重,分数超过20分,则表明你的人际关系困扰程度很严重,而且在心理上出现较为明显得障碍。你可能不善于交谈,也可能是一个性格孤僻的人,不开朗,或者有明显的自高自大、令人嫌弃的行为。

以上是从总体上评述你的人际关系测试情况。下面将根据你在每一横栏上的小计分数,具体指出你与朋友相处的困扰行为及其可资参考的纠正方法。

2. 小计分数

(1) 记分表中Ⅰ横栏上的小计分数,表示你在交谈方面的行为困扰程度。

如果你的得分在6分以上,则说明你不善于交谈,只有在极需要的情况下你才同他人交谈,你总难以表达自己的感受,无论是愉快还是烦恼;你不是个很好的倾听者,往往无法专心倾听他人说话或只对单独的话题感兴趣。

如果得分是3~5分,则说明你的交谈能力一般,你会诉说自己的感受,但不能讲得调理清晰;你努力使自己成为一个好的倾听者,但还是做得不够。如果你与对方不太熟悉,开始时你往往表现得拘谨与沉默,不大愿意跟对方交谈。但这种局面在你面前一般不会持续很久。经过一段时间的接触与锻炼,你可能主动与他人搭话,同时这一切来得自然而非造作,此时,表明你的健谈能力已经大为改观,在这方面的困扰也会逐渐消除。

如果你的得分是0~2分,则说明你有较高的交谈能力和技巧,善于利用恰当的谈话方式来交流思想感情,因此在与他人建立友情方面,你往往比他人获得更多的成功。这些优势不仅为你的学习与生活创造了良好的心境,而且常常有助于你成为伙伴中的领袖人物。

(2) 记分表中Ⅱ横栏上的小计分数,表示你在交际方面的困扰程度。

如果你的得分是6分以上,则说明你在交际方面存在着较大的行为困扰。比如,在正常集体活动与社交场合,你比大多数伙伴更为拘谨;在有陌生人或老师存在的场合,你往往感到更加紧张而扰乱你的思绪;你往往过多地考虑自己的形象而使自己处于被动的境地。总之,交际方面的严重困扰,使你陷入"感情危机"和孤独困窘的状态。

如果你的得分是3~5分,则往往说明你在被动地寻找被他人喜欢的突破口。你不喜欢独自一个人,你需要与朋友在一起,但你又不太善于创造条件并积极主动地寻找知心朋友,而且,你心有余悸,生怕在主动行为后的"冷"体验。

如果你的得分是3分以下,则说明你对他人较为真诚和热情。总之,你的人际关系较和谐,在这些问题上,你不存在较明显持久的行为困扰。

(3) 记分表中Ⅲ横栏的小计分数,表示你在待人接物方面的困扰程度。

如果你的得分是6分以上,则说明你缺乏待人接物的机智与技巧。在实际的人际关系中,你也许经常有意无意地伤害他人,或者你过分地羡慕他人以致在内心妒忌他人。因此,他人可能回报你冷漠、排斥,甚至是愚弄。

如果你的得分是3~5分,则说明你是个多侧面的人,也许可以算是一个较会变通的人。对待不同的人,你有不同的态度,而不同的人对你也有不同的评价。你讨厌某人或被某人所讨厌,但你却极喜欢另一个人或被另一个人所喜欢。你的朋友关系某些方面是和谐的、良好的,某些方面却是紧张的、恶劣的。因此,你的情绪很不稳定,内心极不平衡,常常处于矛盾状态中。

如果你的得分是0~2分,则说明你较尊重他人,敢于承担责任,对环境的适应性强。你常常以真诚、宽容、责任心强等个性获得众多人的好感与赞同。

(4) 记分表中Ⅳ横栏的小计分数,表示你与异性朋友交往的困扰程度。

如果你的得分是5分以上,则说明你在与异性交往的过程中存在较为严重的困扰。也许你存在着过分的思慕异性或对异性持有偏见。这两种态度都有它的片面之处。也许是你因为不知如何把握与异性交往的分寸而陷入困扰之中。

如果你的得分是3~4分,则说明你与异性交往的行为困扰程度一般,有时可能会认为与异性交往是一件愉快的事情,有时会认为这种交往似乎是一种负担,你不懂得如何与异性交往最适宜。

如果你的得分是0~2分,则说明你懂得如何正确处理与异性之间的关系。对异性持公正的态度,能大大方方地、自自然然地与其交往,并且在与异性交往中,得到许多从同性交往那里不能得到的,增加了对异性的了解,也丰富了自己的个性。你可能是一个较受欢迎的人,无论是同性还是异性,多数人都较喜欢你和赞赏你。

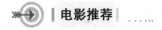

《海蒂与爷爷》。

第二章 人际知觉

我们在与他人交往时,一方面要认识、把握对方的心理状态及特点,以便做出准确的判断;另一方面也要考察自己的心理特质、动机、态度和情感等,驾驭自己,以便给人留下好的印象。举例如下。

同一个青年,同样装扮新潮,花衬衣、格子裤。戴个巨大的"蛤蟆镜"。第一个女士看到他时,他正弯腰全力地帮助一位先生捡拾散落的文件。等他终于完成帮助他人的行动,直起身体来跟他所帮助的人道别时,这个女士终于看到他的全部装扮。她的印象是:时尚、绅士、潇洒。等他转过一个街角,迎面碰到第二个见到他的女士时,该女士对他的印象是:装扮怪异、流里流气。

为什么同一个人会在不同的人那里留下大相径庭的印象?这就涉及印象形成的内容。

人在与他人交往时,会依据在交往中所获得的信息进行整合,形成对他人的印象,这个过程属于印象形成;同时,为了在他人面前留下一个良好的印象而采取一定的策略,这个过程属于印象管理;印象形成和印象管理都属于人际知觉的内容,我们都希望能够准确地形成印象,但在实际生活中,我们又会受到认知偏差的影响而不能做出准确判断。围绕这些问题,本章将对人际知觉逐步展开论述。

第一节 认识人际知觉

个体与他人交往,从人际知觉开始。茫茫人海中,两人之间有了某种交集时,便开始了人际知觉,我们会依据在交往中所获得的信息进行整合,然后对对方进行判断,从而决定是否与其继续交往。

一、什么是人际知觉

知觉是人对外界事物的整体反应,是人将感觉获得的信息进行选择、组合,从而形成完整印象的过程。

我们生活在社会中,一方面,我们在认识外部事物,这属于物知觉的范畴;另一方面,我们也在认识社会中的人,这属于社会知觉的范畴。通过对人和物的认识,我们才能更好地认识我们生活的社会。

1947年,美国心理学家布鲁纳率先提出社会知觉这个概念。社会知觉是指受到知觉主体的兴趣、需要、动机、价值观等社会心理因素影响的对人的知觉。随着人际知觉领域研究的兴起,社会知觉被等同于人际知觉。

人际知觉是指对他人或自我所具有的各种属性或特征的整体反应,其结果即形成关于他人或自我的印象。

20 世纪 60 年代之后,随着认知心理学的兴起,社会认知的概念逐渐取代社会知觉和人际知觉的主流地位,从而广泛被人们应用。

社会认知,是指个体对他人的心理状态、行为动机和意图做出推测和判断的过程,属于人的思维活动的范畴。社会认知是一个复杂的思维过程,有许多因素会影响人的推理和判断,这部分内容将在下一节中探讨。

二、人际知觉的内容

社会认知既包括对他人的认知,也包括对自我的认知。对他人的认知,即人际知觉,主要包含三个方面的内容:①对他人外部特征的认知;②对他人性格的认知;③对人际关系的认知。对自我的认知,即自我知觉,主要包含身体的自我知觉、态度的自我知觉和情绪的自我知觉等。在这里,我们主要探讨人际知觉三个方面的内容。

(一) 对他人外部特征的认知

一个人的外部特征包括仪表、表情等可以凭感官觉察的特征。当我们初次与他人接触时,他人的相貌、衣着、高矮、胖瘦、肤色及肢体动作等,会影响他人在我们心目中的印象。面部表情、眼神、体态和语气语调等,会传递出丰富的信息,影响我们对他人的知觉判断。

大家对图 2-1 和图 2-2 所示的曾经红极一时的犀利哥的照片后的印象如何?

图 2-1　犀利哥 1

图 2-2　犀利哥 2

在社会认知中,我们最先认识到的往往是对方的仪表,并据此判断对方的内在品质。图 2-1 所示犀利哥显得风尘仆仆,而图 2-2 所示犀利哥则显得英俊潇洒。两幅图片,同一个人,却形成完全不同的印象。因此,在初次与他人接触时,我们要注重自己的着装,以良好的形象出现在他人面前。第一次面试、第一次与异性接触、第一次见丈母娘等,我们都会有意识地修饰自己的外表,以便在他人面前留下良好的印象。当然,"人不可貌相,海水不可斗量",我们在根据他人仪表判断他人内心品质时,也要结合其他方面的特征,如经常性表现出来的行为、人际关系状况等判断其内在品质。在社会中,也会有些衣着光鲜的人掩藏着不为人知的秘密,这就需要我们结合多方面的信息,根据情境中的特定因素进行综合判断,而不仅仅只是凭借外表特征、一时好恶来快速下结论,做出评判。

人的表情是人的心理状态的反映,喜怒哀乐皆能反映人的内心。我们在与人接触时,通过面部表情、肢体动作、语气语调、眼神、体态等判断对方的情绪情感,推断双方之间的接纳和喜欢与否,从而进行认知判断,决定是否交往。例如,你面带微笑,热情,平易近人,对方就会认为你容易接近,而愿意与你交往;相反,你板着脸、严肃、冷淡,对方就会认为你不好接触,而不太愿意与你交往。

人类大多数的表情,有着共同的情绪含义。微笑表达一种接纳,笑逐颜开是因为内心高兴,紧皱眉头则内心焦虑,怒气冲天则内心愤怒……不同的语气语调传递出不同的心理,欢快的、庄严的、嘻哈的、沉重的……传递了不同的内心世界……人与人之间的交往,可能会因为一个表情的不同而有不同的发展轨迹,正是因为表情在人际交往之间的传情达意,我们在与人交往时,不能仅仅只依赖于表情而对人做出判断,而要依据多方面的信息准确地判断对方的心理,从而做出合理的判断和回应。

(二)对他人性格的认知

性格是一个人对各种社会现实采取的态度,以及与这种态度有关的习惯性的行为方式。对他人性格的认知应该是在与他人长期的实际交往过程中形成的。但在实际生活中,人们倾向于快速地从他人的情绪表露,甚至是相貌上判断其性格,这种认知倾向具有一定的局限性。在现实生活中,看到一个人英俊潇洒,就认为这个人充满才气、性格洒脱、大度;看到一个人邋里邋遢,就认为这个人缺乏素养、愚钝、懒惰;看到一个人在公众场合主动帮助他人,就认为他心地善良、乐于助人;看到一个人在他人摔倒、需要帮助时却匆忙离开,就认为他冷漠无情、毫无人性……这些在现实生活中常见的对人性格的判断,依赖于有限的信息而快速形成的印象,会让我们有时不能准确地判断他人的性格。

要准确地认识他人的性格,既要了解其过去的生活经历、现在的生活状况,又要根据在长期的、多种不同情境中与其交往所获得的信息,以及依据其多种情境中的言谈举止和一贯的与人相处的方式等,来获得其比较稳固的、能够反映其内心的态度、价值观、能力等多层面的性格特征。

俗话说,"看人看心",我们会根据人的言谈举止等外部特征的观察而对人的性格进行推断,这就是琼斯(E. E. Jones)和戴维斯(K. E. Davies,1965)的相应推断理论。但"人上一百,形形色色"、"人心多变"、"人心各别"等,同样的行为背后可能有不同的动机,同样的动机可能会有不同的行为表现。我们需要了解他人的意图,克服社会称许性(是指某一行为是社会一般人所希望、期待、接受的)、把握非共同性(或独特性,是指个体行为与他人的异同之处)效应和选择的自由性(是指行为的自由选择,而非被迫而为),才能对他人的性格进行合理、准确的推断。例如,一个人捐款了,我们不能据此判断这个人就是一个慷慨大度、热心公益的人。我们需要了解他的捐款行为是情境所需还是他自愿的,在这个情境下他除了捐款还有没有其他选择,情境中的其他人或者制度对他有没有影响,等等,只有了解了多方面的信息,我们才能对其做出一个判断。

在认知人的性格方面,中国人积累了丰富的经验。例如,"察言、观色、睹行";"心为口根";"欲知其人,观其所行"等。在识别善恶、真伪方面,有四大考验,分别是:①时间考验,在长时间内反复观察、经常琢磨,如"路遥知马力,日久见人心";②危难考验,在生死存亡、贫困衰败的情境下更容易认识人的真伪、善恶,如"危难时刻见真情","艰难识好汉";③利益考验,在金钱和财产的诱惑面前很容易区分人是真心还是假意,如"财上分明大丈夫","利动小人心,义动君子心";④世态考验,人在他人的穷富、成败、盛衰等变化过程中的态度。我们可以借鉴前辈总结的经验、结合自己在实际交往中的具体情况,做出对他人恰当的性格评价。

(三)对人际关系的认知

对人际关系的认知主要包括:对认知主体与他人关系的认知、对他人与他人关系的认知等。例如,我和他的关系好吗？他是一个受人欢迎的人吗？他所扮演的角色是什么？社会地位怎样……一个人拥有良好的人际关系,他身上必定具有某些魅力,如性格魅力或者外貌魅力等。在现实生活中,我们要判断一个人受欢迎的程度,可以了解其身边朋友的数量及对其的评价。俗话说:"物以类聚,人以群分","你若芬芳,蝴蝶自来"。通过一个人的人际圈,如他的朋友圈、微博、QQ空间等,可以了解其对朋友的选择、对人际关系的认知及习惯性地与人相处的方式等信息,从而作为自己是否选择与其深入交往的一个依据。

通常,我们在认知他人时已经做好了如何选择自己与他人的关系形式。例如,当我们认为某人具有良好的品质时,我们倾向于与之建立亲近关系;当我们认为某人的性格不好时,我们很可能对他表现出反感和疏远的态度。当一个人拥有良好的人际关系时,我们会认为其拥有良好的个性品质,从而对其产生好的印象,愿意与其交往;反之,一个人的人际关系很糟糕,我们会对其产生不好的印象,不太愿意与其交往。

人际知觉有着丰富的内容,我们在与人交往时需认真觉察和总结经验,以便对他人形成合理的认知。

第二节　社会认知的影响因素

社会认知就是在一定的情境中,认知主体对认知对象所形成的认知。在现实社会中,我们在进行社会认知时,会有许多因素影响人们对信息的获得、表征和提取。一般来说,社会认知的影响因素包括个体因素和情境因素,其中个体因素又包括认知主体和认知对象两个方面。

一、认知主体的影响

社会认知发生在认知主体的思维中,认知主体的原有经验、价值观、情绪情感状态、认知偏见等因素都会影响社会认知的内容与过程。

(一)原有经验

认知主体的原有经验会影响社会认知过程,他们会在先前经验的基础上,形成某些概括认知对象特征的标准和原型,从而使其认知判断更加简洁明了。例如,《狼来了》故事中的村民,因为小孩的几次撒谎而让村民前来营救,村民就形成了小孩是一个"爱撒谎"的人,所以,在真正的狼来了时,小孩呼救,就没有村民来营救,从而他的羊都让狼给吃了。在现实生活中,我们脑海中有关于"慷慨、大方"的原型,所以我们就能很快判断对方是不是慷慨、大方之人。

现代社会心理学用"图式"概念来解释我们脑海中储存的大量原型。图式就是基于原有经验而形成的认知结构。所谓图式,是指人脑中已有的知识经验的网络。图式一般有三种:个人图式、角色或群体图式、事件图式。个人图式既可以是关于一个特殊人物的图式,如卓别林的图式,也可以是关于某一特殊类型的人的图式,如"外向型的人"的图式是热情、活泼、喜欢与他人交往等。角色或群体图式是关于人们所承担的社会角色或群体的图式,如"老师"的图式是戴着眼镜,文质彬彬等。"恋人"的图式是相互关心、甜甜蜜蜜、浪漫、相濡以沫的伴侣等。事件图式又称为脚本,是指某一时间内,行为发生的标准序列。例如,"去约会"这一事件图式是开始会见、到餐馆吃饭、看电影、送回家、道晚安等。

个体已有的图式,会影响对知觉对象信息的选择、加工和解释,主要体现在如下几个方面。

(1) 影响对注意对象的选择。新异独特的、个体熟悉的、感兴趣的容易成为个体图式,并容易被个体选择、关注。

(2) 影响记忆。当对知觉对象形成图式化表征,知觉对象特征鲜明、一致时,比较容易形成图式,并记忆深刻,如周星驰所扮演的形象;当知觉对象与自己的图式信息一致时,比较容易被提取。

(3) 影响自我知觉。个体会根据已有的个人图式,加工有关自己的信息,个人图式就是个体在以往经验基础上形成的对自己概括性的认知网络。

(4) 影响个体对他人的知觉。个体知觉他人,看到的往往是想看到的东西,即个体倾向于用图式解释知觉对象。

生活中,个体已有的图式,会影响对知觉对象信息的选择、加工和解释。个体会依据已有图式,选择和关注其熟悉的、感兴趣的或者新异独特的对象,会依据已有图式对知觉对象进行信息加工,形成印象并做出符合其图式的解释。

【资料延伸】

《疤痕实验》,https://baike.baidu.com/item/疤痕实验。

(二) 价值观

认知主体如何评判社会事物在其心目中的意义或重要性直接受到其价值观的影响。价值观是基于人的一定的思维感官之上而做出的认知、理解、判断或抉择,也就是人认定事物、辨别是非的一种思维或取向,从而体现人、事、物一定的价值或作用。价值观对动机有导向的作用,同时反映人们的认知和需求状况。不同的个体,基于不同的价值观念,在与人互动时,会有不同的知觉和评判,从而影响其对人或物的社会认知。

让我们来看一则"心理学家眼中的月饼",可见不同的价值观、不同的立场,直接会影响人的社会认知。

对同一块月饼,不同的心理学家有着不同的反应。

冯特:我就想研究一下,它都由哪些元素组成(构造主义)。

华生:我就想知道它的制作过程是怎样的(行为主义)。

弗洛伊德:我想知道它里面是什么馅儿的(潜意识理论)。

巴甫洛夫:一见到月饼,我就不由自主地流口水(经典条件反射)。

斯金纳:谁想吃这块月饼,必须先帮我完成一件事(操作性条件反射)。

詹姆斯:月饼的最大功能是能够让人解馋(机能主义)。

罗杰斯:在吃这块月饼之前,我必须考虑到各位的感受,所以,我决定将它分开,一人一块(人本主义)。

马斯洛:吃了这块月饼就可以满足我品尝美味的需求(需要层次理论)。

皮亚杰:我得研究研究,那些原料是通过什么方式结合在一起的(结构主义)。

塞利格曼:透过"月饼"这种特殊的食品,我们可以看出中国人美好的、积极的情感(积极心理学)。

萨宾:来来来,我们一边吃月饼,一边说说自己跟月饼有关的故事(叙事心理学)。

……

从上面"心理学家眼中的月饼"可以看出,不同的心理学家基于不同的认知观念、不同的价值观,在面对一块月饼时,就会有不同的出发点,对月饼的意义、月饼的关注就会各不相同,从而对月饼做出了不同的评判。在现实生活中,我们也会因为自己的价值观而影响对事物和人的认识和评判。

(三)情绪情感状态

情绪情感是人对客观事物是否满足人的愿望、需求而产生的一种态度体验。当客观事物符合人的愿望、需求时,人就会产生愉悦、满足等积极的情绪情感体验;当客观事物不符合人的愿望、需求时,人就会产生失望、痛苦等消极的情绪情感体验。人的情绪情感与人的认知活动密切相关。美国心理学家沙克特提出了情绪的认知理论,认为任何一种情绪的产生,都是外界环境刺激、个体生理的变化和对外界环境刺激的认识过程三者相互作用的结果,尤其认识过程起着决定作用。

认知主体的情绪情感状态会直接影响其认知活动的积极性。当我们心情愉悦时,山含情,水含笑,看谁谁美妙!而当我们心情低落时,周围则一片灰暗。有研究表明:在雨天参加电话调查的被试比在晴天参加电话调查的被试报告的生活满意度更低。菲德勒(F. E. Fiedler)的研究发现,好恶感会影响认知主体对他人个性的认识。当我们对某人怀有好感时,容易在对方身上看到与自己相似的个性特点。

情绪情感状态会影响和调节认知活动。情绪情感状态会对认知产生重要的影响,积极的情绪情感是认识活动的动力之一。如在一项实验中,研究者让被试处于温和愉快的情绪之中,结果发现他们在创造性测验中取得了比控制组更好的成绩。也就是说,在良好的情绪情感状态下,人更容易做出与其良好情绪情感状态相一致的归因,也更容易发挥良好情绪情感的积极感染作用,会让个体保持对人、事、物持有更多积极的认知和评价。

认知偏见对社会认知的影响,我们将在下一节重点剖析。

二、认知对象的影响

认知对象作为社会认知客体的重要组成部分,其魅力、知名度、自我表露等因素会影响认知主体的社会认知。

(一)魅力

魅力既包括外表特征和行为方式,也有内在的性格特点。在生活中,有魅力的人,往往意味着他有一系列的积极属性,"有一分貌,必有一分才",对于美貌,我们容易产生光环效应。因此,美貌也构成了个人魅力的重要因素。

戴恩（K. Dion）等人在实验中向被试展示了外表魅力明显不同的人物照片，然后要求被试评定照片中人物在其他方面的特征。结果发现：外表有魅力的人几乎在所有特征（如人格的社会合意性、经营婚姻的能力、职业状况、幸福感等）方面都得到了最高评价，而外表缺乏魅力的人得到了最低评价。

在生活中，人们把美好事物和正面特征联系起来，或人们在看到美好事物时大脑中的积极事物就被激活，说明人的面孔具有某种特别强大的、关键的和正面的特征，影响人的认知判断。

除了外表魅力之外，一些好的品质特征、道德情操、才华能力、态度、价值观等也会增加一个人的魅力。在生活中，一些见义勇为的人、一些道德模范、社会工匠、科学家等，都会让人对其产生好的评价。儿歌《采蘑菇的小姑娘》中的小姑娘，用辛勤采摘的蘑菇到集市上换几个棒棒糖，拿回来和小朋友分享，传递了一种美好的个人品质，至今在儿童歌曲中流传。作为全国唯一一座以"孝"命名的城市——孝感，就是源于孝子董永的故事，董永卖身葬父，其孝感动天的故事迄今传唱。来到孝感，我们可以到董永公园一游，感受董永的至孝魅力。

（二）知名度

认知对象知名度的高低，也影响着他人对他的认知。一个有较高知名度的人，人们可以通过某些传播媒体或其他人所传递的有关他的信息，在正式结识他之前就已经开始进行社会认知了。一般说来，某人的知名度越高，社会评价越积极，对认知主体的认知活动影响越大，认知主体越会先入为主地将他看成有吸引力的人。例如，"名人效应"，明星等公众人物，各种网络媒体会传递这些公众人物正面的、积极的事迹，会不断冲击社会公众的视线，影响人们对他们的认知评价，增强公众对他们的喜欢程度。

根据印象管理的理论，人要保持积极的、正面的形象，维持良好的知名度，就需要做出与其形象保持一致性的行为，而个体作为积极的、正面的行为，又会促进人的良好形象形成。在生活中，我们推崇各行各业的品行、德行优秀者，他们的知名度也会增加，而伴随他们知名度的增加，我们会对他们有更多的、积极的评价。

（三）自我表露

社会认知是一个双向的过程，认知对象会根据自己的意愿表现自己的一些方面，同时隐藏另外一些方面，从而影响认知主体的认知活动。自我表露就是通过自我表演，强调自己的一些属性，来隐藏其他属性，试图控制他人对自己产生良好印象的行为。如果自我表露成功，则认知对象就会给认知主体留下不同的印象。例如，我们通过自我表露，可以让亲密朋友觉得我们机智而有趣，让老师觉得我们认真而努力，让父母觉得我们单纯且长不大，让恋人觉得我们贴心而懂他/她。

在现实生活中，为了给他人留下一个良好的印象，在与他人相处时，我们会表露出优秀的一面。在综艺节目中，《职来职往》的个人介绍，《非诚勿扰》中男女嘉宾的自我介绍等，都是自我表露的一种，在介绍中都会凸显自己的优势和特长，以赢得更多的认可、接纳和喜欢。在生活中，我们初次与他人接触时，可以自我表露一些知礼懂仪，或绅士、大度、慷慨、阳光的一面，或活泼、纯真、淑女的一面。这样，在与他人初次接触时，可以让自己在他人面前保持一个良好的自我形象。在与熟悉的人相处时，我们可以自我表露自己真实的一面，不矫揉造作，不虚情假意，而是真诚、表里一致。这样，容易增强彼此之间的信任，保持双方良好的评价，促进双方人际关系的发展。

三、认知情境的影响

社会认知活动离不开认知情境,认知主体与认知客体的关系都是在认知情境中得以体现的。

(一)空间距离

空间距离可以显示两人的接近程度,在人们的认知活动中,空间距离构成了一个情景因素。美国学者霍尔(E. Hall)根据人们交往关系的不同程度,把个体空间划为四种距离,即亲密距离、个人距离、社交距离和公众距离,具体解释为:①亲密距离(0~0.46米),这种距离是人际交往中最小的间距,常发生在爱人、亲友之间;②个人距离(0.47~1.22米),这种距离较少有直接身体接触,常发生在朋友之间;③社交距离(1.23~3.66米),这种距离已经超出亲密的人际关系,常出现在熟人之间;④公众距离(3.66米以上),这种距离人际沟通大大减小,很难进行直接交谈。这种距离常常发生在陌生人之间,或者是一般性的社会交往场合。

现实生活中,当两人的距离很近时,我们会认为他们关系应该比较好;当两人的距离很远时,我们就会认为他们之间没有太多的关系。例如,两个关系比较好的朋友,我们会经常看到他们一起学习、一起吃饭、一起逛街、一起娱乐等。当发现他们有段时间没在一起活动时,你就会想,他们之间是否发生了矛盾,是否关系疏远了。也就是说,空间距离的远近反映了不同的人际关系状况。

如果两个关系好的朋友不在一个学校上学,不在一个地方工作,则彼此之间物理的空间距离就会因为彼此之间的心理联系不畅而受到影响,而当两人经常保持电话、网络联系,时而见面时,两人之间的关系就不会受到太大的影响。如果两人好久不联系,则再次联系时会有生疏的感觉。心理距离上的接近会让空间距离上的远离感减弱,而心理距离上的疏远则会让空间距离上的远离感加强。也就是说,空间距离会影响人的人际关系和对他人的评价,但更重要的是,人与人之间的心理联系更会影响彼此之间的关系和知觉评价。

(二)背景参考

在社会认知活动中,认知对象所处的背景也常常成为判断的参考系统。例如,一个女孩在某天很短暂的时间内就经历了一哭一笑的过程,不明情境的个体在听到这样的描述时,可能会认为她情绪无常。但如果了解她当时的情境,就不会这么认为了。原来,在这个女孩生日那天,她与一些朋友约好了要一起庆祝。结果在她到达约会地点后,所有的朋友都打电话给她,说有事不能到场。就在她情绪低落时,所有的朋友又像天兵突降似的同时出现了。当我们熟知这个情景因素时,就会理解这个知觉对象情绪变化的原因,感受到女孩与她朋友间的亲密距离,朋友为了她的生日制造的惊喜等,因而也就形成完全不同的社会知觉。

在社会认知中,影响我们认知的因素很多,我们一定要综合各种因素,正确地认知自己和认知他人。

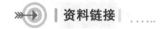
资料链接

地铁里的小提琴家[①]

2007年1月12日早晨,在华盛顿特区的一个地铁站上,有上千名赶着去上班的上班族,世界著名小提琴家Joshua Bell在这里举办了一场小型的个人演奏会。

Joshua使用的是1713年手工制作的斯特拉迪瓦里奥斯小提琴,据说这把琴的音色非常棒,Joshua当时花了350万美金才买下来这把小提琴。

小提琴家在人潮涌动的地铁口演奏了45分钟,演奏了很多世界著名的曲目,然而在他面前驻足的人,却少之又少,大概只有6个人愿意停下来听他演奏,有20个人给他扔了钱。

一场45分钟的演奏下来,小提琴家的箱子里只收到了32美金的打赏,而他三天前在波士顿交响乐大厅的演奏会上座无虚席,每张票的价钱都炒到了100美金以上。

华盛顿邮报称这个实验是一个"作为一个背景,感知和优先事项的实验,以及对公众品味的一个不折不扣的评估:在一个忙碌的时间里,美真的会被注意到吗?"

第三节 印 象 形 成

在本章开头,同一个青年,给第一个女士形成时尚、绅士、潇洒的印象,而给第二个女士形成装扮怪异、流里流气的印象。为什么同一个人会在不同的人眼里留下大相径庭的印象?

一、印象形成的界定

印象是个体(认知主体)头脑中有关认知客体的形象。个体接触新的社会情境时,总是按照以往经验,将情境中的人或事进行归类,明确它对自己的意义,使自己的行为获得明确定向,这一过程称为印象形成。

在印象形成的过程中,个体第一次与对方接触时,根据对方的相貌及外显行为所得的综合性和评鉴性的判断,称为第一印象。

《红楼梦》中,贾宝玉见到林黛玉的第一句话是:这个妹妹我曾见过的。贾宝玉像是自言自语,但却是对着林黛玉说的。林黛玉听懂了,她虽然没有说话,但她也有这种感觉,此时是无声胜有声。电视剧《红楼梦》剧照如图2-3所示。

好恶评价是第一印象形成中最重要的维度。贾宝玉见到林黛玉第一眼,就有似曾相识的感觉,也就奠定了贾宝玉和林黛玉在红楼梦中非同一般的关系。第一印象会影响个体对其后来的评价,在形成好的第一印象后,就会倾向于好的评价;反之,在形成不好的第一印象,也就是恶感后,从此对其评价也可能不好。

[①] 资料来源:https://www.sohu.com/a/207659455_508571。

图 2-3　电视剧《红楼梦》剧照

二、印象形成的一般规则

在生活中,印象形成的过程是非常复杂的,其形成机制至今也没有确切的观点。根据以往研究,一般认为印象形成存在如下一般规则。

(一)一致性规则

所谓一致性规则,是指认知主体对客体的印象应该是一致的,而不是矛盾的。如果认知主体收集到的关于客体的信息前后矛盾,认知主体会根据一致性规则把各种矛盾的信息整合起来。当对一个人进行社会认知时,认知主体倾向于将其作为协调一致的对象来观察,尤其是在评价该对象时更是如此。一个对象不会被看作既是好的又是坏的,既是诚实的又是虚伪的,既是热情的又是冷淡的,如果有关某个对象的信息是前后矛盾的,认知主体也会尽力消除或者减小这种冲突,把对方看作多种特性相融合的、一致的人。

在生活中,一个人会表现出很多的特征。例如,你接触到一个人,他很善良、心细、爱帮助人,也比较热爱运动,认真学习。这些特征都属于一些积极的品质,很容易让人对他形成积极印象。在与他交往的过程中,你发现他有时候很谨慎,做决策时缺乏主见,甚至有时候显得有点敏感,让人与其互动时有些压力。这些特征与前面所获得的特征之间有些冲突和不一致,我们在对他形成印象时,会尽可能地协调各种特征,尽量缩小各种特征之间的差异而形成一个相对一致的印象。现实生活中,我们对人会有更多的理解和包容,基于这种"宽大效应",我们对这些不一致的特征可能会有如下的解释:他的谨慎和缺乏主见是对事情和对人的负责,他的敏感是因为他对事情和对人的在意,这样我们就会对他形成一致的、积极的印象。

(二)评价的中心性

美国心理学家奥斯古德(Osgood)等人通过实验发现:被试用于描述认知对象的全部形容词主要涉及三个范围,即评价(好—坏)、力量(强—弱)、活动(积极—消极)。好与坏的"评价"维度是主要的,会影响有关"力量"和"活动"的描述。生活中,在我们对一个人形成了"好"与"坏"的不同印象后,直接会影响我们对这个人行为活动的评判。在"好"的形象下,我们会认为他积极、阳光、充满正向的力量;在"坏"的形象下,我们会认为他自私自利、不择手段、充满破坏性,从人的外在到内在都会产中一种负向的力量。

罗森伯格等人进一步区分了评价的内在结构。他们认为,认知主体是根据社会特性和智能特性来评价他人的。他们把最常被评价的特征列成表格,如表2-1所示。后来,汉密尔顿(D. L. Hamilton)等人通过实验证明:让被试看到较多的关于社会特性的判断,一般会影响被试对认知对象的喜欢程度。如果让他们看到更多智能方面的特征,则会影响被试对认知对象的尊重程度。生活中,我们对于具有好的社会特征的人,会更愿意选择与其交往,彼此之间更容易建立良好的人际关系;而对于具有不好的社会特征的人,我们首先就不会选择其作为交往对象,更别说建立良好的人际关系了。对于具有良好的智能特征的人,我们会更为钦佩和仰慕,选择其作为自己见贤思齐的对象,向其学习;而对于具有不好智能特征的人,我们会较少关注,或忽视,有时候甚至会对其看不起。

表2-1 用于评价他人的社会特征和智能特征

特征	优点	缺点
社会特征	助人为乐	自私自利
	真诚	虚伪
	宽容	狭隘
	平易近人	趾高气扬
	幽默	古板
智能特征	科学	愚昧
	果断	纠结
	有技能	无技能
	聪明	愚蠢
	坚持不懈	半途而废

(三)中心特征的作用

当对人形成印象时,有些特征的信息往往更有分量,更能影响和改变人们的印象形成,这些特征称为中心特征(或中心品质),即最有分量的特征。心理学家阿希(1946)通过"热情—冷淡、文雅—粗鲁"的实验验证了中心特征的存在。在接下来的中心品质模式中,我们对阿希的实验会做出详细的讲解。评价维度与中心特征分别处于不同的层次。所谓评价的中心性,是指评价这一维度在印象形成过程中处于中心位置。而中心特征则是指某种对于印象形成具有重要作用的具体特征,这种特征甚至可以改变整个印象。

近年来的一些研究表明,中心特征的作用比阿希所说的要复杂。威西钠等人指出,一个具体的特征是否是中心特征,首先取决于描述一个人的其他信息,其次取决于他人对其做出的判断。也就是说,如果关于其他特征的信息很多,则"热情"和"冷淡"的具体作用就可能被削弱。同样,当要求一个人对运动技巧或者艺术创作做出判断时,"热情"和"冷淡"可能就没有什么特殊的影响了。不过,这也说明,我们在对他人形成印象时,要综合多种原因,考察多种信息和特征,尽可能地避免各种限制,这样才能对人形成更为准确的印象。

三、印象形成中信息整合的模式

在印象形成中,个体所获得的信息总是认知对象的各个具体特征,但个体最终形成的印象并不停留在各种具体特征上面,而是在把各种具体信息综合后,按照保持逻辑一致性和情感一致性的原则,形成一个总体印象。如图2-4所示,个体依据他人所表现的很多特征进行信息处理,最终形成一个总体印象。个体对信息的整合主要有四种模式,分别是叠加模式、平均模式、加权平均模式和中心品质模式。

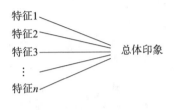

图 2-4 印象形成

(一)叠加模式

叠加模式,是指人们在形成印象时要将各个独立的信息叠加在一起来形成总体印象的一种模式。在生活中,我们了解到某个人的优点越多,则会对他的印象越好;如果了解某个人的缺点越多,则会对他的印象越差。

(二)平均模式

印象形成并非信息的简单相加,不是简单地把他人的多种特征的评价分值累加,而是将各个特征的分值加以平均,然后根据平均值的高低来形成对他人的好或不好的总体印象,这样的模式就称为平均模式。在生活中,当了解到他人具有许多积极品质时,就会形成对他人的好印象,一旦发现他具有某些消极品质,就会降低对他的好感。

甲乙两个人,都具有机智、学识渊博、沉着、自信的品质,只不过乙比甲多了坦率、不讲究衣着的品质,对他们两人的印象是怎样的呢?依照个人评价标准,我们可以对不同的品质进行赋值,如表2-2所示,按照叠加模式,他人对乙的印象好;按照平均模式,他人对甲的印象好。

表 2-2 印象形成的两种不同代数模式

模式	甲	乙
机智	+4	+4
学识渊博	+4	+4
沉着	+2	+2
自信	+3	+3
坦率	—	+3
不讲究衣着	—	−2
叠加模式	+13	+14
平均模式	+3.25	+2.33

（三）加权平均模式

许多人形成对他人的总体印象时，不仅考虑积极特征与消极特征的数量与强度，而且从逻辑上判断各种特征的重要性。对他人的总体印象不是根据简单的平均结果，而是根据重要性确定各种特征的权重，然后将权重与每种特征的强度相乘，最后加以平均，这样的模式称为加权平均模式。也就是说，人们根据平均法则去形成印象，但对极端品质予以加权。例如，当公司招聘高技术开发人员时，招聘者更注重应聘者的"智慧"品质而不是看其是否具有"魅力"；当招聘公关人员时，则会注重应聘者的"魅力"。

（四）中心品质模式

在个体身上，那些与其他若干特征联系密切、对印象形成具有重大影响力的品质，称为中心品质。在印象形成过程中，人们往往忽略一些次要的、对个体意义不大的特征，仅仅根据几个重要、对个体意义重大的中心品质来形成总体印象，这样的模式称为中心品质模式。例如，阿希（1946）所做的热情—冷淡、文雅—粗鲁的实验表明，热情—冷淡是人印象形成中的一组中心品质。

案例：

阿希（1946）的实验，包括两个阶段，阶段一：两组大学生，每人拿到一张描写某个人特征的包括7个形容词的表。

第一组：聪明、灵巧、勤奋、热情、果断、实际、谨慎。

第二组：聪明、灵巧、勤奋、冷淡、果断、实际、谨慎。

然后让被试评价该人。

结果：第一组被试，多数人认为此人慷慨、幸福、人道；而第二组的评价几乎相反。

阶段二：改换其他词语"文雅"和"粗鲁"代替"热情"和"冷淡"。

结果：对此人的评价几乎无多大差别，得出"热情-冷淡"是其中心品质。

虽然个体都有聪明、灵巧、勤奋、果断、实际、谨慎的品质，但增加一个热情和增加一个冷淡品质后，个体对其形成的印象和评价差异很大。在现实生活中，中心品质模式更接近于大多数人印象形成的实际情况。

在生活中，我们都会对他人形成一定印象，学习本内容后希望大家能够合理地处理他人的信息，对他人形成恰当的印象。

第四节　认知偏差

在现实生活中，我们会根据所获得的信息，按照逻辑一致性和情感一致性的规则对信息进行整合，从而形成整体印象。但在更多的情境中，印象形成会带有个人色彩，甚至会出现偏差。

在校园中，当你看到某位长得漂亮的女生/英俊的男生朝你微笑时，你会不会觉得她/他不仅外貌充满魅力，还觉得她/他是一个有修养、品德好的人？

在高档酒店，一个穿着朴素的人，你会不会戴着"有色"眼镜，认为他/她走错了地方？

……

在认知过程中,个体已有的某些偏见或一些知觉效应(如首因效应和近因效应、刻板效应等)会影响认知的准确性,使认知发生偏差,影响对他人印象的形成。然而这种带有规律性的现象在许多情况下又是难以克服的,因此我们要了解一些常见的知觉效应以便在知觉他人时尽量避免其不利的影响。

在认知偏差中,常见的偏差效应有首因效应(primary effect)和近因效应(recency effect)、晕轮效应、刻板效应、投射效应、后视效应等。

一、首因效应与近因效应

在生活中,有"新官上任三把火",也有"十个好,百个好,一个不好全遮了"的说法。前者是首因效应的影响,后者则是近因效应的影响。

在印象形成过程中,信息出现的顺序对印象形成有重要影响。最初获得信息的影响比后来获得信息的影响更大的现象,称为首因效应;最新获得信息的影响比原来获得信息的影响更大的现象,称为近因效应。

首因效应的作用机制是第一印象。第一印象一经建立,对其后信息的组织、理解有较强的定向作用,个体对后续信息的解释往往是根据第一印象来完成的。近因效应是指原来获得信息在记忆中已经模糊,从而使最新获得信息在短时记忆中更清晰的效应。一般来说,熟悉的人,特别是亲密的人之间容易出现近因效应,而不熟悉或者少见的人之间容易出现首因效应。

在生活中,初次与人见面时,修饰着装,注重言谈举止,是首因效应的应用。首因效应能够让我们对他人快速形成一定印象,但也存在如下缺点:一是以貌取人,对仪表堂堂、风度翩翩的人容易形成良好印象,而其缺点却很容易被忽视;二是以言取人,对那些口若悬河的人往往形成良好印象。

在生活中,也会出现如下情况:你对某人的印象一直很好,最近与他接触,突然出现了异常言行,使你印象非常深刻,以致推翻了根据过去此人一贯表现所形成的看法,难怪有时候一句话会伤了多年的和气,这就是近因效应的作用所致。

"士别三日,即更刮目相待",告诫我们,不能再用老眼光去看人,我们要与时俱进地评价他人。

在生活中,我们需要尽可能了解他人全面的信息,做出合理的判断,以避免首因效应和近因效应的不利影响。

二、晕轮效应

你追星吗?在生活中,我们可以从各种网络媒体中看到"追星一族"对自己所痴迷明星的疯狂举动,在这些粉丝心中,他们喜欢的明星是完美的、魅力超群的,无论是颜值还是能力,无人能及。这种现象就是晕轮效应。

晕轮效应是指认知者在对一个人的某种特征形成好或坏的印象后,他就倾向于据此来推论该人其他方面的特征的效应。好恶评价是印象形成中最重要的方面,在知觉他人时,人们往往根据少量的信息将人分为好或坏两种,如果认为某人是"好"的,则被一种好的光环所笼罩,赋予其一切好的品质;如果认为某人是"坏"的,则被一种坏的阴影所笼罩,认为这个人所有的品质都很坏。前者是积极的晕轮效应,也称为光环效应;后者是消极品质的晕轮效应,也称为扫帚星效应。

晕轮效应是一种"以偏概全"的评价倾向,严重者可以达到"爱屋及乌"的程度,它往往是在人们没有意识到的情况下发生作用的。

晕轮效应给我们的启示为:①在交往中应避免以貌取人,要实事求是;②要尽量消除"偏见",所谓"横看成岭侧成峰,远近高低各不同",要学会多角度分析;③要学会正确利用晕轮效应,在人际交往中则会达到事半功倍的效果。

【资料延伸】

《光环效应》,https://baike.baidu.com/item/光环效应。

三、刻板效应

在生活中,我们一般认为工人豪爽,农民质朴,军人雷厉风行,知识分子文质彬彬,商人较为精明,大学生充满活力、较为冲动等,……这些都是人们脑中形成的刻板效应引起的。

刻板效应是指人们对某一特定人群形成的概括而固定看法的一种效应。由于相同的地域,相同的职业或角色,或在相同的社会文化背景下,人们确实会表现出某些共同的特征,在与他们的交往中,就会对他们的特征进行概括,从而形成刻板效应。

刻板效应的形成一般有两种情况。一种是通过直接经验获得,个体通过直接与某些人和某些群体接触,然后将这些特点固定化而形成的;另一种是通过间接的方式获得,对一些素未谋面的人,人们会根据间接的资料和信息产生刻板效应。例如,生活中我们都要购物,这就需要我们与商人接触。各种促销的手段和方法,吸引消费者的购物欲求,最终购买各种商品。当我们觉得自己捡了个"大便宜"时,其实,商家才是最大的"赢家"。所以,我们脑海中就容易形成对商人"无商不奸"的刻板效应。其实,整个购物消费的过程是一个自愿选择的过程,并且,生活中确实有很多道德高尚的商人。

"物以类聚,人以群分",刻板效应还是有一定道理的,它使人的社会知觉过程简化,具有社会适应的意义;"人心不同,各如其面",刻板印象毕竟只是一种概括而笼统的看法,并不能代替活生生的个体,因而"以偏概全"的错误总是在所难免,甚至有时会产生歧视。

 资料链接

一个故事告诉你什么是刻板效应,高智商也会中招[①]

随着我们学习的知识和经验越来越多,会在头脑中形成较多的思维定式。这种思维定式会束缚人的思维,使思维按照固有的路径展开。

刻板效应,相当于思维定式。看完了下面这个故事,你会更加明白其中的道理。

阿西莫夫是美籍俄国人,世界著名的科普作家,他一生共撰写了400余部书。阿西莫夫

---

① 资料来源:http://www.woniu8.com/xinlixue/20160806101833.html。

从小就很聪明,年轻时多次参加"智商测试",得分总在 160 分左右,属于天赋极高之人。他也为此一直洋洋得意。

有一次他遇到一位老熟人,是位汽车修理工。汽车修理工想和他开个玩笑,于是汽车修理工对他说:"嗨,博士,我来考考你的智力,出一道题看你能不能答对,我打赌这道题你肯定在 10 秒内答不出来,信不信?要不要试一试?"阿西莫夫从来不怀疑自己的智商和反应能力,于是就同意了。汽车修理工便开始出题:"有一个聋哑人,想买几个钉子,可是他说不出话,不知道该怎么表达。于是他慢吞吞地来到五金商店,终于想到了一个好主意。他对售货员做了这样一个手势:左手食指立在柜台上,右手握拳做出敲击的样子。售货员见状,先给他拿来一把锤子。聋哑人摇摇头,于是售货员明白了,他想买的是钉子。售货员把钉子给了聋哑人,聋哑人就满意地离开了。"

"聋哑人买好钉子走出商店,接着进来一位盲人。这位盲人想买一把剪刀,你说这个盲人将怎么做?"阿西莫夫顺口答道:"盲人肯定是这样,他伸出食指和中指,做出剪刀的形状。"说着,还伸出自己的手模仿动作。

听到回答,汽车修理工哈哈大笑起来:"你答错了。盲人想买剪刀只需要说'我买剪刀'就可以了,为什么要做手势呢?"智商 160 分的阿西莫夫只得承认自己回答得很愚蠢。

其实这与教育和不聪明之间不存在联系,不是学多了知识的人就变笨了,而是因为随着我们知识和经验越来越多,会在头脑中形成较多的思维定式。这种思维定式会束缚人的思维,使思维按照固有的路径展开。想一想在生活中我们是不是经常犯这样"聪明"的错误呢?

四、投射效应

在电影《天下无贼》中,大家对王宝强饰演的傻根形象应该印象深刻。傻根是一个心地善良的人,他认为他人都是善良的,是值得信任的,所以一路上对他人都真心相待而不设防。这就是一种投射效应。

投射效应是指将自己的特点归因到其他人身上的倾向。在认知和对他人形成印象时,以为他人也具备与自己具备相似特性的现象,把自己的感情、意志、特性投射到他人身上并强加于他人,即推己及人的认知障碍。尤其是当对方的某些特征如年龄、职业、籍贯、性别、社会地位等与自己相同时,投射效应更容易发生。

在生活中,投射效应有以下三种表现。

(1) 相同投射效应。与陌生人交往时,由于彼此不了解,相同投射效应很容易发生,通常在不知不觉中从自我出发做出判断。自己感到热,就以为客人也闷热难耐,不问客人的意愿就开放冷气;有的老师讲课时对某些知识点不加说明,以为这是十分简单的道理,应该不用多讲,但是在老师看来很简单的知识,在学生看来则未必。在点餐时,自己喜欢吃海鲜,再加上海鲜是一种比较昂贵的、能够显示对客人重视的食物,理所当然地认为客人也喜欢吃海鲜。这种投射效应的发生在于忽视自己与对方的差别,在意识中没有把自我和对象区别开来,而是混为一谈。

(2) 愿望投射效应。把自己的主观愿望强加给对方的投射现象称为愿望投射效应。例如,一个自我感觉良好的学生,希望并相信老师对他的作业一定会给予好评,结果他就把老师一般性的评语理解成赞赏的评价。父母对子女的"望子成龙,望女成凤"的愿望,就是期望子女能够实现自己未能实现的愿望等,就是父母将自己的愿望投射到子女身上的一种体现。

（3）情感投射效应。一般人们对自己喜欢的人越看越觉得其具有很多优点；与此相反，对自己不喜欢的人，则越看越讨厌，越来越觉得其具有很多缺点。于是人们过度地吹捧、赞扬自己喜爱之人，严厉指责、肆意诽谤自己厌恶之人。这种认为自己喜欢的人或事是美好的，自己讨厌的人或事是丑恶的，并且把自己的情感投射到这些人或事上进行美化或丑化的心理倾向称为情感投射效应，它可能会失去人际沟通中认知的客观性，从而导致主观臆断并陷入偏见的泥潭。这种现象在爱情生活中表现得尤为明显，如人们常说的"情人眼里出西施"。

一个好人总认为世界上尽是好人，一个坏人总认为世界上尽是坏人；自己疑心重重，也认为他人疑心重重；自己好交际也认为他人好交际；"以小人之心度君子之腹"……投射效应使人们倾向于按照自己的品质、性格、爱好等特征去知觉评价知觉对象，以自己为标准去衡量知觉对象，所得印象往往并不是知觉对象的真实情况，它能使知觉失真，导致主观臆断并陷入偏见之中。在人际交往过程中，应该秉承客观公正的原则，准确投射。

人们可以根据投射效应从一个人对他人的看法中推测这个人的真正意图或心理特征。现实生活中，人们都有一定的共同性，相同的欲望和需求很常见，在大多数情况下，人们对他人做出的推测都是比较正确的。但是，人与人之间既有共同性，又有很多的差异性，如果投射效应过于严重，总是以己度人，那么我们将无法真正了解他人，也无法真正了解自己。因此，在现实生活中，需要我们辩证地、一分为二地去对待他人和对待自己，这是克服投射效应的方法。

下面，分享一个故事：宋代著名学者苏东坡与和尚佛印是好朋友。一天，苏东坡去拜访佛印，与佛印相对而坐，苏东坡对佛印开玩笑说："我看你是一堆'狗屎'。"而佛印则微笑着说："我看你是一尊金佛。"苏东坡觉得自己占了便宜，很是得意。回家以后，苏东坡得意地向妹妹提起这件事，苏小妹说："哥哥你错了。佛家说'佛心自现'，你看别人是什么，就表示你看自己是什么。"

五、后视效应

在社会知觉中，人们大多是事后诸葛亮，事情发生后总觉得自己事先的判断很准确，而实际并非如此。例如，以前对某个人的评价并非很贴切，而在这个人做出某种行为之后，他就说："看，我以前就认为他是这样的人。"对事物的判断也是如此，如果让一些人预测一场足球比赛谁将获胜，大家猜测A队获胜的概率很高，结果B队获胜了，事后让大家回忆自己当初估计哪个队获胜，很多人认为自己当初就认为B队能获胜。事件发生前后人们的判断不一致，这种现象称为后视效应。所谓后视效应，是指人们在回忆自己的判断时，倾向于认为其判断比实际更为精确，也就是我们俗称的"马后炮"。

后视效应并非人们有意让他人知道其评价比较恰当，即便不面对他人，这种现象也会发生。这是一种真正的记忆歪曲，说明个人在社会知觉中不由自主地倾向于认为自己的判断是正确的。

在社会认知中，我们总希望自己的认知合情合理，但在现实生活中，却往往存在认知偏差。在人际交往中，各种知觉偏差效应是很常见的，上面介绍的是一些常见的认知偏差，希望大家能够认识并好好利用，不要被这些效应牵着鼻子走。

第五节　印 象 管 理

在生活中，一方面，我们在获取输入信息时，形成对他人的印象，这个过程就是印象形成的过程；另一方面，我们又在输出信息时，希望在他人面前留下一个良好的印象，这个过程就是印象管理（impression management）的过程。什么是印象管理？印象管理的常用策略有哪些呢？

一、印象管理的界定

当一个男生跟你约会时，你会想：我该穿什么衣服、化什么妆、说什么话，才能在他面前留下一个好的印象。

当你面试时，你会从着装、谈吐、知识能力和对应聘单位的资料整理等方面做好充分的准备，提高应聘的胜算。

俗话说："丑媳妇总要见公婆"，如何在"公婆"面前大显身手，就看你了。

……

个体在与他人交往时，都希望自己能在他人心目中留下一个好的、恰当的印象，此时，个体就会运用一定的印象管理策略，控制被他人对自己形成某种印象。印象管理，也称为印象整饰，是指个体以一定方式去影响他人对自己的印象，即个体进行自我形象的控制，通过一定的方法去影响他人对自己的印象形成，使他人对自己的印象符合自我的期待。

戈夫曼（E. Goffman, 1959）在其《日常生活中的自我呈现》一书中提出的"戏剧论"又称为印象管理。他认为社会交往就像戏剧舞台，每个人都在扮演某个角色，在社会互动中每个人都竭力维持一种与当前社会情境相吻合的形象以确保他人对其做出愉快的评价。

亚历山大（C. N. Alexander）等人于20世纪70年代提出情境同一性理论，也认为印象管理是社会互动的一个方面。他们认为，每个社会情境或人际背景都有一种特别合适的社会行为模式，这种模式表达特别适合该情境的同一性，人们在交往中力求创造最合适自己的情境同一性。

在生活中，他人总要形成对我们的印象，并依据印象加以指导其同我们交往。因此，为了影响他人对我们积极形象的形成，促使与他人交往发展，我们会尽可能做出符合情境需求、符合他人评价需求的行为，从而保持良好的自我形象，让他人形成良好的印象。

印象管理与印象形成的区别是：印象形成对认知者来说是信息输入，是形成对他人的印象的过程；而印象管理是信息输出，是对他人的印象形成过程施加影响的行为。

恰当的印象管理是人际交往的润滑剂，可以使交往顺畅地继续下去。例如，每个人在求职时都尽力在着装、言谈举止上表现出自己的最佳形象，而且还会去猜测招聘者的喜好，以使自己的形象符合其偏好，这样才有可能得到理想的工作。个人既希望自己的行为举止优雅自如，也希望他人文雅礼貌。不顾忌社会习惯和规范的行为总会引起他人的鄙视。因此，恰当的印象管理不是虚伪，而是人类文明的标志、个人修养的度量。

二、印象管理的常用策略

常用的印象管理策略有四种:保持形象的一致性、讨好、自我提升和恰当的自我暴露。

(一)保持形象的一致性

当某人在我们心目中是一个慷慨、大度的人时,我们很难接受他的某次小气、刻薄行为;当你喜欢的老师一直是温柔、和风细雨时,某天她突然发飙、歇斯底里、一改常态,你会很难接受……人们都希望与自己交往的人比较稳定一致,反复无常的人会让人捉摸不定,无法控制与其交往。因此,保持形象的一致性是给人以良好印象的前提。

保持形象的一致性主要有两种效应:"登门槛"效应和"门面"效应。

(1)"登门槛"效应,是指在个体先接受一个小的要求后,为保持形象的一致性,他更可能接受一项重大、更不合意的要求,又称为"得寸进尺"效应。

"登门槛"效应在现实生活中普遍存在,在商场、超市等,我们经常会碰到推销员利用"登门槛"效应让顾客购买商品或者接受服务的事例。例如,当顾客选购衣服时,精明的售货员为打消顾客的疑虑,"慷慨"地让顾客试一试,在顾客将衣服穿上后,售货员会称赞该衣服很合适,并周到地为顾客服务。在这种情况下,当售货员劝顾客买下衣服时,很多顾客难以拒绝;有经验的教师在做学生工作时也是这样的,他总是先让学生承诺完成一件比较容易的任务,待到任务完成后,他再接着提出更高的要求。

(2)"门面"效应,是指如果对某人提出一个很高而又被拒绝的要求,接着向他提出一个低要求,那么他接受这个低要求的可能性比直接向他提出这个低要求的可能性大得多。

"门面"效应在现实生活中也比较普遍,许多人正是利用这种策略去影响他人。例如,在某人想让他人为自己办某事之前,他往往提出一大堆他人根本不可能办到的事,待他人拒绝且怀有一定的歉意后,他才说出自己真正要让对方办的事。由于前面拒绝了太多,人们往往为了留些面子而尽力接受最后要求。想想在生活中,你有没有因为拒绝他人不好意思而象征性地答应他人的一个低要求或者购买他人的一个相对成本代价小的产品呢?

(二)讨好

乍听讨好有谄媚之意,但在生活中,适当"讨好"是良好人际关系构建的有效法宝,它可以让你在他人面前留下一个良好印象。

心理学家琼斯(1964)提出了四套赢得他人喜欢的讨好策略。

(1)恭维他人。人们很难不喜欢那些高看他们的人,所以恭维是必要的。但恭维要真诚、自然,要抓住时机,等对方需要恭维时再恭维他,此时最为有效。例如,在小组讨论中,王强准备充分,发表了有理有据、有一定广度和深度的个人见解,轮到你时,你首先肯定和赞扬王强,"前面王强的观点分析透彻,让自己豁然开朗",表情诚挚、言辞恳切,这就是恭维他人,也就是发自内心的肯定和赞扬。

(2)在意见、判断和行为上遵从他人。人们喜欢那些在信念、态度和行为方面与其相似的人,因此遵从他人往往会给其留下好印象。但遵从不能过于勉强,要使人觉得可信,其中一个方法就是在小的方面表示不同意见,而在关键问题上遵从他人。在生活中,当你与他人交流某个话题发表观点时,你是不是希望他人认同你的观点呢?

(3)自我表现。个体要表现出一种令人喜欢、受人赞许的形象。但自我表现不能过火,适当的谦虚很有必要。因为过分的自我表现很容易使他人感到压力和威胁。在群体中,那些善于表现自己能力特征而又不过分张扬,表现自己的优势也不掩藏自己不足的人,更能获得他人的好感。

(4) 给予好处(施惠)。互利互惠性原则是人类社会生活的重要法则,"投之以桃,报之以李",人们喜欢那些给予礼物或为其办好事的人。施惠的目的是要使他人产生一种由礼物激发起来的好感,而不能使他人产生负债感,否则,就会适得其反。中国是一个礼仪国家,注重礼尚往来,当你给予对方礼物或帮助时,对方会对你产生更多的亲近、喜欢和好的评价。当然,给予好处时一定要了解对方的需求,选择礼物要用心,这样才能产生更好的效果。

讨好是一种使他人喜欢自己的策略。卡耐基在其《人性的弱点:如何赢得朋友并影响他们》一书中提出了6条让他人喜欢的方法:①真诚地对他人感兴趣;②微笑;③记住名字是一个人所有语言中最美、最重要的声音;④做一个好的聆听者,鼓励他人谈论自己;⑤谈论他人感兴趣的事;⑥真诚地使他人觉得其是重要的。这些方法,大家可以在生活中有意识地练习,习惯成自然,在与他人交往时,就会提升你在他人心目中的形象。

当然,了解讨好的策略并不是鼓励人们为达到私利的目的去采取虚情假意的手法,而是帮助我们更好地运用讨好的策略去增强人们的好感,同时识别社会上种种怀有不良图谋者的讨好手段,以防陷入圈套。

(三) 自我提升

自我提升是指通过一个人的行为或讲述自己的积极事件来使他人相信自己能力的一种策略。自我提升和讨好不同,琼斯等人(1982)曾指出这两种策略反映了不同的目的:前者是使自己看起来更聪明、更有能力,而后者则是希望自己能让他人喜欢。学习新知识、新技能,完善自己的性格,参加比赛获取奖励等,都是自我提升的方法,通过自我提升,个体会表现得更为优秀。

其实,我们每个人都希望自己既讨人喜欢又聪明能干,但是很多情况下却是"鱼和熊掌不可兼得"。例如,谦虚是讨好的一种有效方式,但有时候却常常给人没有能力的感觉;陈述自己的优点和成就会让他人认为你很有能力,但是也会让人觉得你在吹嘘炫耀,自以为是。在一个群体里,最能出主意的往往不是最受人欢迎的人,相反,能够出一些主意又有一些不足的人反而更受人喜欢。因此,我们必须在讨好和自我提升之间找到一个平衡点,让我们的表现在展现自身能力的同时又深受他人喜欢,不给他人压力,让他人觉得舒服;反之,将会顾此失彼,不仅没有让他人产生好的印象,相反会觉得跟你在一起很有压力,觉得不舒服。

(四) 恰当的自我暴露

自我暴露(self-disclosure)是指个体与他人交往时自愿地在他人面前真实地展示自己的行为、倾诉自己的思想。

现实生活中人的自我分为"公开自我"(public self)和"私下自我"(private self)两部分,前者是人们在工作场合或在一般社会情境中表现出的形象,而后者是个人的真实形象,两者往往不一致。例如,人们从工作单位回家就相当于演员从前台退到了后台。在家里夫妻俩可以表现自己的"私下自我",吵嘴撒气,都是正常的。但如果客人来了,这个后台又成了前台,夫妻又得和和气气将"公开自我"展示给客人。印象管理的目的是要给人一种积极的"公开自我",不让他人看到自己的"私下自我"。

朱拉德(Jourard,1959)在《透明的自我》一文中认为,过少和过多地自我暴露都会造成个体的适应性困难。从来不暴露自己的人永远不能与他人建立亲密关系,没有知心朋友,缺乏社会支持,面临困难时就无法向他人求助,很容易被挫折和烦恼压垮;而将自己心里的所有事情一股脑地倒给他人则会使他人感到威胁,他人会采取避而远之的防卫态度,这种人也得不到真正的友情。理想的方法是对少数好朋友多暴露一些,而对于一般人则保持中等的自我暴露,即使他人感到你真诚而不虚伪,又使他人感到与你交往很安全。

在与他人交往中,我们希望自己在他人面前留下一个恰当的印象,可以灵活运用一些上述印象管理策略。印象管理是一门生活中的学问和艺术,希望大家都能够活学活用,成为一个受欢迎的人。

本 章 小 结

(1) 人际知觉主要包含三个方面的内容:①对他人外部特征的认知;②对他人性格的认知;③对人际关系的认知。

(2) 社会认知的影响因素主要包括认知主体、认知对象和认知情境的影响,其中,认知主体的原有经验、价值观、情感状态和认知偏差、认知对象的魅力和知名度、认知情境的空间距离、背景参考等会影响人的社会认知内容和过程。

(3) 在印象形成的过程中,个体对人的印象并非停留在各种具体的特征上面,而是对各种信息进行整合,遵循一致性规则、评价的中心性和中心特征的作用等原则,运用叠加模式、平均模式、加权平均模式和中心品质模式,形成对人的印象。

(4) 在社会认知中,人们总希望自己的认知合情合理,但在现实生活中,却往往存在认知偏差,常见的认知偏差有首因效应、近因效应、晕轮效应、刻板效应、投射效应、后视效应等。

(5) 常见的印象管理策略有保持形象的一致性(包括"登门槛"效应和"门面"效应)、讨好、自我提升和恰当的自我暴露。

思 考 题

(1) 请结合自身和本章节内容,谈谈人们在认知人的性格方面有哪些经验?
(2) 影响人们社会认知的因素有哪些?
(3) 印象形成中,个体对信息整合的四种模式是什么?
(4) 举例说明认知偏差在生活中的体现。如何减少认知偏差的影响?
(5) 在生活中,你会运用什么策略进行印象管理,在他人心目中留下一个良好的印象?

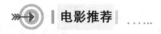

《天下无贼》。

第三章　人际沟通

　　人在社会中生活,每个人都在与人打交道。我们的牙牙学语,我们的欢声笑语,我们的高谈阔论,我们的种种情绪和行为表现,都因为自己与人的沟通、与人的关系而发生,构成我们人生中重要的部分,影响自己的工作与生活。每个人不是一座孤岛,我们在沟通中,传递我们的思想和情感。通过沟通,人与人之间得以连接,我们的人生得以丰富。认识人际沟通,认识人际沟通的结构、类型、规律等,将有助于我们有效地进行人际沟通。

第一节　认识人际沟通

　　在生活中,我们每天都在与人进行交流和沟通,试想一下,假如自己生活在一个与人隔绝、没有交流和沟通的环境中,你会怎样呢?
　　给大家分享一个故事:《画眉的郁闷》。
　　有一次,上帝问一只被囚在笼中的画眉:"你愿意到天堂去生活吗?""为什么要去那里呢?"画眉问。"天堂宽敞明亮,不愁吃喝。""可我现在也很好啊。我吃喝拉撒,全由主人包办,风不吹头,雨不打脸,还能天天听见主人说话、唱歌。"画眉回答。"可是,你自由吗?"听了上帝的话,画眉沉默了。于是,上帝以胜利者的姿态,把画眉带到了天堂。他把画眉安置在翡翠宫里住下,便忙着处理各种事务去了。
　　一年后,上帝突然想起了画眉,便去翡翠宫看望它。他问画眉:"啊,我的孩子,你过得还好吗?"画眉回答道:"感谢上帝,我活得还好。""那么,你能谈谈在天堂里生活的感受吗?"上帝真诚地问。画眉长叹一声,说:"唉,这里什么都好,只是没有人跟我说话,使我无法忍受。您还是让我回到人间吧。"听了这话,上帝不禁大为感慨。
　　故事分享完毕,大家有什么感受呢?
　　虽然这是一只画眉的郁闷,但推及到人,想必人也一样会郁闷。人是社会性的动物,需要在现实社会中与他人交流和沟通。人际沟通非常重要,每个人每天都在与人进行交流和沟通。在现实生活中,虽然有很多的社会压力,也有很多自己无法接受的现实,感觉人跟人之间只有利益和社会资源竞争关系,感觉只要有人的地方就会有矛盾、恩怨,会因此感到心烦、压抑。这时,你也许会有一种想要逃离人群、离群索居的想法。但当你真正离开人群时,你会发现:还是现实社会生活好!还是有人交流和沟通好!那种离群索居的生活会让你崩溃。

一、什么是人际沟通

(一)人际沟通的界定

　　人与人之间发生相互联系的最主要的形式是人际沟通。人醒着时大约有70%的时间,都是花在各种形式的人际沟通过程之中。工作、生活中,每天我们都会碰到形形色色的人,或许是与只有一面之缘的早餐店老板,或许是亲人、爱人、朋友,或许是工作中的同事,或许是医生、教师、网友……总之,我们在醒着的时候,大部分时间都在与人进行人际沟通。那什么是人际沟通呢?

人际沟通,是指人与人之间借助一定的符号系统进行信息和情感的交流过程。人际沟通的主要介质是语言,它是非物质性的,但是,人与人之间不仅有非物质性的信息交流,也包括物质的交换,还包括人与人之间通过非物质的和物质的相互作用过程所建立起来的、相对稳定的关系或联系。所以,人与人的沟通是可以从动态和静态的两个视角来做分析的。动态的沟通主要是指人与人之间的信息沟通和物质交换。信息沟通是人与人之间交往的重要形式,是一个超越自身与他人建立联系,并通过这种联系丰富和扩展自身的重要途径。静态沟通是指人与人之间通过动态沟通形成的情感联系,这种联系是通过直接交往所产生的情感的沉淀,是人与人之间相对稳定的情感纽带。

(二)语言符号系统和非语言符号系统

在人际沟通中,人与人之间的交流过程是借助于符号系统得以实现的。这里的符号系统主要包括语言符号系统和非语言符号系统。

语言符号系统是由人们形成高度共识的符号,通过声、形、意等物化形式使他人能够觉察并理解的系统。例如,我们在初次与人见面时,可以说"很高兴见到你"来表达我们对对方的友好和接纳。妈妈对放学回家的小宝说:"小宝今天在学校里按时完成了老师布置的作业,上课时积极回答数学老师的问题,小宝是好样的!"妈妈的语言表达了对小宝的肯定和鼓励。一对恋人可以通过呢喃甜蜜的情话表达对爱人的浓浓爱意……这就是语言在人际沟通中的信息和情感传递。

非语言符号系统主要是指用人的身体语言,包括面部表情、姿态、语调等而形成的系统。在与人交流和沟通中,非语言符号系统有时单独使用,有时会和语言符号系统结合起来共同使用。例如,我们在说"很高兴见到你"时,会面带微笑,身体前倾,还会伸手与他人握手等。妈妈在夸奖小宝很棒时,会蹲下来和小宝说话,眼睛看着小宝,脸上带着微笑。恋人会有身体的接触,达到我的眼中只有你的关切……或伴随着语言符号系统,或单独使用非语言符号系统,更真切地流露我们在人际沟通中的情感。

现实生活中,我们在进行人际沟通时,多数情况下两种符号系统会融会在一起使用。关于非语言符号系统的更多内容,在后面的身体语言沟通中还会详细讲解。

语言是人类最重要的交际工具,是人们进行沟通的主要表达方式。人们借助语言保存和传递人类文明的成果。语言符号系统是由词汇按照一定的语法所构成的复杂的符号系统,它包括语音系统、词汇系统和语法系统。语言的表达方式有肢体行为和文字两种。在工作与生活中,人们借助于肢体语言和文字等进行沟通,在沟通中实现信息和情感的交流。

语言是人与人之间的一种交流方式,人们彼此的交往离不开语言。在同一种语言背景中,不同的人对以一定声、形、意符号为载体的字词所建立起来的概念或理解是高度接近的,所以,在现实生活中,在同一种语言背景下,人们大部分的沟通可以借助语言来实现。例如,说汉语的人,通过汉语交流可以实现彼此之间的沟通。尤其是在推广普通话的时代,普通话为人与人之间的交流带来了更多的可能和便捷。然而世界各地的人们所用的语言各不相同,彼此间进行直接交谈有时是困难的,甚至是不可能的。即使是同一种语言,还有不同的方言,其差别程度也不相同。有的方言基本上可以相互理解,有的差别极大,好像是另一种语言。俗话说:"十里不同音,百里不同俗"。字面意思是:隔十里说话就会变腔调,隔百里文化民俗就不相同。也就是说,各个地方的语言和风俗都非常不同。在现实生活中,也常常会有两个说各自方言的人在一起沟通而不知所云的事情。

二、人际沟通的意义

人际沟通贯穿人们生活的每一个阶段和每一个方面。不论是不会说话、借助于表情、动作与父母进行沟通的婴儿,还是借助于语言、文字进行沟通的成人,抑或是年老后,在老年人活动中心进行沟通的老年人,通过沟通,人与人之间的情感融洽更为充分,信息交流才得以实现。人际沟通对每个人都具有非常重要的意义。不同的个体,基于自身的人际经验来理解人际沟通的意义,可能各有自己的观点和看法。综合大多数学者对人际沟通意义的探讨,下面将从三个方面展开:①人际沟通提供了人身心发展所必需的信息资源;②人际沟通促进了人的智慧活动和智力发展;③人际沟通是满足需求、维持心理平衡的重要因素。

(一)人际沟通提供了人身心发展所必需的信息资源

人生活在一个信息社会,各种信息资源的输入,为人的感知、思维、想象,以及情绪、情感、体验等提供了来源。人的各种感觉刺激如果被剥夺,会产生怎样的影响呢?心理学家赫伦(W. Heron)在1957年设计了"感觉剥夺"实验,验证了在缺乏感觉刺激(或物理刺激)的情境下,人的整个身心会出现严重的障碍。

"感觉剥夺"实验(见图3-1)是在加拿大一所大学的实验室进行的。被试是自愿报名的大学生,每天的报酬是20美元(当时大学生打工一般每小时可以挣50美分),所以大学生都极其愿意参加实验。实验期间除给被试必要的食物外,不允许其获得任何其他刺激。所有的被试要做的事情是每天24小时躺在有光的小屋的床上,时间尽可能长(只要他愿意)。被试有吃饭的时间、上厕所的时间。严格控制被试的感觉输入,如给被试戴上半透明的塑料眼罩,可以透进散射光,但没有图形视觉;给被试戴上纸板做的套袖和棉手套,限制他们的触觉;头枕在用U形泡沫橡胶做的枕头上,同时用空气调节器的单调嗡嗡声来限制他们的听觉。实验前,大多数被试以为能利用这个机会好好睡一觉,或者考虑论文、课程。但后来他们报告说,对任何事情都不能进行清晰的思考,哪怕是在很短的时间内。他们不能集中注意力,思维活动似乎是"跳来跳去"的。

实验结果是,仅三天,被试便决意要逃脱这单调乏味的环境。在"感觉剥夺"实验过后的几天里,被试注意力涣散,思维受到干扰,不能进行明晰的思考,智力测验的成绩不理想。具体来说,被试在感觉剥夺实验后,对于简单的作业,如对词或数字的记忆,没有影响;对于中等难度的作业,如移动单词中的字母,也没有影响;但对于复杂的问题,如需要高水平语言能力和推理能力的创造测验、单词联想测验,被试在感觉剥夺实验后不如在感觉剥夺实验前的成绩好,感觉剥夺实验影响了复杂的思维过程或认识过程。另外,接受"感觉剥夺"实验的被试中有50%报告有幻觉,其中大多数是视幻觉,也有被试报告有听幻觉或触幻觉。视幻觉大多在感觉剥夺实验后的第三天出现,幻觉经验大多是简单的(如光的闪烁),没有具体形状,常常出现于视野的边缘。听幻觉包括狗的狂吠声、警钟声、打字声、警笛声、滴水声等。触幻觉包括感受到冰冷的钢块压在前额和面颊,感觉到有人从身体下面把床垫抽走。也就是说,

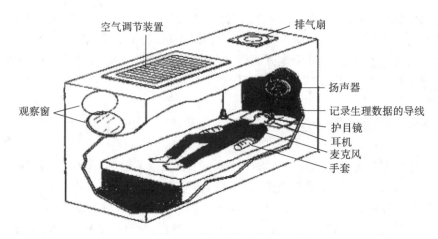

图 3-1 "感觉剥夺"实验

在单调乏味的、缺乏刺激的环境中逗留,人的身心会受到严重的影响。

缺乏物理性刺激会给人造成巨大的影响。缺乏社会性刺激又会给人造成怎样的影响呢?动物心理学家哈洛以猴子为对象进行了一系列的"社交剥夺"实验,验证了缺乏沟通经验等社会性刺激的猴子也明显缺乏安全感,不能与同类进行正常的交往,甚至本能的行为表现也受到严重影响。

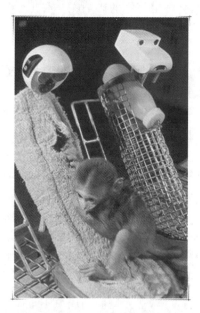

图 3-2 "代母养育"实验

20 世纪 50 年代末,哈洛做了"代母养育"实验(见图 3-2),将刚出生的小猴子和母猴及同类隔离开。一些小猴子在与母猴分开喂养后,虽然身体上没有什么疾病,可行为上却出现了一系列不正常现象。具体实验程序为:哈洛和他的同事们把一只刚出生的小猴子放进一个隔离的笼子中养育,并用两个假猴子替代真母猴。这两个假猴子分别是用铁丝和绒布做的,实验者在"铁丝母猴"胸前特别安置了一个可以提供奶水的橡皮奶头。按哈洛的说法就是"一个是柔软、温暖的母亲,一个是有着无限耐心,可以 24 小时提供奶水的母亲"。刚开始,小猴子多数时候围着"铁丝母猴",但没过几天,令人惊讶的事情就发生了:小猴子只在饥饿的时候才到"铁丝母猴"那里喝几口奶水,其他更多的时候都是与"绒布母猴"待在一起;小猴子在遭遇到不熟悉的物体(如一只木制的大蜘蛛)的威胁时,会跑到"绒布母猴"身边并紧紧抱住它,似乎"绒布母猴"会给小猴子更多的安全感。

哈洛从"代母养育"实验中观察到了一些问题:那些由"绒布母猴"抚养大的小猴子不能和其他猴子一起玩耍,性格极其孤僻,甚至性成熟后不能进行交配。于是,哈洛对实验进行了改进,为小猴子制作了一个可以摇摆的"绒布母猴",并保证它每天都会有一个半小时的时间和真正的猴子在一起玩耍。改进后的实验表明,这样哺育大的小猴子的行为基本上就正常了。

从上面的两个实验可以看出,人生活在一个充满刺激的环境中,各种物理性的刺激和社会性的刺激,对人的身心发展和健康具有重要的意义。各种物理性的刺激,给我们的感官充分的刺激,让各种感官保持一种运作状态,从而对外部的世界有一个充分的感知、认识和理解。这种感知、认识和理解,是我们进行社会生活,工作和学习的重要条件和保障。各种社会性的刺激,对于人来说比一般的物理性刺激更为重要,其是人们进入社会、与人互动、参与社会生活的重要因素。缺乏社会性刺激,不仅会影响人的语言功能,更会影响人的社会性功能和活动,如交友、工作、生活、谈恋爱等。长时间缺乏人际沟通的个体,因为缺乏信息资源的输入,会导致个体的认知、情感和行为活动受到影响,导致其产生一些消极的观念和情绪体验而难以自拔,甚至会产生一些不良的行为。作为信息加工和能量转化系统的人类有机体必须与外部环境保持相互作用,必须接受外界的各种刺激,才能够维持正常的生命活动。在人际沟通中,我们获得了人身心发展所必需的信息资源。

(二) 人际沟通促进了人的智慧活动和智力发展

在人的智慧活动和智力发展中,人际沟通是必要的前提。人们对因战争而独居深山数十年的特殊个案进行研究发现,沟通的缺乏对他们的语言能力和其认知能力都有损害。

同样,缺乏沟通的孤儿与正常儿童相比,其智力发展明显延后。在一项对孤儿院儿童进行的研究中发现,孤儿院儿童的智力发展与普通儿童相比是延后的,明显有智力发展的问题。心理学家猜想,这到底是孤儿院儿童本身智力上有问题,还是其他什么问题? 心理学家就专门对孤儿院儿童在被收养之后和依然留在孤儿院的儿童做对比,结果发现孤儿院儿童被普通家庭收养半年之后的智力和心理发展跟普通儿童没有明显的差异。心理学家揭示,孤儿院儿童智力发展之所以延后,其关键因素在于在孤儿院的儿童缺少沟通,缺少成长的积极环境和心理支持。所以,沟通可以影响一个人的人格成长,影响一个人的智力发展。

现代社会,老年人退休后衰老过程会加快,这个问题已引起社会广泛重视。心理学家研究发现,之所以老年人退休后衰老加快,主要是由于其沟通机会减少,其机体没有得到足够的社会性刺激,机体功能减弱,也就是"用进废退"。老年痴呆症,也称为阿尔茨海默病,是老年人群中一种常见的疾病,临床上以记忆障碍、失语、失用、失认、视空间技能损害、执行功能障碍,以及人格和行为改变等全面性痴呆表现为特征,病因迄今未明。从目前研究来看,引起该病的可能因素和假说多达 30 余种,如家族史、头部外伤、甲状腺病、病毒感染等。其中有一种原因是由丧偶、独居、经济困难等诱发的。也就是说,长期处于独居、缺乏人际沟通的老年人可能诱发老年痴呆症。因此,对于老年人来说,陪伴是非常重要的,他们也需要必要的人际沟通。现在社会上为老年人服务的行业越来越多,其中有一项花钱买陪聊的服务,主要是为老年人送上陪伴,陪老年人聊天。对于老年人来说,精神上的需求相比较物质上的需求更为重要,尤其是现代社会,随着人们物质生活水平的提高,在物质生活得到满足之后,更多的精神上的需求被提上日程。老年人需要有人陪他们聊天、看电视、下棋……这些人际沟通活动的刺激,让老年人保持积极主动的记忆、思维等心理活动,这对老年人的智力活动起着积极的影响。

在生活中,不知道大家有没有类似的体验,当你长久不与人进行交流和沟通时,你会发现自己的语言表达能力变得迟钝,同时会发现你的思维能力有时候跟不上他人的节奏,不知道如何与人交流。而当你与他人保持积极互动和交流(如辩论)时,你会发现自己的思维、表达能力等都得到了锻炼和提升。

下面分享一则小沙弥与老禅师之间的故事。

有一个刚剃度不久的小沙弥,问老禅师:"一个禅者顿悟之后,是不是就成菩萨、成佛了?"

老禅师说:"顿悟只是通过修禅发现并找回了自性,成菩萨、成佛还需努力地修行才行。"

小沙弥还是非常困惑,他说:"释迦牟尼佛祖不是顿悟成佛的吗?"

老禅师就说:"佛祖也是经过了多年的精修和探索,才水到渠成、顿悟成佛的。"

小沙弥依然迷惑不解,他说:"精修与顿悟,究竟哪方面更重要呢?"

老禅师说:"同样重要,就像一块铁,它有钢的自性,它有成为宝剑的可能,但是不经过千锤百炼,即使发现它有钢的自性又有什么用呢?"

为了提高小沙弥的感性认识,老禅师带他来到一个锻造宝剑的洪炉作坊,让他观看了一块生铁如何百炼成钢,如何锤炼、淬炼成宝剑的。小沙弥终于开悟,消除了心中的迷津。

从上面的故事可以看到,在人际沟通中,我们会发现很多我们人生中的导师,他们启发我们的智慧,给我们人生的光明。所以古人云:"三人行必有我师焉。"也正如英国学者萧伯纳的名言:"你有一个苹果,我有一个苹果,我们相互交换苹果,一个人还是只有一个苹果。如果你有一个思想,我有一个思想,我们彼此交换思想,我们每个人就有了两种思想,甚至多于两种思想。"

综上所述,人际沟通促进了人的智慧活动和智力发展。

(三)人际沟通是满足需求、维持心理平衡的重要因素

人是一种社会动物,与他人相处就像需要食物、水、住所等同等重要。如果人与他人失去了相处的机会与接触方式,大都会产生一些症状,如产生幻觉,丧失运动机能,且变得心理失调。我们平常可与其他人闲聊琐事,即使是一些不重要的话,但我们却能因此满足了彼此互动的需求而感到愉快与满足。

在前面的"感觉剥夺"和"社会剥夺"实验中,也可以看出,人际沟通是维持人的身心健康的重要因素,它满足了人的各种需求:如安全感、信息获取、情感交流等。

在《社会工作介入城市独居老人人际交往障碍研究——以南京市Y社区独居老人为例》一文中,发现独居老人缺乏人际沟通和情感支持,容易产生消极、沮丧、退缩和自我封闭的心理,性格也更加孤僻,这些问题逐渐导致独居老人在人际交往方面出现困难与障碍。这不仅会影响老年人的心理健康,甚至会加速生理老化,引发身心疾病。有这样一则报道,在某大学旁边,有一位老年人愿意支付报酬,寻找大学生与他唠嗑。老年人的子女长期不在身边,独自生活,于是,经常会看到这样一幕:老年人与大学生在一起聊天。在一些老年人活动场所,经常会看到老年人聚集在一起,打牌、下棋、唱歌、跳舞等,其实,老年人最需要的是人的陪伴,需要有人与他们交流和沟通。

在新闻媒体中,我们也可以经常看到类似的抗癌舞蹈团、抗癌艺术团的报道。很多的癌症患者自发地组织公益活动团体,通过他们的乐观心态、癌友之间的相互鼓励和支持,积极地投入生活等,活出生命的新高度,同时也影响更多身边的人。例如,天津市抗癌协会"生命之爱艺术团"获得2017年第六届全国全民健身操舞大赛天津赛区自由舞蹈老年组特等奖。灿烂的笑容、精致的妆容、完美的身形,这一切很难跟以下数字关联:董艳华72岁,患乳腺癌,癌龄23年;廖增秀75岁,患乳腺癌,癌龄27年;贾光敏63岁,患乳腺癌,癌龄22年……她们通过自身的探索和实践,摸索出一条心理康复防治癌症的方向,与癌症患者共勉。

在马斯洛的需要层次理论中,第三层次的需要是归属与爱的需要,我们在与人交流和沟

通中,获得了归属感,也体验到了更多的爱。也就是说,人际沟通是满足需要、维持心理平衡的重要因素。

第二节 人际沟通的过程

人际沟通对我们每个人都很重要。在现实生活中,人际沟通的发生过程、结构又是怎样的呢?安得鲁·S.葛洛夫说:"我们沟通得很好,并非取决于我们对事情述说得很好,而是取决于我们被了解得有多好。"叶庇克梯塔斯说:"上天赋予人类一根舌头与两只耳朵,以便让我们从别人那儿听到的话可以两倍于我们说出的话。"在人际沟通中,信息发出者和信息接收者在信息的回环中实现信息的传递和情感的交流。如何与人进行有效沟通,我们可以从人际沟通的结构中探寻阻碍人际沟通的因素,从而寻找到有效沟通的策略。

在生活中,我们经常会遇到沟通问题,会在人际沟通的某个环节出现障碍。人际沟通是如何发生的?其人际沟通的结构是怎样的?如何才能与他人进行有效的沟通呢?

一、人际沟通的结构

人际沟通具有一个完整的结构,整个沟通过程由七个要素构成,即信息源、信息、通道、信息接收者、反馈、障碍和背景,七个要素之间相互影响,如图 3-3 所示。

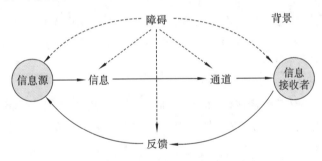

图 3-3 人际沟通的结构图

(一)信息源

信息源,是信息的始发者,是指具有信息并试图进行沟通的人,即信息发出者。信息源在进行沟通前,会在自己丰富的记忆里选择试图沟通的信息,并将信息转化为信息接收者可以接受的形式,如文字、语言或表情等。沟通准备过程可以使人对自己身心状态的意识更为准确,而不是觉得有千言万语,但什么也说不出来。

信息源在进行沟通前进行的准备工作将会产生直接的效果,不管这个准备的过程时间是充裕的还是匆忙的,通过沟通前的准备,我们可以对自己的身心状况意识更为准确,可以更清晰地知道自己所想表达的思想观念和感受,同时可以考虑信息接收者的心理状态,从而更好地发出信息,进行沟通。

请大家设想一下,你参加一个读书会,想和他人分享自己看过的一本书,你会做些什么准备呢?首先你要用精简的语言概括本书的内容,同时,分享自己的感悟,引起听者的兴趣,最后,将自己得到的启迪进行分享,引起听者的共鸣。当然,大家可以从更多的层面组织自己的思想和观点,更好地传递自己的观点和信息。

（二）信息

信息,是沟通者试图传达给他人的观念和情感的载体。一般通过语言和非语言的符号系统进行传达。在传达信息时,可以通过语词和文字符号等表达信息。

传递信息时,要注意沟通双方的理解能力和接受水平。在沟通中,语词要传递自己所想表达的观点和信息,并且能够被信息接收者理解,否则,信息就会大打折扣,甚至会引起歧义。同时,在沟通中,非语词的语气、语调、肢体动作、面部表情等也会传递信息,并且引起信息接收者情绪上的感染,在沟通时,要结合情境,恰当地运用非语言符号系统。

在沟通中,当信息源没有考虑信息接收者的学识和理解水平,在沟通中运用过于书面或过于文雅或过于含蓄的话语,都有可能引起信息接收者在信息上的不解或者误解,从而影响沟通的效果。下面分享一则故事:《秀才与卖柴人的对话》。

有一个秀才去买柴,他对卖柴的人说:"荷薪者过来!"卖柴的人虽然听不懂"荷薪者"(担柴的人)三个字是什么意思,但是他却能听得懂"过来"这两个字,于是把柴担到秀才前面。

秀才问他:"其价如何?"卖柴的人听不太懂这句话,但是听得懂"价"这个字,于是就告诉秀才价钱。

秀才接着说:"此薪外实而内虚,烟多而焰少,请损之。"(意思是说:你的柴外表是干的,里头却是湿的,燃烧起来,会浓烟多而火焰小,请减些价钱吧)由于卖柴的人听不懂秀才的话,于是担着柴就走了。而秀才却大为不解。

从上面的故事我们可以看出,在进行沟通时,如果不考虑信息接收者的理解能力和接受水平,就容易造成沟通障碍。在沟通中,我们应尽可能地用简单的语言、易懂的言辞来传达信息,最好不要用难懂的词语。

我们再来看一则故事:《下雨天留客的故事》。

一个雨天,主人不想留客住宿,于是在一张纸上写了几个字"下雨天留客天留我不留",主人的意思是不留客,客人看了,偷偷地加上标点:"下雨天,留客天,留我不？留！"主人看了再也不好意思赶客人走了。

这则"下雨天留客天留我不留"的话语,运用不同的断句,可以获得两种不同的答案:留客,不留客。主人用委婉的、含蓄的话语表达,容易给人造成误会。在现实生活中,我们在与人进行沟通时,要讲清楚、说明白,切不可给人造成模糊的、多样化的理解。

下面这一句话:"女人如果没有了男人就恐慌了"你会如何理解呢?

（三）通道

通道,是指沟通信息所传达的方式。一般有面对面的沟通和以大众媒体为中介的沟通,如计算机、手机等沟通。在现实生活中,面对面的沟通影响力最大,一方面,面对面的沟通除了语词本身的信息外,还有沟通者整体心理状态的信息,信息上相互交流,情绪上相互感染。另一方面,沟通者可以根据信息接收者的反馈及时调整自己的沟通过程,使其变得更适合于信息接收者。

在现实生活中,我们有时候没有注意沟通通道的重要性,给沟通的有效性造成了影响。分享一则故事:早上出门,老公发现车钥匙下面压了一张老婆写的小纸条,上面写道:老公,加油！旁边还画了个心……当时老公就泪奔了。老夫老妻的啦,还这么励志,心里默默发誓:老婆,我一定会更努力的!……车开了15分钟后,没油了……本来一件简单的事情,老婆提醒老公给汽车加油,可以面对面地用语言直接告知,谁知闹出这个笑话来。

在工作生活中,面对不同的情境和事情,我们要选择恰当的信息通道传递信息。当下达正式的通知、条例、法规等时,就要用正式文件传达信息;当面对语言能力有限的孩子时,我们需要多运用一些面部表情、肢体动作等身体语言来传递信息;当有非常紧急重要的事情而又有一定距离时,最好选择打电话而不要选择发短信来沟通信息;当给孩子讲解数学题时,借用实物更容易使孩子理解;当演讲时,使用投影仪或计算机展现图表、图画、视频、音频等信息会令人印象更深刻;当向爱人表达爱意时,面对面的表达则是更好的选择……

作为学习委员,在中午12点接到通知,因为老师临时有急事,"将今天下午2点的课程调整到下周三下午2点上课。"你会选择何种方式通知大家呢?

(四)信息接收者

信息接收者,是指接收来自信息源信息的人。信息接收者在接收携带信息的各种特定音形符号之后,会根据自己已有的经验,将其信息转译成信息源所试图表达的知觉、观念或情感。这是一个复杂的过程,包括一系列的注意、知觉、转译和储存等心理动作。由于信息源和信息接收者是两个不同但又拥有相当多共同经验的人,因此,信息接收者在转译沟通内容与信息源传递的内容之间的对应性也是有限的。作为信息接收者,不仅需要理解信息源传递的信息和情感,同时还要让信息源理解自己已经理解,也就是说,信息接收者要理解他人和被他人理解。

(五)反馈

在沟通的过程中,每一方将信息不断地回送给另一方,这种回返过程就称为反馈。反馈可以让信息源明确信息接收者接收和理解每个信息的状态。信息接收者接收并理解了信息源信息的反馈,称为正反馈。信息接收者没有接收和理解信息源信息的反馈,称为负反馈。信息接收者对信息源信息的反应不确定的状态的反馈,称为模糊反馈。这三种反馈都来自对方,统称为外来反馈。举一个简单的例子。问:"你早上吃早点了没?"若答:"我吃过了,谢谢!"——这是正反馈。若答:"我今天睡得很好。"——这是负反馈。若答:"我昨天吃了早点的。"——这是模糊反馈。

周总理在外交工作中,面对美国记者的挑衅,能够稳如泰山,机智应答,受到人民广泛称赞和景仰。解放初期,一个美国记者在采访周总理时在他的办公桌上发现了一支美国产的派克笔,于是便用讽刺的口吻说:"你作为一个大国总理,为什么还要用我们美国生产的钢笔?"周总理风趣地说:"这是一位朝鲜朋友的战利品,是他作为礼物送给我的。"还有一个美国记者不怀好意地问道:"为什么我们美国人走路都是头朝上,而你们中国人走路都是头朝下?"周总理说:"因为中国人走的是上坡路,而你们美国人走的是下坡路。"在一问一答中,周总理用睿智的话语坚定,展现了国家总理的大国风范,让人拍手叫好。在这个过程中,信息的反馈直接让信息源无言以对,也表达了信息接收者对信息的理解和想传递的信息。

反馈还有来自自己觉察的反馈。反馈来自自己发送信息的过程或已发出的信息获得的反馈,这种反馈称为自我反馈。还是上面的例子:问:"你早上吃早点了没?"话一出口,你突然意识到,早上你看到他吃面还跟他打招呼了。所以你调整话语:"早上那家面馆的面味道怎么样?好吃的话我明天也去吃。"这就是自我反馈。

在现代快节奏的工作生活中,每人每天都会面对很多的事情,而当事情很多时,我们可能就会忘记给他人答复，忘记已经答复他人的事情，若我们忘记答复而对方还在等待反馈，就容易造成各种问题和矛盾。反馈在人际沟通中是信息和情感传递有效性的重要因素，所以，在上述的情况中，我们可以用备忘录的方式或者日程的方式提醒自己，以便给予对方及时的反馈，这样方能保障沟通有效。

（六）障碍

在沟通中，一切影响沟通有效性的因素都可以称为障碍。从沟通的结构分析，对沟通形成障碍的因素如下。

①信息源的信息不充分或不明确（如不想跟他人交往又没有明确拒绝他人）；②信息没有被有效或正确地转换成可以沟通的信息（如父母对孩子的关爱和期望没有很好地表达，这种关爱和期望给孩子的感觉是强迫和压力）；③误用沟通方式（如以不适当地讨好来表达爱慕，在事情很紧急的时候给他人 QQ 留言）；④信息接收者误解信息（如将他人的关怀和帮助解释对自己的爱慕之情）；⑤沟通者之间缺乏共同的经验（如不同的文化背景的人，父母之间的代沟等）。

在沟通过程中，多种因素都会造成沟通双方之间的误解，例如，语言不通，文化不通，受教育背景不一样，身份、地位等，都会引起沟通不畅。"对牛弹琴"、"风马牛不相及"、"你说你的，我说我的"，都是沟通障碍在生活中的体现。

下面给大家分享一则沟通不畅的笑话：《凉快（两块）》。

最近天气好热，王大妈上了空调车，投了一块钱。

司机说："两块。"

大妈说："是的，凉快。"

司机说："空调车两块！"

大妈答："空调车是凉快。"

司机又说："投两块！"

大妈笑说："不光头凉快，浑身都凉快。"说完往后头走。

司机说："我告诉你钱投两块。"

大妈说："我觉得后头人少更凉快。"

司机无语，一车人笑倒了！

沟通不到位，努力全白费。保持微笑，不会变老。

（七）背景

背景，是指沟通发生的情境。沟通的背景影响沟通的每一个因素，同时也是影响整个沟通过程的关键因素。一般我们理解的沟通背景，是沟通的物理背景，即沟通发生的场所。其实，还有心理背景（沟通参与者的态度、情绪）、社会背景（社会角色关系、身份地位等）、文化背景（沟通者出生以来的长期文化经验的积累）等。

在沟通中，许多含义依赖于背景，有些语词的意义也会随背景的变化而改变。例如，同样一句话"去你的！"，不同的人，不同的背景，就会有不同的含义。如果是情侣之间的打情骂俏，"去你的！"就是一种情话，而不是真正地要他离开。如果是你很生气，对他人的行为或语言看不惯，对他人说的气话，"去你的！"就是让他人离开。再比如，"夏天，能穿多少是多少；冬天，能穿多少是多少。"结合背景，我们很容易理解，夏天是穿少，冬天是穿多。但离开了背景，"能穿多少是多少"就很容易造成歧义，让人难以理解。

分享一个笑话:《处境不同》。

一只小猪、一只绵羊和一头乳牛,被关在同一个畜栏里。有一次,牧人捉住小猪,它大声嚎叫,猛烈地抗拒。绵羊和乳牛讨厌它的嚎叫,便说:"他常常捉住我们,我们并不大呼小叫。"小猪听了回答道:"捉住你们和捉住我完全是两回事,他捉住你们,只是要你们的毛和乳汁,但是他捉住我,是要我的命。"

也就是说,每个人都有自己的处境、立场、观点和态度,在沟通中,我们需要考虑自身因素的同时,还需要考虑对方的因素,不然,整个沟通情境的把握就容易有失偏颇,从而影响沟通效果。

二、人际沟通的影响因素

进一步分析影响沟通的因素,从沟通的各环节着手,可以帮助我们有效地避免沟通中的障碍,从而进行有效沟通。

(一)影响信息源的主要因素

(1)信息源的信息表达能力,包括其语言、文字的表达能力,思考能力及其手势、表情、肢体动作等方面表达的优劣程度。

(2)信息源的态度,包括对自身的态度、对他人的态度和对沟通本身的态度。

(3)信息源的知识程度,包括丰富的知识、社会经验、人情世故等。

(4)信息源的社会地位。人们获取信息的来源之一就是权威,当信息源处于较高的社会地位时,我们倾向于更相信信息源的话。

(5)信息源的吸引力。美国心理学家阿伦森与西格尔合作完成的一个实验证明,漂亮的女性比缺乏魅力的女性对男性的影响力更大。一个漂亮的女性仅仅因为漂亮,就能在一个与其美貌毫不相干的问题上对观众的观点产生很大的影响。

(二)影响信息的主要因素

(1)语言和其他符号的排列与组合次序。信息传递时有首因效应和近因效应,即先呈现的信息和最近呈现的信息容易被记住。

(2)信息的内容。信息的内容直接影响沟通双方,信息传递者力图通过信息的内容传达自己的信念、态度和知识,从而试图影响或改变对方。

(3)信息的处理情况。选择合适的语言和非语言行为来表达信息是非常重要的,同一条信息用不同的语言和语气来表达会有不同的效果。

(三)影响通道的主要因素

(1)同一条信息经过不同的信息通道传递,其效果是大不一样的,因此,要注意选择适当的信息通道。

(2)我们的五官都可以接收信息,但日常生活中所发生的沟通主要是视听沟通。因此,在沟通中,我们要注意给人良好的印象,表达清楚并连贯,让人能够听清、听懂和理解。

(3)电视、电话、计算机、广播、报纸等与面对面沟通作为沟通的媒介和通道,要依据沟通的具体问题和情境做出适当的选择。

(四)影响信息接收者的主要因素

(1) 信息接收者的心理选择性。有些信息接收者乐意接受,而另一些信息可能信息接收者就不喜欢接受了。

(2) 信息接收者当时的心理状态。一般来说,处于喜悦等积极情绪状态的人更容易接受他人所提出的要求。所以在沟通中,我们要尽量营造一种令人愉悦的氛围。

在实际的人际沟通过程中,上述的四个方面往往是相互影响、共同作用的。在沟通过程中,我们需要有意识地规避影响人际沟通的因素,从而做到有效沟通。

三、有效沟通的 7C 原则

由人际沟通的结构图,我们可以清楚地把握在沟通中影响沟通有效的因素。美国著名的公共关系专家卡特里普、森特在他们合著的被誉为"公关圣经"的著作《有效的公共关系》中提出的有效沟通的"7C 原则",让我们在以后的沟通中,更好地进行有效沟通,"7C 原则"具体如下。

(1) 可信赖性(credibility):即建立对信息源(信息传播者)的信赖。

(2) 一致性(context):又称为情境架构,是指传播需与环境(物质的、社会的、心理的、时间的环境等)相协调,也就是说,信息传播需要考虑背景的因素,这样沟通才能获得更为一致性的结果。

(3) 内容(content)的可接受性:是指信息,也就是传播内容需与受众(信息接收者)有关,必须能引起信息接收者的兴趣,满足他们的需要,这样沟通才能进行并可能获得想要的结果。

(4) 表达的明确性(clarity):是指信息的组织形式应该简洁明了,易于公众接受。也就是说,在沟通中,信息的表达要简明扼要,要易于理解,这样才能传递明确的信息和情感。

(5) 渠道(channels)的多样性:是指应该有针对性地运用传播媒介,以达到向目标公众传播信息的作用。也就是说,信息源要有针对性地运用各种信息传递通道,准确、恰当地将信息和情感传递给信息接收者。

(6) 持续性与连贯性(continuity and consistency):也就是说,沟通是一个没有终点的过程,要达到渗透的目的,必须对信息进行重复,但又需在重复中不断补充新的内容,这一过程应该持续地坚持下去。在沟通中,信息在信息源和信息接收者之间不断地循环往复,信息得到不断的丰富,观点不断明了,情感更为充沛。这个过程需要信息源准确把握要传递的信息和情感,在沟通的过程中持续和连贯地表达出来,才能达到双方之间有效沟通的效果。

(7) 受众能力(capability of audience)的差异性:沟通必须考虑沟通对象能力的差异(注意能力、理解能力、接收能力和行为能力),采取不同方法实施传播才能使传播易为受众理解和接受。在沟通中,不同的沟通对象,其受教育水平、认知理解能力、生活经验等是有所差异的,所以在沟通中,我们需要考虑信息接收者的接受和理解能力,以他们能够接受和理解的方式进行信息和情感的传递。

第三节　人际沟通的类型

在现实生活中,沟通的类型十分复杂,每一种沟通类型,与我们的生活都密切相关。不同的沟通类型,适用于不同的沟通情境。每一种沟通类型,既有其优势,也有其不足。只有正确地认知各种沟通类型的优势和不足,在以后的沟通中,我们就可以取其所长,避其所短,综合运用,有效沟通。

一、单向沟通和双向沟通

从信息源和信息接收者的地位是否变换的角度来看,可以将沟通分为单向沟通和双向沟通。单向沟通,是指信息源与信息接收者的地位不变,信息源只发送信息,信息接收者只接收信息而不做出反馈。双向沟通,是指信息源和信息接收者的地位不断变换,双方互为信息源和信息接收者。生活中,发布命令、做报告、发表演说等都是我们通常所见的单向沟通形式,与人交谈、会谈、小组讨论等是我们常见的双向沟通形式。

心理学家莱维特在 1964 年曾做过关于单向沟通和双向沟通效率的比较研究。实验者用两种方式要求被试在纸上画一系列的长方形。当采取单向沟通的方式时,被试背对实验者不准提问;当采取双向沟通的方式时,被试面对实验者并可以提问。通过比较研究,莱维特得出了有关单向沟通和双向沟通的一般特点。

(1) 单向沟通的速度比双向沟通的快。因为双向沟通容易受到干扰,并缺乏条理性。

(2) 双向沟通比单向沟通准确。因为双向沟通的双方可以不断地就不一致的信息进行讨论。

(3) 双向沟通可以增强信息接收者对自己判断的信心。通过双向沟通,信息接收者知道信息失真在哪里,然后不断修正。

(4) 在双向沟通中,信息源感受到的心理压力较大。因为其随时可能受到信息接收者的批评。

在教学中,老师有时候会用单向沟通的方式传递一些信息,学生在短时间内就可以获得更多的信息。但一直用单向沟通的方式,老师不清楚学生对知识的理解和掌握程度,所以,在教学中,更多的时候师生之间会用双向沟通的方式,不断通过信息之间的交流达到对知识的理解,实现"师生互动,教学相长"的目的。下面分享一则师生之间的双向沟通的案例:《树上有几只鸟》。

某日,老师在课堂上想看看一学生智商有没有问题,问他:"树上有十只鸟,开枪打死一只,还剩几只?"

学生反问:"是无声手枪或别的无声枪吗?"

"不是。"

"枪声有多大?"

"80~100 分贝。"

"那就是说,会震得耳朵疼?"

"是。"

"在这个城市里打鸟犯不犯法?"

"不犯。"

"您确定那只鸟真的被打死啦?"

"确定。"老师已经不耐烦了,"拜托,你告诉我还剩几只就行了,OK!"

"OK,树上的鸟里有没有听不见的?"

"没有。"

"有没有关在笼子里的?"

"没有。"

"边上还有没有其他的树,树上还有没有其他的鸟?"

"没有。"

"有没有残疾的或饿得飞不动的鸟?"

"没有。"

"算不算怀孕小鸟肚子里的鸟宝宝?"

"不算。"

"打鸟的人眼有没有花?保证是十只?"

"没有花,就十只鸟。"

老师已经满脑门是汗,且下课铃响,但他继续问:"有没有傻的不怕死的?"

"都怕死。"

"会不会一枪打死两只?"

"不会。"

"所有的鸟都可以自由活动吗?"

"完全可以。"

"如果您的回答没有骗人,"学生满怀信心地说,"打死的鸟要是挂在树上没掉下来,那么就剩一只,如果掉下来,就一只不剩。"

老师当即晕倒!

二、上行沟通、下行沟通和平行沟通

在组织群体中,地位高低的差异使得组织里的人际沟通呈现上行、下行和平行的趋势。上行沟通,又称为上沟通,是指组织群体中地位较低者主动与地位较高者沟通,其沟通的信息通常是向上级汇报工作情况,报告某个成员问题,向上级提出要求,给公司提出建设性建议等。下行沟通,又称为下沟通,是指组织群体中地位较高者主动与地位较低者沟通。一般是前者将工作指示、工作信息、工作程序、工作方法、工作评价和工作目标等传递给后者。平行沟通,是指组织群体中身份和地位相仿者之间的沟通。平行沟通可以协调人际关系,加强成员之间的友谊,增强团体的凝聚力。

在生活中,当我们需要向组织领导汇报工作或提出建议时,需要遵循组织的组织建构,向自己的上级领导汇报或建言,越级汇报和建言一般是在特定情况下,即上级领导不在、委托或不作为时而采取的方式。

现代组织管理特别注重企业文化,关注员工的身心需求,营造良好的人际氛围。因此,在现代组织里,地位较高者会从地位较低者那里获得信息,包括对企业组织的满意程度、价值文化的理解、工作目标和工作任务的理解、执行和贯彻情况、对企业组织领导的评价看法等。通过下行沟通,上级可以更好地了解员工,更好地调动员工的积极性,营造更好的人际氛围。

在组织中身份和地位相仿者,会有更多共同的沟通话题,对企业组织的认同、工作中经验的交流、平时的相互关心、情感沟通等,平行沟通能够满足个体的归属和爱的需求,建立友谊,增强团体凝聚力,因此,企业会给企业员工提供休闲、娱乐的地方,会定期组织员工参加一些活动,从而更好地促进员工之间的关系和增强员工对企业的认同和归属感。

美国学者凯利等人研究了团体里的人际沟通,发现地位较低者主动与地位较高者沟通多,即在群体中上行沟通要多于下行沟通。当然,现代企业组织管理与凯利研究的时代已经有了较大的变化,在企业组织中,各种顺畅的沟通,将有助于企业组织更稳健、更长久的发展。

三、语言沟通和非语言沟通

(一) 语言沟通

语言沟通,是指以语词符号为载体实现的沟通,主要包括口头沟通、书面沟通和电子沟通等。语言沟通是沟通可能性最大的一种沟通,它使人的沟通过程可以超越时间和空间的限制。人不仅可以通过文字记载来研究古人的思想,也可以将当代人的成就留传给后代。借助于各种传播媒介(如纸媒、网络等),一个人的思想可以为很多人所分享。

口头沟通,是指借助语言进行的信息传递与交流。口头沟通的形式有很多,如会谈、电话、会议、广播、对话等。书面沟通,是指借助文字进行的信息传递与交流。书面沟通的形式也很多,如通知、文件、通信、布告、报刊、备忘录、书面总结、汇报等。电子沟通又称为 E-沟通,是以计算机技术与电子通信技术组合而产生的信息交流技术为基础的沟通。它是随着电子信息技术的兴起而新发展起来的一种沟通形式,包括传真、闭路电视、计算机网络、电子邮件及许多即时网络聊天工具等。

在面对面的人际沟通中,人们多数采用口头沟通。口头沟通可以直接、及时地交流信息、沟通意见。这个过程取决于由"听"和"说"构成的沟通环境,说者在沟通过程中积极地对信息进行编码,然后输出信息。同时,听者也要积极地思考说者提供的信息,进行信息译码,从而理解信息源所发送的信息,将它们储存起来并对信息源做出反应。

在间接沟通过程中,书面沟通用得比较多。书面沟通的好处是它不受时空条件的限制,还有机会修正内容,并便于保留,所以沟通的信息不容易造成失误,沟通的准确性和持久性都较高。同时,由于人们通过阅读接收信息的速度通常高于通过听讲接收信息的速度,因而在单位时间内的书面沟通的效率会较高。但是,书面沟通往往缺乏提供者的背景资料,所以对目标靶的影响力不如口头沟通的高。

随着电子信息技术的广泛应用,从书面沟通发展出来一种新的沟通形式,即电子沟通。电子沟通以快速、高效著称,其有强大的媒体功能支撑等特点,已经在很大程度上取代了书面沟通的某些重要功能,甚至削弱了口头沟通的某些功能。但不要忽视的是,人是社会人,人的情感沟通更需要人与人之间的口头沟通。

社会心理学家研究语言沟通的重点放在说者和听者是怎样合作,以及对信息的理解是怎样依赖于沟通情境和社会背景的。

(1) 谈话规则：语言沟通要遵循一定的规则，这些规则通常是不成文的、共同的默契。谈话规则在不同社会、不同文化、不同团体和不同职业之间有所差别，但也有一些普遍性的规则。例如，一方讲话时对方应注意倾听；不要轻易打断对方的谈话；同时只能有一个人讲话；一个人想讲话，必须等他人把话讲完；要注意用词文雅；等等。在实际的语言沟通中，根据内容和情境的需要，谈话的双方还必须有一些特殊的谈话规则。例如，一个计算机专家给一个外行人介绍计算机知识时，要少用专业术语，而多用通俗性的语言，多打些比喻。至于谁先讲，什么时间讲，讲多长时间，怎么讲等，都要参与沟通的各方进行协调。交谈中还有一种更重要的协调，即说者的意思和听者所理解的意思之间的协调。如果说者所使用的某个词有好几种意义，而在这里特指某一个意义，那么听者只能在这个特定的意义上去理解，否则沟通就会遇到困难。

(2) 语义：社会心理学家在研究人际沟通时，尤其看重语言所表达的意义和分析。语义依赖于文化背景和人的知识结构，不同文化背景的人所使用的词义可能有所不同。即使在同一文化背景下，词义也可能有差别。哲学家对"人"的理解和生理学家对"人"的理解往往有差异。为了区分词义上的差别，心理学家把词义划分为基本意义和隐含意义两种。例如，"戏子"和"演员"，这两个词都是指从事表演活动的人（基本意义），但两者的隐含意义不同，戏子含有贬义，而演员则不含有贬义。词的隐含意义，主要是情绪性含义，在语言沟通中起着重要的作用，使用不当会破坏沟通的正常进行。语义的理解还依赖于语言中的前后关系和交谈情境。研究表明，要理解脱离前后文孤立的词是很困难的。人们容易听懂一个成语却不太能听懂一个孤立的词。语义和情境的关系更为密切。

(二) 非语言沟通

非语言沟通，是指使用除语词符号以外的各种符号系统，包括身体语言（面部表情、肢体动作、姿势等）、副语言（语气、语调、语速等）、空间距离及沟通环境等实现的沟通。在沟通中，信息的内容部分往往通过语言来表达，而非语言则作为提供解释内容的框架来表达。非语言沟通是语言沟通的补充形式，有时也可单独使用。

1. 非语言沟通的特点

(1) 无意识性。例如，与自己不喜欢的人站在一起时，保持的距离比与自己喜欢的人要远些。有心事，不自觉地就给人忧心忡忡的感觉。正如弗洛伊德所说，没有人可以隐藏秘密，假如他的嘴唇不说话，则他会用指尖说话。一个人的非语言行为更多的是一种对外界刺激的直接反应，基本都是无意识的反应。

(2) 情境性。与语言沟通一样，非语言沟通也适用于特定的语境中，情境左右着非语词符号的含义。相同的非语词符号在不同的情境中，会有不同的意义。同样是拍桌子，可能是"拍案而起"，表示怒不可遏；也可能是"拍案叫绝"，表示赞赏至极。

(3) 可信性。当某人说他毫不畏惧时，他的手却在发抖，那么我们更相信他是在害怕。英国心理学家阿盖尔等人的研究表明，当语言信号与非语言信号所代表的意义不一样时，人们相信的是非语言所代表的意义。由于语言信息受理性意识的控制，容易作假，人体语言则不同，人体语言大都发自内心深处，极难压抑和掩盖。

(4) 个性化。一个人的肢体语言，同说话人的性格、气质是紧密相关的，爽朗敏捷的人同内向稳重的人的手势和表情肯定是有明显差异的。每个人都有自己独特的肢体语言，它体现了个性特征,人们时常从一个人的形体表现来解读他的个性。

2. 非语言沟通的功能

非语言沟通的功能就是传递信息、沟通思想、交流感情。归纳起来有如下几点。

(1) 使用非语言沟通符号来重复语言所表达的意思或起到加深印象的作用。如人们使用自己的言语沟通时,附带有相应的表情和其他非语词符号。

(2) 替代语言。有时候某一方即使没有说话,也可以从其非语词符号(如面部表情)上看出其含义,这时,非语词符号起到了代替语词符号表达含义的作用。

(3) 非语词符号作为语言沟通的辅助工具,又作为"伴随语言",使语言表达更准确、有力、生动、具体。

(4) 调整和控制语言。借助非语词符号来表示沟通中不同阶段的意向,传递自己的意向变化的信息。

(5) 表达超语言意义,在许多场合非语词要比语词更具有雄辩力。高兴的时候开怀大笑,悲伤的时候失声痛哭,认同对方的时候频频点头,都要比语言沟通更能表达当事人的心情。

(三)语言沟通和非语言沟通的关系

语言沟通和非语言沟通各有其作用,在人际沟通中往往是相互依存和补充的。有时语言沟通的作用大些,有时非语言沟通的作用大些。有研究表明,当语言和副语言不一致时,对方主要依赖于副语言信息;当副语言和面部表情不一致时,对方主要依赖于面部表情。

语言沟通和非语言沟通相互加强,但它们之间存在着明显的区别。

(1) 表达方式不同。语言沟通以语词符号为载体实现沟通,主要包括口头沟通、书面沟通和电子沟通等。非语言沟通使用除语词符号以外的各种符号系统,包括形体语言、副语言、空间利用及沟通环境等。

(2) 习得方式不同。语言沟通在语词发出时开始,它利用声音这个渠道传递信息,它能对语词进行控制,是结构化的,并且是被正式教授的。非语言沟通是不用言辞表达的、为社会所共知的人的属性或行动,这些属性和行动由信息源有目的地发出,由信息接收者有意识地接受并进行可能反馈。非语言沟通是连续的,通过声音、视觉、嗅觉、触觉等渠道传递信息,绝大多数是习惯性的和无意识的,在很大程度上是无结构的,并且是通过模仿学到的。

(3) 作用不同。语言沟通和非语言沟通都很重要,只是由于沟通情境等,有时是非语言沟通显得更重要,有时则是语言沟通显得更重要。语言更擅长沟通的是信息,而非语言更善于沟通的是人与人之间的思想和情感。

四、正式沟通和非正式沟通

正式沟通,是指在一定的组织中依据规章制度、明文规定的原则和渠道进行的沟通,即信息按照企业规章制度的安排,以正式的渠道传递。例如,组织间的公函来往,组织内部的文件传达、发布指示、指示汇报、会议制度、书面报告、一对一的正式会见等。正式沟通是事先计划和安排好的,如定期的书面报告、面谈、有中高层参加的、定期的小组或团队会等。

非正式沟通,是指在组织正式信息渠道之外进行的信息传递与交流,以个人为信息的主要传递渠道。非正式沟通传递的信息又称为小道消息。非正式沟通的方式,包括成员之间的非正式接触、交往,非正式的郊游、聚餐,闲谈、谣言、耳语的传递等。非正式沟通建立在团体成员的社会关系上,乃是伴随由成员交互行为而产生的非正式组织而来的正常且自然的人类活动。非正式沟通是非正式组织的副产品,它一方面满足了成员的需求,另一方面也补充了正式沟通的不足,是正式沟通的有机补充。

非正式沟通有一种可以事先预知的模型。心理学研究表明,非正式沟通的内容和形式往往是能够事先被人知道的。它具有的特点:①消息越新鲜,人们谈论得就越多;②对人们工作有影响的人或事,最容易引起人们的谈论;③最为人们所熟悉的,被人们谈论最多;④在工作中有关系的人,往往容易被牵扯到同一传闻中;⑤在工作上接触多的人,最可能被牵扯到同一传闻中。对于非正式沟通这些特点,管理者应该予以充分和全面的考虑,以防止起消极作用的"小道消息"流传。通常可利用非正式沟通,为组织的目标服务。

正式沟通受组织的监督,信息源谨慎从事,信息接收者严肃认真,所以沟通的信息真实、准确;但因为这种沟通往往必须逐级进行,沟通速度较慢,有可能延误信息的传递。当正式沟通渠道不畅通时,非正式沟通就会起到十分关键的作用。与正式沟通相比,非正式沟通的信息传递速度更快、范围更广,但准确性比较低,有时会对正式沟通产生很大的负面影响。组织可以通过开诚布公、正本清源、提供事实、驳斥流言、诚信待人、与人为善等方式尽可能降低非正式沟通的负面影响。

正式沟通与非正式沟通的比较如表 3-1 所示。

表 3-1 正式沟通与非正式沟通的比较

沟通方式		正式沟通	非正式沟通
优点		制度化	非制度化,脱离企业的等级结构
		传递信息的准确性、可靠性和系统性	传递速度快,传递方式灵活
		可保存、评估、追究责任	面对面沟通,信息反馈基本上同时进行
		定期性	目的性和针对性强,效率较高
缺点		速度较慢,效率较低	信息准确性、可靠性和系统性较差
		要整理起草正式的书面报告,不太便利	或多或少地受人为因素的影响,难以追究责任
主要方式		例会制度、报告制度、文件传达、书面通知、公函往来、一对一的正式会见等	成员之间的非正式接触、交往,非正式的郊游、聚餐、闲谈、谣言、耳语等
措施		建立和完善正式沟通渠道,提供有效的沟通方式	应加强引导和控制,组织可以开诚布公、正本清源、提供事实、驳斥流言、诚信待人、与人为善等

五、正式沟通网络和非正式沟通网络

(一)正式沟通网络

沟通网络是根据人际沟通中信息传递的方向而形成的路线形态。根据组织群体的正式沟通和非正式沟通情况,沟通网络又分为正式沟通网络和非正式沟通网络。

莱维特以 5 人小群体为研究对象,发现正式沟通网络有四种形态,分别是 Y 式、轮式、链式、环式。后来又有学者在莱维特的基础上加入了一种形态:全通道式。五种正式沟通网络如图 3-4 所示。

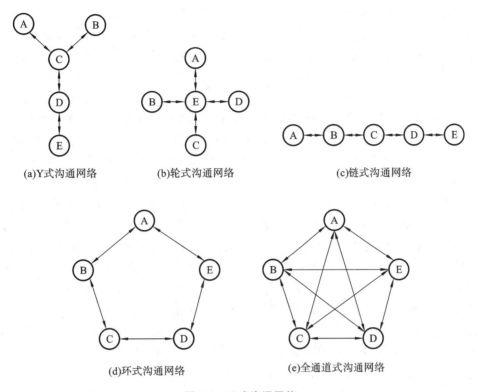

图 3-4　正式沟通网络

Y 式沟通网络,是一个纵向的沟通网络,其中只有一个成员位于沟通的中心,成为沟通的媒介。在组织中,这一网络成员的关系大体相当于组织领导,秘书班子再到下级主管人员或一般成员之间的纵向关系。这种网络集中化程度高,解决问题速度快,组织中领导人员预测程度较高。除中心成员(C)外,组织成员的平均满意程度较低。此沟通网络适用于主管领导的工作任务十分繁重,需要有人选择信息,提供决策依据,同时又要对组织实行有效的控制。但此沟通网络易导致信息曲解或失真,影响组织中成员的士气,阻碍组织提高工作效率。

轮式沟通网络,属于控制型网络,其中只有一个成员是各种信息的汇集点与传递中心。在组织中,大体相当于一个主管领导直接管理几个部门的权威控制系统。此网络集中化程度高,解决问题的速度快。主管领导(E)的预测程度很高,而沟通的渠道很少,组织成员的满意程度低,易使士气低落。轮式沟通网络是加强组织控制、争时间、抢速度的一个有效方法。如果组织接受紧急攻关任务,要求进行严密控制,则可采取这种网络。

链式沟通网络,是一个平行网络,其中居于两端的成员只能与内侧的一个成员联系,居中的成员则可分别与相邻两成员沟通信息。在一个组织系统中,它相当于一个纵向沟通网络,代表一个五级层次,逐渐传递,信息可自上而下或自下而上进行传递。在这个网络中,信息经层层传递、筛选,容易失真,各个信息传递者所接收的信息差异很大,平均满意程度有较大差距。此外,这种网络还可表示组织中主管领导和下级部属之间中间管理者的组织系统,属控制型结构。在管理中,如果某一组织系统过于庞大,需要实行分权授权管理,那么,链式沟通网络就是一种行之有效的方法。

环式沟通网络,此网络可以看成是链式沟通网络的一个封闭式控制结构,表示5个成员之间依次联络和沟通。其中,每个成员都可同时与相邻两成员沟通信息。在这个网络中,组织的集中化程度和主管领导的预测程度都较低;畅通渠道不多,组织中成员具有比较一致的满意度,组织中成员的士气高昂。如果在组织中需要创造一种高昂的士气来实现组织目标,环式沟通网络是一种行之有效的网络。

全通道式沟通网络,是一个开放式的网络系统,其中每个成员之间都有一定的联系,彼此了解。此网络中组织的集中化程度及主管领导的预测程度均很低。由于沟通渠道很多,组织成员的平均满意程度高且差异小,所以组织中成员的士气高昂,合作气氛浓厚。这对于解决复杂问题,增强组织合作精神,提高士气均有很大作用。但是,由于这种网络沟通渠道太多,易造成混乱,且费时,影响工作效率。

通过对五种沟通网络的介绍,我们可以对五种沟通网络有一个清晰的判断。在Y式沟通网络和轮式沟通网络中,沟通者之间的信息传递受居于中心位置成员控制,所以也称这种类型的沟通网络为中心化的沟通网络;在链式沟通网络和环式沟通网络中,每个成员不受居于中心位置的成员控制,可与其他成员进行直接沟通,故称这种类型的沟通网络为非中心化的沟通网络。全通道式沟通网络也是一种非中心化的沟通网络,每个成员都能通过其他通道传递信息,因此是一种全方位的沟通网络。就成员满意度而言,人们在非中心化的沟通网络中比在中心化的沟通网络中更满意。但在非中心化的沟通网络中难以产生主管领导,因此在领导控制力上不如中心化的沟通网络。上述沟通形态和网络,都有其优缺点。作为一名主管领导,在管理工作实践中,要进行有效的人际沟通,就需要发挥其优点,避免其缺点,使组织的管理工作水平逐步提高。

(二)非正式沟通网络

非正式沟通网络与正式沟通网络相反,是指通过非正式沟通渠道建立起来的沟通网络。非正式沟通网络也就是我们通常所说的传播小道消息的渠道。根据莱维特的研究,非正式沟通网络有四种形式:集束式、流言式、偶然式和单线式。四种非正式沟通网络如图3-5所示。

集束式沟通网络,是指将小道消息有选择地告诉相关成员的沟通网络。在沟通过程中可能存在几个中心人物,由他们再转告若干成员。这种形式具有某种程度的弹性。

流言式沟通网络,是指一个成员将小道消息传播给所有成员的沟通网络。沟通过程是由一个成员告知所有其他成员,如同独家新闻。

偶然式沟通网络,是指在偶然的情况下将小道消息传播给其他成员的沟通网络。沟通过程中传播信息的成员碰到哪个成员就转告哪个成员,并无一定中心人物或选择性。

单线式沟通网络,是指通过一连串的成员将小道消息传播给最终的信息接收者的沟通网络。沟通过程中一个成员转告另一个成员,另一个成员再转告下一个成员,这种情况最为少见。

莱维特发现,小道消息传播的最普遍的形式是集束式沟通网络。在一个单位里,大约只有10%的成员是小道消息的传播者,而且多数是固定的,其余的成员往往姑且听之,听而不传。总之,一个群体里,有的成员是小道消息的"制造者",有的成员是小道消息的"传播者",

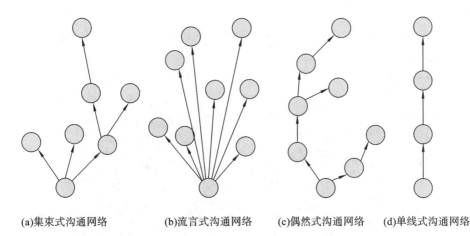

(a)集束式沟通网络　　(b)流言式沟通网络　　(c)偶然式沟通网络　　(d)单线式沟通网络

图 3-5　非正式沟通网络

有的成员是"夸大散播者",而大多数成员是只听不传者或不听不传者。

小道消息由于均以口头传播为主,故易于形成,也易于迅速消失,一般没有永久性的结构和成员。对于小道消息的准确性,有人曾做了统计。赫尔希对 6 家公司的 30 个小道消息进行调查分析,发现有 16 个毫无根据,5 个有根据也有歪曲,9 个是真实的。

在怎样评价非正式沟通网络的问题上,研究者有着不同的见解。一些人认为传播小道消息是散布流言蜚语,应该加以禁止。另一些人则认为小道消息的传播可以满足组织内成员的需要,而且有助于弥补正式沟通渠道不灵活的缺陷。

一般来说,在一个企业里小道消息盛行是不正常的,会破坏企业的凝聚力,不利于企业的管理。研究表明,小道消息盛行常常是"大道"消息不通畅的结果。因此,完善和疏通正式沟通渠道是防止小道消息传播的有效措施。另外,由于小道消息常常是组织成员忧虑心理和抵触情绪的反映,所以管理者应该通过小道消息间接地了解成员的心理状态,研究造成这种状态的原因并采取措施予以解决。

第四节　身体语言沟通

在沟通网络中,信息是否恰当传递,将直接影响信息接收者对信息源信息的接收和理解。信息源在传递信息时,往往会借助语言符号系统和非语言符号系统。在情感的交流与沟通中,非语言的身体语言(body language)信息起着不可替代的作用。有心理学家研究表明,在两人之间的面对面沟通中,55%以上的信息交流是通过无声的身体语言实现的。

身体语言,是指非语言的身体信号,包括目光与表情、空间距离等。通过身体语言实现的沟通,称为身体语言沟通。专门研究身体语言沟通问题的领域,就是身体语言学范畴。

一、目光与表情

(一) 目光

目光,是指眼神,依赖于人的眼睛。人的眼睛最富于表情,从一个人的眼睛中,往往能看到其整个内心世界。

爱默生说:有许多隐藏在心中的秘密都是通过眼睛而不是通过嘴巴被暴露出来的。

图 3-6 所示的是一幅暖爆朋友圈的画面。一个天生残疾的小男孩,看到自己的弟弟在旁边哭,努力地将奶嘴递给弟弟。看着弟弟安静下来,小男孩满眼的温柔,闪着光。

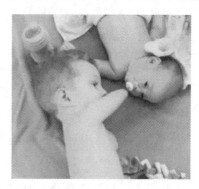

图 3-6　天生残疾的小男孩照顾弟弟的画面

眼睛是心灵的窗户。研究发现,眼睛是透露人的内心世界的、最有效的途径。人的一切情绪、态度和感情的变化,都可以从眼睛显示出来。图 3-6 所示的画面中,小男孩纯洁无瑕的眼神,是发自内心的、最美妙的感情的阐释。

在现实生活中,我们可以对自己的语言进行随意控制,可以在某种特定的情境中口是心非,但一个人的目光是很难随意控制的。观察力敏锐的人,可以很好地从一个人的目光看到一个人内心真实的状态,是镇定自若,还是强装镇静,这是可以从目光中觉察出来的。

眼睛会说话。心理学家发现,目光接触是最为重要的身体语言沟通方式。许多其他的身体语言沟通,都直接与目光有关。眼睛通常是情绪情感的第一个自发表达者,透过眼睛可以看出一个人是欢乐还是忧伤,是烦恼还是悠闲,是厌恶还是喜欢。从眼神中有时可以判断一个人的心是坦然还是心虚,是诚恳还是伪善。心理学家研究证实,人的情绪首先会反映在不自觉的瞳孔改变上。当人的情绪从平静变为兴奋、愉快时,瞳孔会不自觉地变大。例如,一个男人看到迷人的女人,或一个女人看到潇洒的男人时,瞳孔都会放大。当人们的情绪从兴奋、愉快转向不愉快时,人的瞳孔会不自觉地缩小,并伴随不同程度的眯眼或皱眉。例如,当你看到了令人恶心的人或物时,你就会产生瞳孔缩小。

当你双眼凝视她,身体靠近她,并做出一些小的举动时,说明你可能陷入爱情了哦!

(二) 表情

表情是情绪主观体验的外部表现模式。人的表情主要有三种方式:面部表情、身体姿态表情和语言表情。

1. 面部表情

面部表情,是指通过眼睛肌肉、颜面肌肉和口腔肌肉的变化来表现各种情绪状态的。一般来说,眼睛和口腔附近的肌肉群是面部表情最丰富的部分。面部表情是一种十分重要的非语言沟通手段。

面部表情是另一个可以实现精细信息沟通的身体语言途径。借助于人的面目肌肉,人可以做出上百种不同的表情,准确地传达出各种不同的内心情感状态,如图 3-7 所示。表情能够显示各种情感,并且变化迅速,线索容易觉察,且不同文化领域的表情具有跨文化的一致性，因此，在人际沟通中，面部表情是人们运用最多的身体语言沟通方式之一。

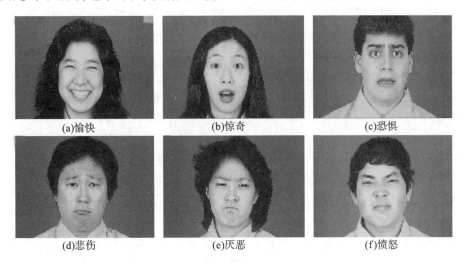

图 3-7　面部表情图

来自面部表情的信息，更容易为人们所觉察，面部表情可以有效地表现肯定与否定、接纳与拒绝、积极与消极、强烈与轻微等维度的情绪情感。但是，由于面部肌肉的运动是自觉的，人们可以随意控制，因而也会出现虚假的面部表情问题。心理学家埃克曼钻研面部表情与内心真相的关系 40 年，成绩斐然，学界封他为"人面教皇"，加拿大心理学家多易居说，地球上大概没有比埃克曼更高明的识谎专家了。埃克曼发现，压抑真感情无法完整为之，因为感情不是意愿可以控制的，总会有"漏洞"将它显现出来。他说，不自主的反应是真感情的最佳指标，例如，人真正悲伤的时候，嘴角都会不自主地往下垂，大约只有 1/10 的人可以控制嘴角的肌肉，一般人要假装悲伤得练习好几百个小时才装得出来。反之，心里悲伤又要强作笑容，也很难把下垂的嘴角换成别的样子。

如图 3-8 所示，哪一张是真笑，哪一张是假笑？

图 3-8　真笑还是假笑

心理学家发现，虽然，任何一种表情都是整个面部肌肉的整体功能的表现，但面部的某些特定的部位对表达某些特殊的情感所起的作用更大。在一般情况下,表现厌恶的关键部位是鼻子、脸颊和嘴巴;表现哀伤的关键部位是眉毛、额头、眼睛和眼睑;表现愉悦的关键部位是嘴巴、脸颊、眉毛和额头;表现恐惧的关键部位是眼睛和眼睑。下面具体来看各部位的功能。

眉毛:眉间的肌肉皱纹能够表达人的情感变化。柳眉倒竖表示愤怒,横眉冷对表示敌意,挤眉弄眼表示戏谑,低眉顺眼表示顺从,扬眉吐气表示畅快,眉头舒展表示宽慰,喜上眉梢表示愉悦。

嘴巴:嘴部表情主要体现在口形变化上。伤心时嘴角下撇,欢快时嘴角提升,委屈时撅起嘴巴,惊讶时张口结舌,愤恨时咬牙切齿,忍耐痛苦时咬住下唇。

鼻子:厌恶时耸起鼻子;轻蔑时嗤之以鼻;愤怒时鼻孔张大,鼻翕抖动;紧张时鼻腔收缩,屏息敛气。

脸颊:面部肌肉松弛表明心情愉快、轻松、舒畅,肌肉紧张表明痛苦、严峻、严肃。

一般来说,面部各个器官是一个有机的整体,协调一致地表达出同一种情感。当人感到尴尬、有难言之隐或者想有所掩饰时,其五官将出现复杂而不和谐的表情。

人们的目光与表情有时是一致的,但有时也会出现眼神与表情的分离现象。在一般情况下,人们只去注意容易觉察的大肌肉运动,而不去注意眼神的变化或者一些微小的动作。通过觉察这些细微之处,我们可以识别对方真实的状态。Keating 和 Heltman(1994)的研究表明,青少年儿童常常通过使用有控制的面部表情——微笑来掩盖欺骗。Lafrance 和 Hecht(1995)的研究揭示,微笑之所以容易掩饰欺骗,并能使人们宽容,是因为微笑与可信任性相关联。

人的容貌是天生的,但表情会受后天环境的影响。在生活中,我们可以调控自己的表情,来实施有效的印象管理,使自己成为一个有魅力的人。当然,不是怀有坏心思欺骗他人哦!下面分享一则林肯的故事。

林肯的一位朋友曾向他推荐某个人为内阁成员,林肯却没有用他。他的朋友很不了解,因为那个人的资历、经验、水平都能胜任。于是走去问林肯为什么。林肯说:"我不喜欢他那副长相。""哦?可是,这不太苛刻了吗?他不能为自己天生的面孔负责呀!"林肯说:"不,一个人过了 40 岁就该对自己的脸孔负责。"

林肯的话说明了一个真理:人的面部表情同其他体态语言一样,是可以熏陶和改变的,一个人的内在变化、文化修养、气质特征等可以影响一个人呈现在他人面前的"面相"。

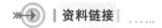
资料链接

控制自己的愤怒

从前,有一个脾气很坏的男孩。他的爸爸给了他一袋钉子,告诉他,每次发脾气或者跟人吵架的时候,就在院子的篱笆上钉一根钉子。第一天,男孩钉了 37 根钉子。后来他学会了控制自己的脾气,每天钉的钉子逐渐减少了。他发现,控制自己的脾气,实际上比钉钉子要容易得多。终于有一天,他一根钉子都没有钉,他高兴地把这件事告诉了爸爸。

爸爸说:"从今以后,如果你一天都没有发脾气,就可以在这天拔掉一根钉子。"日子一天一天过去,最后,钉子全被拔光了。爸爸带他来到篱笆边上,对他说:"儿子,你做得很好,可是看看篱笆上的钉子洞,这些洞永远也不可能恢复了。就像你和一个人吵架,说了些难听的话,你就在他心里留下了一个伤口,像这个钉子洞一样。插一把刀子在一个人的身体里,再拔出来,伤口就难以愈合了。无论你怎么道歉,伤口总是在那儿。要知道,身体上的伤口和心灵上的伤口一样都难以恢复。你的朋友是你宝贵的财富,他们让你开怀,让你更勇敢。他们总是随时倾听你的忧伤。你需要他们的时候,他们会支持你,向你敞开心扉。"

感悟:我们每个人都避免不了动怒。愤怒总会伤到他人。肉体上的伤疤可以痊愈,但心灵上的"伤疤"总会留下创痕,难以消失。因此,要改掉这些坏毛病,努力使自己成为一个容易接受他人和被他人接受的性格随和的人。

2. 身体姿态表情

如图 3-9 所示,在图片中,有几种肢体语言呢?

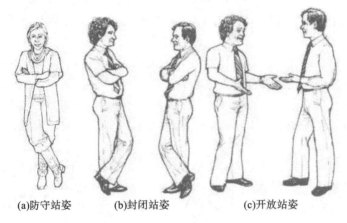

(a)防守站姿　　(b)封闭站姿　　(c)开放站姿

图 3-9　不同的肢体语言

图 3-9 所示的体现了三种肢体语言:防守站姿、封闭站姿和开放站姿。在生活中,我们在与人交流和沟通时,我们的肢体语言会传达我们内心的态度、情感、立场等。

身体姿态表情,又称为肢体语言,是指经由身体的各种动作,从而代替语言,借以达到表情达意的沟通目的。身体姿态表情包括身体运动、接触、姿势等。

1) 身体运动

身体运动是最容易被觉察的一种身体语言,因此身体运动更容易引起人们的注意,它与人们的日常生活关系密切。例如,当孩子在舞蹈比赛中表现出色时,你会走过去拥抱孩子,并竖起大拇指;当你取得成功时,你会手舞足蹈;当你悔恨时,你会捶胸顿足;当你考试碰到一个难题时,你会焦头烂额;当你向他人报告喜讯时,你会伸出胜利的手势(见图 3-10)……

图 3-10　手势动作

我们每个人都有自己习惯的身体运动语言清单,不妨试试,罗列自己的身体运动清单,它可以帮助我们更好地了解自己。心理学家研究发现,人们通常使用的主要身体运动语言及其重要含义:摆手——制止或否定,双手外推——拒绝,双手外摊——无可奈何,搔头皮或脖颈——困惑,搓手或拽衣领——紧张,拍脑袋——自责,耸肩——不以为然或无可奈何,等等。

2) 接触

接触是人际交往最有力的方式。人在触摸或身体接触时,对情感融洽的体会最为深刻。在日常生活中,身体接触是表达某些强烈情感的最为有效的方式。人与人之间的相互理解、隔阂的消除,也常需要通过身体接触,才能得到充分表达。

心理学家发现,每一个人都有被触摸的需要。人不仅对舒适的触摸感到愉快,而且对触摸对象产生情感依恋。所以儿童喜欢拥抱、抚摸毛绒玩具,恋人之间会牵手、拥抱和接吻等。哈洛在"代母养育"实验中,发现从小与父母分离而由"铁丝母猴"和"绒布母猴"抚养的小猴子,更多的时候都愿意待在"绒布母猴"身边。儿童在哭闹时,妈妈会轻轻抚触,安抚儿童的情绪,受到妈妈抚触的儿童慢慢会情绪稳定下来。哪怕是成人,当面临生活中的压力和困难时,也希望有个肩膀可以依靠。在咨询中,咨询师在来访者情绪波动时,轻拍肩膀,递上纸巾,都会让来访者感受到心里的慰藉。由此可见,触摸对每个人都很重要。

3) 姿势

在日常生活中,我们自己经常使用身体姿势来进行沟通。通过姿势实现沟通,有广泛的适应范围。一些姿势是世界性的语言。在需要表达对他人尊敬的情境,如与上级谈话时,我们的坐姿自然比较规范,腰板挺直、身体稍稍前倾,有些人则干脆"正襟危坐"。如果对他人的谈话表示不耐烦,则身体就会后仰,全身肌肉的紧张程度就会明显降低。在课堂上,教师看一眼学生的坐姿,就会明白学生是否对他的讲课感兴趣。通过学生的坐姿,教师会及时调整讲课的内容或者讲课的方式,从而吸引学生的注意。

心理学家萨宾(1954)通过对生活的细致观察,将一些常用的姿势总结如图 3-11 所示。这些示意图及其定义都来自西方,但我们会发现,我们对大多数示意图的解释,与西方研究人员的解释是一致的。这说明,通过姿势实现沟通,有着广泛的适应范围。一些姿势是世界性的沟通语言。

3. 语言表情

除了面部表情、身体姿态表情等,在人际沟通中,我们还会使用不同的语气语调等与人沟通,这些称为副语言,或语言表情。语言表情对他人具有很强的感染力,语言表情已经升华为人类的艺术表演形式。同一句话用不同的声调、在不同的场合说出来,可以表达不同的甚至是相反的意思和情感。这就是语言表情的影响。下面分享一则罗西的故事。

著名悲剧演员罗西,有一次去国外旅行,在一个欢迎宴会上,来宾坚持要他念一段台词。罗西一时记不起台词,但又盛情难却,只好眼瞟着餐桌,用意大利语念了一段。他语调凄凉,神态悲苦,来宾不懂意大利语,但也听得潸然泪下。只有他的同伴在一边窃笑。因为他念的不过是餐桌上的那张菜单。

美国传播学家梅拉比安曾提出一个有名的公式:

来自他人的信息=55%的非语言的表情+38%的语言表情+7%的语言

从上面的公式可以看出,我们在与他人沟通时所获得的信息,绝大多数是从非语言的表情和语言表情获取的,而只有少数是从语言中获取的,所以,我们在与他人沟通中,要学会运

图 3-11　各种身体姿势及意义

用面部表情、身体姿势表情和语言表情等传递信息和情感。

二、装饰

装饰所起的作用是自然发生的。在工作生活中,通过各种装饰来透露自己的信息,很少人对自己的服装仪表全无知觉。装饰主要有服装、化妆和携带品等方面。各种颜色、各种样式、各种档次的服装,正好反映了人们不同的需要和特点。一个人的化妆风格,直接反映一个人期望向他人表露自己的那些信息,反映一个人的审美情趣与性格特点。携带品有便于携带的和不便于携带的携带品。在一定程度上,携带品反映一个人的兴趣、身份地位和角色等。

【资料延伸】

《心理学:妆容"化"出女人的性格》,http://www.sohu.com/a/313326599_120130327。

三、空间距离

一位心理学家做过这样一个实验。在一个刚刚开门的阅览室里,当里面只有一位读者时,心理学家就进去拿椅子坐在他或她的旁边。实验进行了整整 80 个人次。结果证明,在一个只有两位读者的空旷的阅览室里,没有一个被试能够忍受一个陌生人紧挨自己坐下。在心理学家坐在他们身边后,被试不知道这是在做实验,更多的人很快就默默地远离并到别处坐下,有人则干脆明确表示:"你想干什么?"

这个实验说明了人与人之间需要保持一定的空间距离。任何一个人,都需要在自己的周围有一个自己可以把握的自我空间,它就像一个无形的"气泡"一样为自己"割据"了一定的"领域"。而若这个自我空间被他人触犯就会感到不舒服、不安全,甚至恼怒。

空间距离可以显示两人的接近程度。霍尔关于个人空间的理论认为:人们相距的远近代表了不同的情感距离,人们选择特定的空间距离进行互动,不仅可以反映参与互动的各方关系,而且还可以进一步塑造他们之间的关系。他提出了四种空间距离,分别是:①亲密距离(0~0.46 米);②个人距离(0.47~1.22 米);③社交距离(1.23~3.66 米);④公众距离(3.66 米以上)。人与人之间的距离是人们无意确定的,却能影响认知主体的社会判断。

(一)亲密距离

这是人际交往中的最小间隔或几无间隔,即我们常说的"亲密无间",其近范围在 0.15 米之内,彼此间可能有肌肤相触,耳鬓厮磨,以至相互能感受到对方的体温、气味和气息。其远范围为 0.16~0.46 米,身体上的接触可能表现为挽臂执手,或促膝谈心,仍体现出亲密友好的人际关系。

就交往情形而言,亲密距离属于私下情境,只限于在情感上联系高度密切的人之间使用,在社交场合,大庭广众之前,两人(尤其是异性)如此贴近,就不太雅观。在同性别的人之间,往往只限于贴心朋友,彼此十分熟识而随和,可以不拘小节,无话不谈。在异性之间,只限于夫妻和恋人之间。因此,在人际交往中,一个不属于这个亲密距离圈子内的人随意闯入这一空间,不管他的用心如何,都是不礼貌的,会引起对方的反感,也会自讨没趣。

(二)个人距离

这是人际间隔上稍有分寸感的距离,以较少直接的身体接触为好。个人距离的近范围为 0.47~0.76 米,正好能相互亲切握手,友好交谈。这是与熟人交往的空间。陌生人进入这个距离会构成对他人的侵犯。个人距离的远范围为 0.77~1.22 米。任何朋友和熟人都可以自由地进入这个空间,不过,在通常情况下,关系较为融洽的熟人之间交往时保持的距离更靠近远范围的近距离(0.77 米)一端,而陌生人之间谈话则更靠近远范围的远距离(1.22 米)一端。

人际交往中,亲密距离与个人距离通常都是在非正式社交情境中使用,在正式社交场合则使用社交距离。

（三）社交距离

社交距离已超出了亲密或熟人的人际关系，而体现出一种社交性或礼节上的较正式关系。其近范围为 1.23～2.13 米，一般在工作环境和社交聚会上，人们都保持这种程度的距离。例如，在一次外交会谈中，座位的安排出现了疏忽，在两个并列的单人沙发中间没有放增加距离的茶几。结果，客人自始至终都尽量靠到沙发外侧扶手上，且身体也不得不常常后仰。可见，不同的情境、不同的关系需要有不同的人际距离。距离与情境和关系不相对应，会明显导致人出现心理不适感。

社交距离的远范围为 2.14～3.66 米，表现为一种更加正式的交往关系。公司的经理常用一个大而宽阔的办公桌，并将来访者的座位放在离桌子一段距离的地方，这样与来访者谈话时就能保持一定的距离。如企业或国家领导人之间的谈判，工作招聘时的面谈，教授和大学生的论文答辩，等等，往往都要保持一定距离，这样就增加了一种庄重的气氛。

在社交距离范围内，已经没有了直接的身体接触，说话时，也要适当提高声音，需要更充分的目光接触。如果谈话者得不到对方目光的支持，他或她会有强烈的被忽视、被拒绝的感受。这时，相互间的目光接触已是交谈中不可缺少的感情交流形式了。

（四）公众距离

这是公开演说时演说者与听众所保持的距离。其近范围为 3.67～7.62 米，远范围在 7.62 米之外。这是一个几乎能容纳一切人的"门户开放"的空间，人们完全可以对处于空间的其他人，"视而不见"，不予交往，因为相互之间未必发生一定联系。因此，这个空间的交往，大多是当众演讲之类，当演讲者试图与一个特定的听众谈话时，他必须走下讲台，使两人的距离缩短为个人距离或社交距离，才能够实现有效沟通。

显然，相互交往时空间距离的远近，是交往双方之间是否亲近、是否喜欢、是否友好的重要标志。因此，人们在交往时，选择正确的距离是至关重要的。

人际交往的空间距离不是固定不变的，它具有一定的伸缩性，这依赖于具体情境，交谈双方的关系、社会地位、文化背景、性格特征、心境等。不同国家、不同民族，文化背景不同，其交往距离也不同。这种差距是由于人们对"自我"的理解不同造成的。例如，北美人理解"自我"包括皮肤、衣服及体外几十厘米的空间，而阿拉伯人的"自我"则仅限于心灵，他们甚至把皮肤当成身外之物，因此，交往时，往往出现阿拉伯人步步逼近，总嫌对方过于冷淡；而北美人却连连后退，接受不了对方的过度亲热。同是欧洲人，交往时，法国人喜欢保持近距离，乃至呼吸也能喷到对方脸上，而英国人会感到很不习惯，步步退让，维持适合于自己的空间范围。

社会地位不同，交往的自我空间距离也有差异。一般说来，有权力、有地位的人对个人空间的需求相应会大一些。我国古代的皇帝，坐在高高的龙椅上，与大臣拉开了较大的距离，独占较大的空间，大臣在皇帝面前均要弯腰低头，眼睛不能直视皇帝，退朝时还要背朝外出。所有这些，都表现了皇帝至高无上的权力与地位。当人们接触有权力、有地位的人时，不敢贸然挨着他坐，而是尽量坐到远一点儿的地方，这都是为了避免因侵犯对方的自我空间而惹对方生气。

人们确定相互空间距离的远近不仅取决于文化背景和社会地位，还取决于性格和具体情境等因素。例如，性格开朗，喜欢交往的人更乐意接近他人，也较容易容忍他人的靠近，他们的自我空间较小。而性格内向、孤僻自守的人不愿主动接近他人，宁愿把自己孤立地封闭起来,对靠近他的人十分敏感,当他们的自我空间受到侵占时,最易产生不适感和焦虑感。此外,人们对自我空间需要也会随具体情境的变化而变化。例如,在拥挤的公共汽车上,人们无法考虑自我空间,因而也就容忍他人靠得很近,这时已没有亲密距离、公众距离的界限,自我空间很小,彼此间不得不通过躲避他人的视线和呼吸来表示与他人的距离。然而,若在较为空旷的公共场合,人们的空间距离就会扩大,如在公园休息亭和较空的餐馆,他人毫无理由挨着自己坐下,就会引起怀疑和不自然的感觉。所以,人们有时会试图通过选择适当的位置来独占一块公共领地。如在公园休息亭,如果你想阻止他人和你同坐一条凳子,那么从一开始你就要坐在凳子的中间,这样你就能成功地在一段时间里独占这条凳子。

我们了解了交往中人们所需的自我空间及适当的交往距离,就能有意识地选择与他人交往的最佳距离。而且,通过空间距离的信息,还可以很好地了解一个人的实际社会地位、性格及人们之间的相互关系,更好地进行人际沟通与交往。

在生活中,我们要觉察自己和他人的身体语言,有效地利用身体语言与他人进行沟通。

第五节 沟通经验分享

在人际沟通中,每个人都希望通过沟通,达到自己的目的,也就是说,希望自己的沟通是有效的,但在实际的生活中,我们很多的沟通却是无效的。下面将搜集到的经典沟通知识及技巧分享给大家,希望大家能有所获益。

一、经典沟通十六条

(一)讲出来

从一个时间点开始,不论发生什么事,都要坦白地讲出你内心的感受、想法和期望,但绝对不是批评、责备、抱怨、攻击。如此一个星期,你会有意想不到的收获。

(二)不批评、不责备、不抱怨、不攻击、不说教

批评、责备、抱怨、攻击这些都是沟通的"刽子手",只会使事情恶化。

(三)相互尊重

只有相互尊重才有沟通。

(四)绝不口出恶言

恶言伤人,就是所谓的祸从口出。

(五)不说不该说的话

如果说了不该说的话,往往要花费极大的代价来弥补,甚至还可能造成无可弥补的终生遗憾!所以沟通不能够信口雌黄、口无遮拦;但是完全不说话,有时候也会使事情变得更难办。

(六)情绪中不要沟通,尤其是不能够做决定

情绪中进行沟通常常无好话,既理不清,也讲不明;在情绪中,很容易冲动而失去理性,

如吵得不可开交的夫妻、反目成仇的父母子女、对峙已久的上司下属,尤其是不能够在情绪中做出情绪性、冲动性的决定,这很容易让事情不可挽回,令人后悔!

(七)理性的沟通,不理性不要沟通

不理性只有争执的份,不会有结果,更不可能有好结果,所以,这种沟通无济于事。

(八)觉知

不只是沟通才需要觉知,一切都需要觉知。如果自己说错了话、做错了事,又不想造成无可弥补的伤害,最好的办法是什么?就是觉知自己的错误,并承认自己错了。

(九)承认错误

承认错误是沟通的"消毒剂",可改善与转化沟通的问题。就一句"我错了!"勾销了多少人的新仇旧恨,化解了多少年打不开的死结,让人豁然开朗,重新面对自己,开始重新思考人生。在这浩瀚的宇宙洪流里,人最在意的就是"我",如果有人不尊重我、打压我、欺负我或侮辱我,即使亲如父子,都可能反目成仇。

(十)说声对不起

说声对不起,不代表我真的做了什么天大的错误或伤天害理的事,这句话是一种"软化剂",使事情终有转圜的余地;其实有时死不认错就是一件大错特错的事。

(十一)让奇迹发生

如果愿意向对方认错,就是在替自己与家人创造了天堂与奇迹,化不可能为可能。

(十二)爱

一切都是爱,爱是最伟大的治疗师。

(十三)等待转机

如果没有转机,就要等待;着急只会治丝益棼;当然,不要以为空等待,成果就会从天上掉下来,还是要依靠你自己去努力,但是努力并不一定会有结果;若不努力,你将永远不会得到结果。

(十四)耐心

等待唯一不可少的是耐心,有志者事竟成。

(十五)智慧

智慧使人不执着,而且福至心灵。

(十六)保留一点纯真

纯真,不一定懵懂,不一定装傻,而是人与人之间相处的透彻程度。当我们多了一点年纪,少了一些脾气,就渐渐明了:有些事很容易理解,有些事要用一辈子去理解。也许,世界太大了,人太多了,心太乱了,来不及看,来不及想,来不及懂。在着重五颜六色的人际包装时代,情感的外放,感觉的内敛,我们需要多一点的纯真。

二、学会微笑

恰到好处的微笑能使人愉悦、感动,让对方获得信心,得到安慰。在人际沟通中,微笑能传递的信息要大于语言带来的信息。雨果说:"微笑是阳光,她能消除人们脸上的冬色。"微笑是一种无声的语言,是人际沟通的"润滑剂"。与人交往沟通时,微笑可以传递出友好、善良、谦和、赞美的信息,可以表现出一个人自信、乐观、热情、健康的心态。

我们不可能在每个时刻都面带微笑,微笑需要发自内心的笑,否则你的笑容看起来缺乏诚意。生硬虚伪的笑让人不快,不严肃的笑会破坏对话的气氛,而不合时宜的笑会让对方觉得古怪而尴尬。因此,我们只能在应该笑的时候笑,不应该笑的时候就要保持严肃和沉静。应该笑的场合,通常包括初次见面、寒暄、问好致意、说开场白、告辞、邀请和请求对方,以及询问和征求对方的意见等。我们在谈及严肃的话题、表示疑问时,要收敛笑容,因为营造的严肃气氛会使对方的注意力高度集中,增强我们语言表达的力量。

除了表示寻常的友好、热情、肯定、赞同等内容外,微笑最适合用来表示一些含糊不清的内容。很多时候,一些复杂的情况、复杂的情绪和难以言说的情感,运用语言表达会显得乏力苍白,力不从心。在这种情况下,微笑是一种很好的表达方式,既能表达我们的态度,也不会让对方感到不快。例如,在不方便发表意见的情形下,我们可以用微笑来表示无法言说的态度;在被逼迫的情形下,我们可以用微笑来应付和抵挡对方。在人际沟通中,微笑可以帮助我们化解很多紧张和复杂的场面。微笑是一种润滑剂和催化剂。微笑有强大的创造力,也有相当严重的"破坏力"。运用好微笑,能为我们的人际沟通带来意想不到的收获。

【资料延伸】

《微笑》,https://baike.baidu.com/item/微笑。

三、姿势得体

心理学家艾根研究发现,与人交往时,按照 SOLER 模式表现自己,可以明显地增加他人对我们的良好印象,促进人际交往和沟通。

SOLER 是由 5 个英文单词的词头字母拼写起来的专用术语:S(sit)表示坐时要面对他人,O(open)表示姿势要自然开放,L(lean)表示身体要微微前倾,E(eyes)表示目光接触,R(relax)表示放松。

运用 SOLER 模式可以给人留下"我很尊重你,我对你很有兴趣,我内心是接纳你的"的印象。

四、把握距离

美国霍尔教授研究发现:人际关系不同、交往时人际空间距离也不同。一般来说,人际距离越近,人际关系越亲近。相反,人际距离越远,人际关系越疏远。人际交往的四种距离,大家可以参照本书第四节中的论述,恰当地把握人际沟通与人际交往的距离。

五、建设性沟通

沟通是一个信息交流的过程,有效的人际沟通可以实现信息的准确传递,达到借助信息解决问题、与其他人建立良好的人际关系的目的。但是受沟通主客体和外部环境等因素影响,沟通过程会出现各种各样的沟通障碍,如倾听障碍、情绪噪声、信息超载等。因此,为了达到沟通的目的,我们必须首先认识到沟通中可能存在的障碍,然后采取适当的措施以避免障碍,从而实现建设性沟通。

所谓建设性沟通是指在不损害或改变人际关系的前提下进行确切的、诚实的沟通。它具有三个特征:①实现信息的准确传递;②人际关系至少不受损害;③不仅是为了他人喜欢,而是为了解决问题。大量的理论和实践研究表明,建设性沟通是可以获得的,但是必须遵守一些沟通原则,掌握建设性沟通的技能,如信息组织原则、正确定位原则、尊重他人原则、倾听技巧、传递正确的非语言信息等。但是最关键之处在于沟通双方在沟通中是否能够换位思考,也即是否能站在他人角度考虑问题。

我们每天都在与人沟通,每个人都有自己的经典沟通经验,通过本节内容的分享学习,希望大家能够活学活用,收获有效沟通。

本 章 小 结

(1) 人际沟通是人与人之间借助一定的符号系统进行信息和情感的交流过程。人际沟通的意义主要体现在三个方面:提供了人身心发展所必需的信息资源;人际沟通促进了人的智慧活动和智力发展;人际沟通是满足需求、维持心理平衡的重要因素。

(2) 人际沟通的结构包括七个环节:信息源、信息、通道、信息接收者、反馈、障碍和背景。每一个因素的顺畅与否,直接影响沟通的有效性。美国学者卡特里普、森特在《有效的公共关系》一书中,提出了有效沟通的"7C原则"。

(3) 人际沟通类型有:按照沟通的线路进行划分的单向沟通和双向沟通,上行沟通、下行沟通和平行沟通;根据沟通媒介的不同进行划分的语言沟通和非语言沟通;根据组织里的沟通渠道划分的正式沟通和非正式沟通;根据沟通中信息传递的方向形成的路线形态划分的正式沟通网络和非正式沟通网络;等等。

(4) 身体语言沟通是人际沟通的重要组成部分,常见的身体语言沟通类型有目光、表情、姿势、装饰、空间距离等。

(5) 沟通经验分享主要从经典沟通十六条、学会微笑、姿势得体、把握距离、建设性沟通等进行分享,每个人都可以总结自己成功或失败的沟通经验,从而更好地收获自己的人际关系。

思 考 题

(1) 结合本章内容和自身理解,谈谈人际沟通的意义。

（2）人际沟通的结构包括哪些因素？结合人际沟通的结构分析，影响沟通有效性的因素有哪些？如何进行有效沟通？

（3）试述常见的人际沟通的类型及其评价。

（4）如何理解"来自他人的信息＝55％的非语言表情＋38％的语言表情＋7％的语言"？

（5）谈谈你的沟通经验。

人际交往能力量表[①]

请根据下列的叙述选出符合你目前实际情况的描述，答案没有对错之分。

1. 我在朋友家做客，首先要问有没有不熟悉的人出席，如果有，我的热情就明显下降。（   ）
2. 我看见陌生人常常觉得无话可说。（   ）
3. 在陌生的异性面前，我常常觉得无话可说。（   ）
4. 我不喜欢在大庭广众面前讲话。（   ）
5. 我的文字表达能力远比口头表达能力强。（   ）
6. 在公众场合讲话，我不敢看听众的眼睛。（   ）
7. 我不喜欢广交朋友。（   ）
8. 我的好朋友很少。（   ）
9. 我只喜欢与合得拢的人接近。（   ）
10. 到一个新环境，我可以接连好几天不讲话。（   ）
11. 如果没有熟人在场，我感到很难找到彼此交谈的话题。（   ）
12. 如果要"主持会议"与"做会议记录"这两项工作中挑一样，我肯定挑后者。（   ）
13. 参加一次新的集会，我不会认识多少人。（   ）
14. 他人请求我帮助而无法满足对方的要求时，常常感到很难对他人开口。（   ）
15. 不到不得已，我决不求助他人，这倒不是我个性很强，而是感到很难对他人开口。（   ）
16. 我很少主动到同学、朋友家串门。（   ）
17. 我不习惯和他人聊天。（   ）
18. 领导、老师在场时，我讲话特别紧张。（   ）
19. 我不善于说服他人，尽管有时我觉得我很有理由说服他人。（   ）
20. 他人对我不友好时，我常常找不到合适的对策。（   ）
21. 我不知道怎样与嫉妒我的人相处。（   ）
22. 我同他人的友谊发展，多数是他人采取主动态度。（   ）
23. 我最怕在社交场合中碰到令人尴尬的事。（   ）
24. 我不善于赞美他人，感到很难把话说得很自然亲切。（   ）
25. 他人话中带嘲讽时，除了生气，我别无他法。（   ）

---

① 资料来源：本心理测试选自马建青编写的人际交往能力自测量表。

26. 我最怕接待工作,怕同陌生人打交道。(　　)
27. 参加集会,我总是坐在熟人旁边。(　　)
28. 我的朋友都是同我年龄相仿的。(　　)
29. 我几乎没有异性朋友。(　　)
30. 我不喜欢与地位比我高的人交往,我感到这种交往很拘束很不自由。(　　)

【结果解释】

1代表完全不符合,2代表基本不符合,3代表难以预判,4代表基本符合,5代表完全符合。该问卷采用5点计分,得分越高表示人际交往能力越低,总分为90分以下的表示交往能力强,总分为90~120分的表示交往能力较差,总分超过120分的则表示交往能力存在很大问题。

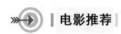 电影推荐

《放牛班的春天》、《催眠大师》。

第四章 人际关系

人是社会性动物，任何人都要和他人打交道。随着现代社会的发展，人与人之间的联系越来越密切，人际关系在人们生活中的地位愈加重要。大量的心理学研究表明，人际关系对人的身心健康、事业成功与生活幸福有重要的影响。

在现实生活中，人与人之间从陌生人到相互之间的注意、吸引而建立友情、爱情等，亲情、友情、爱情等人际关系让我们的生活充满色彩。正是与各种人的关系的建立，让我们体验到高兴、快乐、分享、想念、关怀等，也让我们体验到伤心、难过、痛苦、担心、憎恨、孤立、自卑等，各种不同的体验，或暂时，或久远，或浅显，或深沉，都成为我们生命历程中不可或缺的部分。那么，什么是人际关系？人际关系又是如何建立和维持的？人际关系的恶化又是怎么形成的？如何遵循人际交往的规律，收获良好的人际关系呢？带着这些问题，让我们走进人际关系。

第一节 认识人际关系

曾有诗人说："没有音乐的地方是寂寞，没有土壤的地方是沙漠，没有绿色的家园是枯竭，没有交往的人生是毁灭。"凡是有人的地方，就不可能没有人际间的相互交往，只要有人际间的交往，就必然会形成人与人之间的各种交往关系——人际关系。

一、人际关系的含义

（一）人际关系的界定

人际关系，是指人们在共同活动中彼此为满足各种需要而建立起来的相互间的心理关系，实际上就是人与人之间心理上的关系或心理上的距离。可以说，人际关系是与人类起源同步发生的一种极其古老的社会现象，它的存在可以提升人类的健康水平和幸福感。

人际关系具有以下几个方面的特征。

（1）个体性。人际关系的本质表现在具体个人的互动过程中。在人际关系中，个体选择对方是不是自己喜欢的或者愿意交往的对象是人际关系首先考虑的问题，在人际关系中，交往对象的选择有着高度的个人选择性，这就是人际关系的个体性的体现。

（2）直接性。人际关系是人们在面对面的交往过程中形成的，个体可切实感受到它的存在。即使在互联网的广泛影响下，人际关系的存在依然离不开人与人之间的网络互动，在网络互动充分而密切的情况下，交往双方也会创造机会在现实社会中见面、互动和交往。没有直接的接触和交往不会产生人际关系，人际关系一经建立，就一定会被人们直接体验到。

（3）情感性。人际关系的基础是人们彼此间的情感活动。"人非草木，孰能无情"，情感因素是人际关系的主要成分。人际间的情感倾向有两类：一类是使彼此接近和相互吸引的情感，如人际吸引、爱情等；另一类是使人们相互排斥分离的情感，如人际冲突、恶化等。人们在心理上的距离趋近，个体会感到心情舒畅，若有矛盾和冲突，则会感到孤立和抑郁。因此，在现实生活中，人们都努力营造良好的人际关系，满足人的情感的需求。

不论你身在何方，不论你工作或是生活，每个人的生命，都离不开亲情、友情和爱情的滋养，也就是说，人际关系是我们生活的必需品。我们通过与家人、朋友、同学、同事、爱人等互动，满足了我们心理上的安全感、归属感、爱的需求、价值的认可、生命的意义等，这种心理上的满足尤其是情感的联系，让我们的生命充满了温情和色彩。正是因为有了亲情、友情和爱情，我们的人生才饱含温度，充满生机，拥有美好，让人眷念！

（二）人际关系的构成要素

人际关系，是指人们在共同活动中彼此为满足各种需要而建立起来的相互间的心理关系，这种心理关系具体表现为交往双方在人际认知、人际情感和交往行为中彼此寻求满足需要的心理状态。

对人际关系定义的理解，我们可以从三个方面来看：①人际关系表明人与人相互交往过程中心理关系的亲密性、融洽性和协调性的程度；②人际关系由三种心理成分构成，即认知成分、情感成分和行为成分；③人际关系是在彼此交往的过程中建立和发展起来的。

认知成分主要涉及认识活动有关的心理过程，如交际双方的相互感知、了解和理解，其主要表现是人际知觉。在人际关系中，当我们第一眼见到对方时，会对对方形成一个初步印象，伴随着交往的密切，对对方的了解和理解会逐步深入，对方的性格、信念、价值观等与自己的性格、信念、价值观等的交融、契合，抑或调整、协调一致，都会随着双方的认知活动而不断变化和发展。人与人之间抱有什么样的情感、态度，是否建立人际关系，首先取决于彼此怎么认识对方、看待对方。

情感成分反映的是人际关系中双方在情感上的满足程度，如满意与不满意、愉快与不愉快、喜爱与厌恶、靠近与排斥等，它是判断人际关系状态的主要指标，其主要表现是人际吸引。在人际关系中，人与人之间的交往会伴随着各种情感体验，既有一见钟情的火热之情，也有日久生情的平常之情，既有君子之交淡如水的朋友之情，也有可怜天下父母心的父母之情……不同的人际关系会引起不同的情绪、情感体验和评价，当人们在交往中产生积极的情感体验时，就会对对方及其交往感到满意，人际关系就朝着良好的方向发展；否则，人际关系就朝着不良的方向发展，甚至人际关系走向终止。

行为成分反映的是交往双方在实际交往中的外在表现，它是反映人际关系状况的重要标志，其主要表现是人际沟通。在人际关系中，人与人之间的关系是伴随着人际行为的互动过程而不断发展的，聊天、打电话、发邮件、聚会、旅游、玩游戏、陪伴他人等人际行为，会促进彼此人际交往的密切性，增添彼此之间情感的交融。一般情况下，人际关系好，则行为上多有亲近表示，正向的人际行为就会增多，如双方之间的亲密聚会、聊天、陪伴等；人际关系差，则行为上多有疏远表示，负向的人际行为就会增多，如双方之间的冷漠、憎恨、尽力摆脱对方等。

在茫茫人海中，你我相遇相识于某个时间和空间，你注意到了我，我注意到了你，在相互的注视瞬间，我们开启了人际的第一步。随后的日子里，我们一起学习，一起生活，聊爱好，聊学习，聊周围的人，聊游戏，谈人生，谈理想，慢慢地，我们心理上的交集越来越多，共同的领域越来越广,情感越来越深,我们也成为无话不说、无所不谈的好朋友。在这段关系的发展中,我们从相遇、相识、相知到相惜。这段人际之旅,就是人际关系的认知、情感和行为成分的真实写照。

二、人际关系的状态

人与人之间从相互不认识到慢慢认识、逐步建立稳定的关系,需要经历一个动态发展的过程。人际关系的不同状态,显示了人与人之间情感的卷入和相互之间心理共同领域的变化和发展,每个人都有其独特的与人交往的方式,但也都遵循人际关系状态由浅入深、由表及里、由较少的共同领域发展到较大范围共同领域的情感交流,直至建立稳定的情感联系的过程。

人际关系的状态有一个感性和直观的认识。张爱玲的《爱》是一篇短小而精致的散文,两颗青年的心在无语中默默相许已久,才有了这么一次偶然之中必然的见面,人与人之间的关系,在岁月里发酵,短暂的相见化为人生之中美丽温馨的瞬间,那轻轻地一问:"噢,你也在这里吗?"成了一生中最美的爱的记忆。

茫茫人海中,人与人之间相互关联的状态从无到关系密切,要经过一系列的变化过程,这个过程包括六种状态,分别是零接触、注意阶段、表面接触、轻度卷入、中度卷入和深度卷入。

(一) 零接触

零接触,是指双方没有意识到对方的存在,完全无关,没有任何个人意义上的情感联系。在这个世界上,虽有你我的存在,但你不认识我,我也不认识你,我们没有任何的交集,这就是零接触。

(二) 注意阶段

注意阶段,是指单向注意或双向注意到对方,人与人之间的相互作用已经开始,获得初步印象,不过彼此都还处于旁观者的立场,没有相互的感情卷入。在某个时间和空间里,你我相遇,你注意到我,抑或我注意到你,抑或我们彼此注意,这就是注意阶段。

(三) 表面接触

表面接触,是指双方从开始直接谈话起,彼此有了直接的接触,不过是表面的,几乎没有情感卷入,是双方感情关系发展的起始点。你我相遇,相互之间的招呼、问候、礼节性的交谈,开始了双方之间的表面接触。

(四) 轻度卷入

轻度卷入,是指有较小的共同心理领域,双方的心理世界也只有小部分的重合,在仅有的这一范围内,双方的情感是融洽的。随着交往的增多,双方有了一些共同的话题,不过,双方的交流仍显正式,交谈的话题也较少涉及个人隐私等,更多的是关于自己的兴趣爱好、对某些时事的看法等,双方在对方身上寻找到一些相似之处,这促进了双方情感在某些范围的融合,这就是轻度卷入阶段。

(五) 中度卷入

中度卷入,是指有较大的共同心理领域,双方的心理世界也有较大的重合,彼此的情感融洽范围也相应增大。随着交往的进一步增多,双方共同的话题增多,交往突破了正式交往的限制,双方的交往不再显得正式、规范和拘束,而是表现得自然、自在和放松。交谈的话题也较多地涉及个人隐私等,双方的情感在更大范围内融洽,这就是中度卷入阶段。大部分好朋友的状态就是这个阶段。

（六）深度卷入

深度卷入,是指双方共同心理领域大于相异的心理领域,彼此心理世界高度(但不完全)重合,情感融洽范围覆盖了大多数的生活内容。不过,在通常情况下,人们只同极少数人能够达到这种人际关系的深度,有些人则从来没有与任何人达到这种深度,还有一些人终其一生与他人的关系都只处于比较浅的水平。

人际关系的发展水平,是随着相互作用的水平由低到高不断发展的,在这个发展过程中,双方共同的心理领域不断拓展,双方情感的联系不断增强。在人际关系发展的过程中,还有一个十分重要的概念:不存在人际关系双方心理世界完全重合的情况。无论两人的关系多么密切,情感多么融洽,也不可能在心理上取得完全一致。

莱温格和斯诺克将人际关系的状态及相互作用水平用表 4-1 所示关系表示出来。

表 4-1 人际关系的状态及相互作用水平

图解	人际关系状态	相互作用水平
	零接触	低 ↓ 高
	单向注意 双向注意	
	表面接触	
	轻度卷入	
	中度卷入	
	深度卷入	

人际关系的发展是一段旅程,每段旅程都有不同的风景,希望大家能够好好欣赏沿途的风景,达到你想到达的目的地。

三、大学生常见的人际关系类型及影响因素

（一）大学生常见的人际关系类型

人际关系是一个错综复杂的网络,有血缘关系的亲子、祖孙等关系,有地缘关系的同乡、

邻居等关系,有业缘关系的同学、同事、师生等关系。大学生是社会发展的生力军,大学生是否拥有良好的人际关系,对大学生的身心发展、学习和生活有着巨大的影响。了解大学生常见的人际关系类型及影响因素,对社会的和谐稳定和发展具有重要意义。大学生常见的人际关系类型如下。

1. 师生关系

由于高校的特点,师生交往多限于课堂知识上的交流,课内外师生之间的心理沟通与情感交流相对缺乏,因此师生关系虽然是大学生的主要人际关系却仍需要进一步加强。

2. 同学关系

同学是大学生人际交往的基本对象,同学关系也是大学生交往中最普遍、最复杂的关系。一方面,同学之间年龄相仿,兴趣、爱好相似,又共同生活在一个集体中,学习相同的专业,沟通与交往较多且容易;另一方面,大学生来自不同地域、不同家庭背景,在生活习惯、个性等方面存在差异,加之交往频率过高、自我空间距离过小,因此在交往过程中更易发生矛盾冲突。

3. 恋人关系

大学生年龄一般在20岁左右,随着性心理的成熟,会产生追求异性的欲望和心理。而且男女同学朝夕相处,有较多的共同语言,容易产生感情上的共鸣而萌发爱情的"种子"。而对于大学生的恋爱现象,学校也不一概反对。因而,在高校里,爱情独具魅力,成为拨动大学生心弦最强有力的音符。

(二)影响大学生人际关系的因素

1. 大学生自身的因素

在大学生人际关系的形成中,家庭、学校、社会这些外因会起到一定作用,但最重要的是大学生自身的影响作用,其中主要包括认知偏差、情感因素、个性因素等方面。

1)认知偏差

认知成分是人际关系得以形成的基础,它涉及彼此的感知、了解、看法和态度,直接影响到人际关系的建立和发展。

(1)自我认知。自我认知包括对自己身体状态的认知(如健康、相貌等)、对自己心理状况的认知(如性格、爱好、情感、意向等)、对自己社会关系的认知(如是否被人接受等)。正确的自我认知对人际关系的建立和协调发展有很大作用。如果一个人看不到自己的长处,只看到自己的不足,觉得处处低人一等,就会丧失信心,产生自卑感,就会缺乏进行人际交往的勇气;相反,如果一个人只看到自己的长处而看不到自己的不足,用自己的长处与他人的不足进行比较,就会产生盲目的乐观、自我欣赏、自以为是的心理,从而导致在与他人交往时自高自大或不屑与他人交往。可见,不正确、不客观的自我评价,使自己难以找到与他人交往的正确位置,容易使自己与他人的人际关系失去平衡,不利于与他人的正常交往。

(2)对他人的认知。对他人的认知主要存在四个效应:一是首因效应,又称为第一印象;二是晕轮效应,又称为光环效应;三是刻板效应;四是投射效应。这部分内容在第二章人际知觉的认知偏差中有详细的讲解。

2)情感因素

情感因素是人际关系建立的驱动、调节因素。常言道"伤树莫伤根,伤人莫伤心",它往往是判断人际关系状态的主要指标。人际关系中的情感可分为两种:一种是联合情感,它是人们相互接近和联合的各种情感,如喜欢、好感、热爱等。在联合情感中,个体总是要与自己所希望的人联合行动,因而这种情感对人际关系是有吸引力的。另一种是分离情感,它是人们相互对立和分离的各种感情,如讨厌、厌恶、怨恨等。分离情感使主体和客体分离,与他人没有合作的欲望,因而会产生矛盾关系、对立关系、分离关系。

3) 个性因素

人际关系是在人与人之间建立的,个性的差异可能带来交往中的误解与矛盾冲突,人格的障碍会引起人际关系的不协调甚至破裂。例如,不同气质的人对同一问题的处理方式不一样,胆汁质的人敏感多疑,在交往中就容易造成对对方抱怨和不满。

2. 家庭因素

马克思认为人创造了环境,环境也创造人。家庭作为个体成长的"摇篮"对其人际关系起着潜移默化的作用。其中,家庭教养方式、父母的人际态度和方式及婚姻状况等会以直接或间接的形式影响到大学生的人际关系状况。在溺爱型、放任型、严厉型、缺爱型、伤痛型等家庭中成长的学生比正常家庭中成长的学生更易产生人际交往困惑。例如,溺爱型家庭导致大学生自私自利、无责任感、以自我为中心的交往倾向;放任型家庭造成大学生我行我素、好胜斗勇的交往倾向;严厉型家庭往往会导致大学生子女自卑、内向、情绪化人际障碍倾向。如果父母本身是沉默害羞的,缺乏社交技能和社交接触,必然在无形中影响其子女的社交机会,同时受其影响和感染,子女也会有沉默和害羞的倾向,甚至形成社交恐惧。

3. 学校因素

在中小学阶段,往往是"百分遮百丑"。学校迫于升学压力,通常以提高学生成绩为首要任务,考试之外的话题无法进入教育的领域,学生无暇顾及与他人交往、合作等个人社会化的问题,学生也没有更多的精力和兴趣去了解自己、关心他人、学习人际交往的技能。进入高校后,大学校园作为青年高度密集的场所,为人际交往提供良好的条件,但高校对大学生人际交往的心理困惑和行为障碍重视不足、研究不够,对大学生人际交往的知识传授和能力培养欠缺,一些人际交往技能不足的学生面对频繁的人际接触产生了焦虑情绪,一些缺乏人际交往积极性和主动性的学生处于被冷落状态。

4. 社会因素

在全球化的社会背景下,学会共处、加强沟通与交流已成为影响大学生的一个重要观念。而在目前的市场经济条件下,经济交往在人际交往中所占的比重越来越大,在这种经济因素的广泛渗透下,人际关系中少了往日的直率、忠诚和互助,增加了功利、虚伪和利己的成分。这导致大学生在人际关系方面,不得不面对传统人际关系的价值尺度同现实人际关系不相适应的矛盾,以及人际关系复杂化与社会认知能力、人际交往能力相对滞后的矛盾。这给涉世未深的大学生造成了很大的困扰,影响了人际交往的动机和行为。另外,互联网的发展为大学生的人际交往提供了便利的途径,但也减少了人与人之间面对面的情感交流和行为互动的机会。一旦在现实的人际交往中受挫,大学生就可能消极地面对现实社会的人际环境,沉溺于网络,最终导致其退缩孤僻、自我封闭。

影响大学生人际关系的因素有很多,我们需要认真对待,仔细分析,只有这样,我们才能有意识地避免阻碍良好人际关系建立的因素,积极主动地构建良好的人际关系。

第二节　良好人际关系的建立和人际关系的恶化

人海之中,两个互不相识的人的人际关系从无关到关系密切经历的六个阶段,分别是零接触、注意阶段、表面接触、轻度卷入、中度卷入和深度卷入。随着人际关系状态的逐步深入,双方的情感联系加深,双方共同的心理领域拓宽,人与人之间良好的正向人际关系也慢慢建立起来。当然,在现实生活中,由于双方的差异(受教育程度、家庭背景、社会经历等不同),双方在交往的过程中也会出现一些矛盾、冲突和隔阂等,双方没有及时化解这些问题,就会导致负向人际关系的发展即人际关系的恶化。

一、良好人际关系的建立和发展

有一首耳熟能详的儿歌伴随我们成长,让我们一起来欣赏《找朋友》。
"找呀找呀找朋友,找到一个好朋友。敬个礼呀握握手,你是我的好朋友。"
好朋友是在不断寻找、不断付出、不断投入的过程中逐步形成的,在整个形成的过程中,会经历不同的阶段。心理学家奥尔特曼和泰勒认为,良好人际关系的建立和发展,从交往由浅入深的角度来看,一般需要经历四个阶段:定向选择阶段、情感探索阶段、感情交流阶段和稳定交往阶段。

(一)定向选择阶段

定向选择阶段,主要包括对交往对象的注意、抉择和初步沟通等多方面的心理活动。

在熙熙攘攘的人群中,我们并不是同任何一个人都建立良好的人际关系,而是对人际关系的交往对象有着高度的选择性。我们的注意是有选择的、自发的。例如,我们在选择恋人时,那些与我们观念中理想情人形象相接近的异性,更能吸引我们的注意。我们在选择朋友时,那些志同道合,与我们有相似兴趣、信念和价值观的人,更容易引起我们的特别注意。

注意之后,我们要进行抉择。抉择是理性的决策,是自觉的。例如,我们究竟决定选择谁作为交往对象,并与之保持良好的人际关系,是要经过自觉的选择过程。在抉择中,第一印象在交往中发挥着重要的作用。有研究表明,在与人接触的44秒内就形成了对人的第一印象。影响第一印象形成的,除了对方的外貌,还有对方所表现出来的言谈举止等。有的人是"颜值控",在交往的过程中就会特别注重对方的外貌,所以在关注到对方后,会依据对方的外貌来决定是否与其继续交往。有的人是"人品控",在交往的过程中会注重对方的人品,往往会依据对方外在的言谈举止所反映的内在品质来选择交往对象。

初步沟通,是在选择一定的交往对象之后,试图与这一对象建立某种联系的实际行动。例如,第一次与对方交往,保持好的第一印象,注重自己的举止谈吐,暴露有关自我的信息等。如果对对方感兴趣,会主动找些话题与其交谈;双方互动较多,表情自然,会有情绪的显现和变化,气氛比较活跃,身体比较放松等。如果对对方没有好感,可能整个谈话会比较尴尬,双方都比较拘束,情绪显得比较深沉,气氛比较凝重等。尽管初步沟通是最表层的,比较有限,但彼此之间有了一个最初步的了解,对日后人际关系的发展也能起到一个积极的促进。

（二）情感探索阶段

情感探索阶段,是指彼此探索双方在哪些方面可以建立真实的情感联系,而不仅仅停留在一般的正式交往模式。

在这一阶段,双方共同情感领域被发现,沟通越来越广泛,自我暴露的深度与广度也逐渐增加。但在这一阶段,话题仍然需要避免触及双方私密性的领域。在这一阶段,尽管彼此在双方关系上开始有了一定程度的情感卷入,但交往模式仍与定向阶段类似,彼此还都需要注意遵守交往规范,彼此没有强烈的吸引力,因此双方关系即使破裂,对双方的影响也不大。

（三）感情交流阶段

感情交流阶段,是指双方有感情的交流,双方人际关系的性质开始出现实质性的变化。

在这一阶段,双方的安全感已经得到确立,谈话开始广泛涉及双方私密性的领域,有较深的情感卷入。在这一阶段,双方的表现已经超出了正式交往的范围,正式交往模式的压力已经趋于消失。此时,人们会相互提供真实的、评价性的反馈信息,彼此进行真诚的赞赏和批评等。可以说,在情感探索阶段,双方会注重彼此行为表现的规范性,显得很正式。那么,在感情交流阶段,双方则会突破行为表现的正式性,显示出很多私密的交往模式,双方在对方面前非常自然、轻松自在,不会有太多的客套而显得"见外"。

如果人际关系在这一阶段破裂,将会给双方带来相当大的心理压力和情绪情感波动。

（四）稳定交往阶段

稳定交往阶段,是指随着双方接触次数的增加,彼此在心理上的共同领域会进一步扩大,并伴有深度的情感卷入,彼此更深入地涉及双方私密性的领域。

在这一阶段,彼此已经可以允许对方进入自己高度私密性的个人领域,分享自己的生活空间和财产。但在实际生活中,很少友谊关系能达到这一情感层次,许多人仅仅停留在第三阶段。所以说:"人生得一知己足矣。"当然,在此阶段,即使是"同穿一条裤子"、"同吃一碗饭"的挚友知己,也要注意:每个人都有一片属于他自己私密的空间,我们要给予对方尊重和理解,不要随意窥探和僭越。

良好人际关系建立和发展的阶段如图4-1所示。

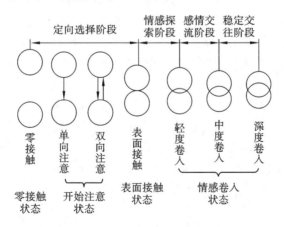

图4-1 良好人际关系建立和发展的阶段

在我们身边,会有各种各样的人陪伴左右,有的或许只是一个过客,有的或许是我们一辈子的朋友,有的或许与我们"执子之手,与子偕老"。不论是哪一种,让我们好好珍惜那些与我们人生有交集的人,让我们与外界建立更多良好的人际关系。

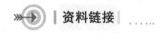 资料链接

苏东坡与佛印和尚[①]

苏东坡在杭州,喜欢与僧人交朋友。他和圣山寺佛印和尚最要好,两人饮酒吟诗之余,还常常开玩笑。

佛印和尚好吃,每逢苏东坡请客,他总是不请自来。有一天晚上,苏东坡邀请黄庭坚去游西湖,船上备了许多酒菜。游船离岸,苏东坡笑着对黄庭坚说:"佛印每次聚会都要赶到,今晚我们乘船到湖中去喝酒吟诗,玩个痛快,他无论如何也来不了啦!"谁知佛印和尚老早就打听到苏东坡要与黄庭坚游湖,就预先在他俩没有上船的时候,躲在船舱板底下藏了起来。

明月当空,凉风送爽,荷香满湖,游船慢慢地来到西湖三塔,苏东坡端着酒杯,拈着胡须,高兴地对黄庭坚说:"今天没有佛印,我们倒也清静,先来个行酒令,前两句要用即景,后两句要用'哉'字结尾。"黄庭坚说:"好吧!"

苏东坡先说:"浮云拨开,明月出来,天何言哉?天何言哉?"

黄庭坚望着满湖荷花,接着说道:"莲萍拨开,游鱼出来,得其所哉!得其所哉!"

这时候,佛印和尚在船舱板底下早已忍不住了,一听黄庭坚说罢,就把船舱板推开,爬了出来,说道:"船板拨开,佛印出来,憋煞人哉!憋煞人哉!"

苏东坡和黄庭坚,看见船舱板底下突然爬出一个人来,吓了一大跳,仔细一看,原来是佛印和尚,又听他说出这样的四句诗,禁不住都哈哈大笑起来。

苏东坡拉着佛印和尚就座,说道:"你藏得好,对得也妙,今天到底又被你吃上了!"于是,三人赏月游湖,谈笑风生。

二、人际关系的恶化

人与人之间的人际关系,除了正向的良好人际关系建立和发展外,也包含负向的人际关系,即人际关系的恶化。在生活中,有的人能够成为无话不说、无所不谈的好朋友,也有的人则成为说一句嫌多、见一面嫌烦的人;有的人成为他人的挚友、知己,而有的人却成为他人的仇人而遭人厌恶;有的人成为一见如故的知己,相知相伴一生,有的人则成为瞬间反目成仇、老死不相往来的人。

在人际关系中,恰当的自我暴露会促进彼此之间的情感联系,不恰当的自我暴露有可能给双方造成误会、矛盾和冲突。在生活中,多种因素会引起人与人之间的误会、矛盾和冲突,如不及时化解,会导致人际关系的恶化。大千世界,芸芸众生,纷繁复杂。人际关系恶化也只是其中一幕。下面探讨人际关系恶化的原因、过程及结果。了解了人际关系恶化的相关内容,在现实生活中就可能避免和消除人际关系的恶化。

[①] 资料来源:https://zhidao.baidu.com/question/497878674805991404.html。

（一）人际关系恶化的原因

一般来说，人际关系的恶化是由人际冲突、人际内耗和人际侵犯等导致的。

按照理论的解释，人与人之间会在吸引、交换和公平下构建良好人际关系，也会因为吸引力的减弱、交换的缺失和不公平等而造成人际关系的恶化。

另外，双方出现交流障碍，或者经济困难，或者第三者，或者工作问题的冲突，或者关系信念的动摇等，都可能导致人际关系的恶化。

（二）人际关系恶化的过程

根据人际冲突和内耗的性质和程度，可以把人际关系的恶化分为三个阶段：冷漠阶段、疏远阶段和终止阶段。

1. 冷漠阶段

冷漠阶段，是指交往的一方把交往视为一种负担，在心理上形成一种压力，并伴随交往活动而产生一种痛苦的情绪体验的这段时期。

人际关系的恶化始于冷漠，不但对交往者持漠不关心的消极态度，严重时甚至表现为一种否定性的评价行为。例如，在公共社交场合，千方百计避免与对方接触，迫不得已需要交往也只是客套或应酬，或者心不在焉，一副与己无关的态度。此时，在其内心深处，已不再愿意与其交往了。

如果人际关系出现了冷漠，一方或双方做出尝试性的沟通努力，积极化解双方的矛盾、冲突，人际关系可能会发生转机。在生活中，人与人之间的矛盾、冲突在所难免，我们设身处地地去了解情况，学会换位思考，懂得接纳和包容，人际关系的矛盾、冲突就会化解，这反而成为促进双方人际关系加深的一个契机。

2. 疏远阶段

疏远阶段，是指交往者在痛苦情绪体验的基础上，进而产生一方对交往双方人际关系的厌恶反感情绪的这段时期。

人际关系的恶化是从冷漠开始的，以疏远为形式具体表现出来，并渗透到人际交往的各个方面。在此阶段，一方故意不予理睬另一方，尽量避免接触，实在避免不了的场合，也是对其嘲弄、讽刺、挖苦，与对方交往，极度不自然，脸部肌肉呆板，交际距离扩大等。在此阶段，双方的人际关系已经很难再维持下去了。

如果人际关系出现了疏远，此时想挽救这段人际关系，一方或双方需要付出更大的努力。不仅需要有心理上的准备，还需要有行为上的持续行动。在人际关系得到缓和后，要尽量立足于现在和将来，努力经营双方的人际关系。

3. 终止阶段

终止阶段，是交往双方冷漠、疏远的必然产物。依据逻辑推论，此阶段便是结束彼此人际关系，使双方处于完全失去联系的状态的时期。

在这个阶段，交往者不仅把相互间的接触视为一种强加的额外负担，产生情绪上的烦恼和痛苦，而且在厌恶情绪下采取了行动——终止人际关系。

人际关系的终止，可能是自然而然形成的，但更多的是人为造成的，需要指出的是，某种人际关系的结束，并非都是有害的或者是不道德的，要具体问题具体分析。

在现实生活中，很多名存实亡的婚姻关系，因为孩子的因素而不得不维系，只是为了创造一个和谐家庭的假象，让孩子好好学习，考上大学。每年高考，成绩出来后，离婚的家庭也就增多了。面对这样的婚姻关系,对夫妻双方来说,结束这种婚姻关系是有益的,也是合乎道德的。面对已经快成年的孩子,其实父母的关系,孩子是能够觉察到的,当出现这种情况时,还是要与孩子进行及时沟通,让孩子有一个心理的缓冲期,而不至于突然爆发,使孩子措手不及。

人际关系的恶化过程如表 4-2 所示。

表 4-2 人际关系的恶化过程

图解	人际关系状态	相互作用水平
←○ ○→	漠视	强
←○ ○→	冷淡	↓
←○ ○→	疏远	
○ ○	分离	弱

(三)人际关系恶化的结果

人际关系恶化的结果有两种情况:一种是伴随双方所付出的努力,带来人际关系的修复,甚至有时候会提升双方的人际关系;另一种是人际关系的解除。

交往双方出现矛盾、冲突和内耗的时候,恰好是将问题呈现、让双方直面问题的时候。如果双方都能冷静下来,首先,识别问题,认清楚问题是什么。接着,进行有效交流,提出可能的解决方案,解决冲突。然后,双方相互肯定对方为修复关系而付出的努力,将行动落到实处。最后,就可能使得人际关系得到修复。

当交往双方出现矛盾、冲突和内耗时,双方都没有采取积极行动或者没有办法解决问题,最终就可能导致人际关系的解除。当然,在人际关系解除上,有两个误解需要澄清:一是关系解除是坏事,如我们前面已经论述过的名存实亡的婚姻关系,关系解除不一定是坏事;二是关系破裂一定有至少一方有过错。关系破裂有可能是某些自然的原因,如时间、个人的成长等导致双方的距离和疏远。

【资料延伸】

本资料延伸选自《鲁迅为何与周作人反目成仇》,该文出自:胡高普,王小川.鲁迅全传[M].华中科技大学出版社,2013。

良好人际关系的建立和人际关系的恶化是一个共同的过程,并非决然分开、完全独立,要想收获良好的人际关系,需要我们用心经营,及时化解人为造成的矛盾、冲突。同时,面对人际关系的终止,也能积极接受和面对。分分合合,乃人生常态。愿大家都能拥有一颗平常心!

第三节 自我暴露

随着良好人际关系的建立,双方共同的心理领域更为广泛,情感卷入更为深刻,双方的自我暴露也会更广更深。随着我们对一个人的接纳性和信任感越来越高,我们也会越来越多地暴露自我,同时我们也要求他人越来越多地暴露他们自己。因此,要想知道自己同他人的关系深度如何,要想知道他人对我们有多高的接纳性,就需要了解他人对我们自我暴露的深度。本节将探讨自我暴露的界定、作用和自我暴露的原则。

每个人都会有自己的秘密,因为每个人生活中都会有隐私。向他人诉说秘密,属于自我暴露的内容。良好的人际关系,是在人们自我暴露逐渐增加的过程中慢慢建立和发展起来的。

一、自我暴露的界定

自我暴露,是指个体与他人交往时自愿地在他人面前真实地展示自己,真诚地交流思想的行为。

现实生活中,人的自我分为"公开自我"和"私下自我"两部分,前者是人们在工作场合或在一般社会情境中表现的形象,而后者则是个人的真实形象,属于自己隐私的部分,两者往往不一致。

心理学家通过大量研究发现,我们对陌生人、熟人和亲密朋友,在自我暴露的广度和深度上是有明显不同的,如图 4-2 所示。

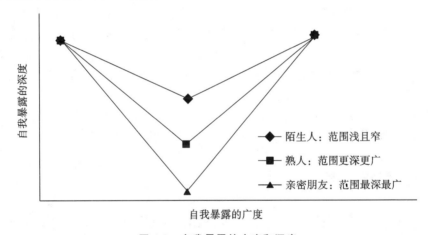

图 4-2 自我暴露的广度和深度

对于陌生的人,自我暴露的广度和深度都极为有限,交流只涉及非亲密性的话题。在校园里,可能会交流各自的院系和专业等。

对于熟悉的人,自我暴露的广度和深度会增加,但只在小范围内涉及亲密话题。在校园里,可能会交流自己的兴趣爱好,日常的消遣活动,学习状况,对某个老师、同学的态度,对某些时政的观点,等等。

作为亲密的朋友,交流最为广泛充分,所涉及的亲密话题和非亲密话题都很广泛。在校园里,双方可能会交流自己同父母的关系,自己的情感经历,或是自卑情绪,等等。

在自我暴露的广度和深度方面,我们有一点要注意,对于任何人,无论关系多么密切,我们都有不愿意暴露的领域。因此,即使是夫妻、亲子关系,也不能因此关系而要求对方完全敞开心扉,更不能任意侵犯对方所不愿意暴露的领域,否则,对方会产生强烈的排斥情绪,从而导致对我们的接纳性大大降低。例如,在现实生活中,有的夫妻喜欢看对方手机上的信息,喜欢打听对方的一切活动,从而导致对方有种被监控的感觉,没有自己的私人空间,从而影响了夫妻关系；有些父母喜欢在没有征求子女同意的情况下，任意翻阅子女的私人物品，查看子女的日记、手机聊天记录等，所以，有些子女干脆直接在手机上将父母设为屏蔽状态，从而让父母不能知晓自己的近况。

二、自我暴露的作用

通过了解他人的层次，进行自我暴露，我们可以很好地了解他人对于我们的信任和接纳的程度，了解我们同他人关系的状况。但有一点要注意，对于任何人，无论我们多么亲密，我们都有不愿意暴露的领域。接下来我们通过实例来说明自我暴露的作用。

亨利·霍金士是美国一家食品公司的董事长，一次他从化验报告上发现，他们的食品配方中有一种添加剂有毒，如果长期食用，对身体是有害的。于是这位董事长陷入了矛盾中，如果悄悄从配方中删除添加剂，则会影响产品的保质期；如果要将这一发现公之于众，同行肯定会借此机会反击自己，而他苦苦经营了几十年的企业，就很可能倒闭。

经过激烈的思想斗争，他毅然向社会郑重宣布这一添加剂的有害性。预料的情况果然来了，几乎所有的同行都联合起来抵制他的产品，亨利的公司几乎到了倒闭边缘，然而出人意料的是，他的名声却迅速家喻户晓，他的产品也成了人们放心的热门货，所有的消费者都相信一个能不惜冒着倒闭的危险将真相告之消费者的公司，还有什么让人不放心的呢？不久亨利的公司不但恢复了元气，而且扩大了规模，一举坐上了美国食品加工业的头把交椅！

这就是自我暴露的作用，它能够赢得人们的信任和支持，不仅如此，它还能够为你赢得朋友的友谊和情感。真正的知心好友，往往都愿意相互分享最私密的事情，以此来证明彼此间的深厚情感。

自我暴露是人际关系最为敏感的探测器。恰当的自我暴露会促进人际关系的加深，而不恰当的自我暴露只会增加压力，成为某种负累。

三、自我暴露的原则

每个人内心深处都存在着对情感的需要与渴望，因此在分享私事和情感方面形成的关系，永远要比因为暂时利益而形成的关系更加牢固。这就是为什么很多人脉非常广的人，内心却非常寂寞，对于真正的友情却如此渴望。心理学家认为，一个人至少应该向一个重视的人吐露内心的秘密，这样在心理上才是健康的。

在与人交往中，我们应该怎样做到恰当的自我暴露呢？自我暴露应遵循哪些原则？

（1）自我暴露需遵循对等原则。要让他人对你展示真实的自我，你自己也要做出适当的自我暴露。一般来说，人们往往根据他人的自我暴露来判断自己该做出什么样的暴露。他人暴露得较多，而自己暴露得太少，他人就会怀疑你交往的诚意；他人暴露得较少，而自己暴露得太多，他人又会感到不自在。只有对等的自我暴露，才能让他人自在和产生信任。

（2）自我暴露应遵循循序渐进的原则。人际交往开始于低水平的自我暴露和低水平的信任，当一个人开始暴露自己的心声时，信任的纽带便开始建立了。对方会以同样亲密的自我暴露作为接受信任的信号。自我暴露不断交换，直到形成了恰当的亲密关系。

（3）自我暴露需要充分了解对方的背景、爱好与需求，有针对性和准备性的暴露效果更佳。在人际交往中，在我们充分了解对方后，适时地暴露自己与对方相似的或相异的一面，会增加彼此之间的共鸣或吸引力。例如,对方喜欢玩手游,你可以暴露自己关于手游方面的一些关注和观点,这样会很快拉近彼此之间的距离。

(4)自我暴露还需要分清场合、对象,注意性别差异。不同的场合、对象,自我暴露是有所差异的。在公开场合,自我暴露要拿捏分寸,注意维护自己和他人的形象,一般很少暴露"糗"的一面,而更多暴露比较积极的一面;而在私密场合,自我暴露会更为广泛和随意,暴露很"糗"的一面会增添交流融洽的氛围,暴露励志积极的一面会给人鼓舞和力量,暴露自己的情感经历和家庭会获得更多的理解和认可,在认识自己的同时也让对方更好地认识自己。自我暴露在性别方面也有所差异,一般女性比男性有更多的自我暴露,这可能与性别差异和社会对男女性别的期望不同有关。但从心理健康的程度来说,男性和女性都需要适当的自我暴露。

当然,自我暴露也并非越多越好,否则就会陷入浅薄的境地。对于比较亲密的人不妨多暴露一些,对于不太了解的人,则可以讲一些并不是什么秘密的私事,也可以增加人们之间的亲近感,获得理解和支持。需要注意的是,对于他人自我暴露的内容,我们最好遵循保密原则哦!

自我暴露是一门学问,需要我们在生活中好好运用,这样我们会收获更多良好的人际关系。

【资料延伸】

《伯牙子期》,https://baike.baidu.com/item/伯牙子期。

第四节　人际关系的原则

每个人都希望能拥有一段良好的人际关系,每个人都希望在与人交往中,能够收获真心实意、信任、尊重、理解等,因此,在与人交往中,大家都会不约而同遵守一些原则。心理学家从一般的方面总结出了赢得他人、保持真挚情谊的心理学原则,这些原则可以帮助我们更成功地建立并维持自己期望的人际关系。

一、真诚原则

苏格拉底曾说:"不要靠馈赠来获得一个朋友,你须贡献你诚挚的爱,学习怎样用正当的方法来赢得一个人的心。"可见,人与人的交往,贵在真诚。何谓真诚?真诚是指真心实意,坦诚相待,以从心底感动他人而最终获得他人的信任。真诚能够使我们广结善缘,使人立于不败之地,能够缔造幸福美满的人生。

有人说,生活是一面镜子,你对它笑,它就对你笑,你对它哭,它就对你哭。真诚待人同样如此。在与人相处中,你真诚待人,他人也会真诚待你。反之,如果你对他人不真诚,他人也会对你不真诚。真诚之人,在生活中与人交往时,处处会表现真、善、美、诚、信、义。真诚待人是人际交往得以延续和发展的重要保证,人与人之间以诚相待,才能相互理解、接纳、信任,才能团结,相处真诚、团结,是人在社会生存、适应和发展的重要保障。

"人际交往中你最喜欢什么样特征的人?最希望他人采取什么样的交往方式同自己交

往?"答案是:真诚。

安德森(1968)关于个性品质受喜爱的程度的研究调查表明,最受人们欢迎的个性品质中,最受喜爱的品质是真诚、诚实、理解、忠诚、真实、可信;而最不受喜爱的品质是说谎、虚伪、不诚实、不真实等。

通过真诚交往,彼此可以加深了解,每个人都可以对对方的行为做出正确的估计,这就形成了一种心理上的安全感和信任。这种心理上的安全感和信任,又会增加彼此之间的交流互动,增强彼此之间情感的融入,从而更好地促进双方人际关系的加深。

在生活中,不知道大家有没有类似的体验,当你身处困境时,他人是真心实意地想帮助你,还是虚情假意地客套,你是能够分辨出来的。一个人发自内心的真诚的赞美和一个仅仅只是礼节性的夸赞,我们还是能感受到差异的。一个真诚的人,他所说的话和所做的事情是一致的,他会做到说话算话,讲实话,不会做虚伪的事情。当然,一个真诚的人,也不会随意给他人许诺,当其做不到时,也不会随意答应他人,因为在真诚的人的信条里,答应了就要去做,并且要做到很好。

真诚很重要,然而在社交场合,也要注意以下误区。一种是在社交场合,一味地倾吐自己的所有真诚,甚至不管对象为何人;另一种是不管对方是否能接受,凡是自己不赞同的或不喜欢的就一味抵制排斥,甚至攻击。在社交场合中,陷入这样的误区是糟糕的。故在社交中,必须注意真诚的一些具体表现,当你诉说心声时,有必要得知对方是否是自己真能倾吐肺腑之言的知音,如对方压根儿不喜欢倾听你真诚的心声,那你就徒劳了。另外,如对方的观点或打扮等你不喜欢、不赞同,也不必针锋相对地批评对方,更不能嘲笑或攻击对方,你可以委婉地提出或适度地有所表示或干脆避开此问题。有人以为这是虚伪,非也,这是给人留有余地,是一种尊重他人的表现,自然也是真诚在礼貌中的体现。要表现你的真诚,在社交场合,切记三点:给他人充分表现的机会,对他人表现出你最大的热情,给他人永远留有余地。

二、平等尊重原则

每个人的内部或外部条件虽然存在各种差异,但在人格上是绝对平等的。每个人都渴望获得他人的尊重,在马斯洛的需要层次理论中,尊重的需要是人的一种基本需要。在人与人之间,要平等相待,相互尊重,平等尊重是一条重要的原则。平等待人,就是在与他人交往时做到一视同仁,不嫌贫爱富,不因为家庭背景、地位职权等方面而对他人另眼相看。平等待人,就是不能盛气凌人,不要低估他人,人外有人,天外有天,放下自以为是的骄傲,才能赢得彼此的尊重。平等待人,就是要学会将心比心,学会换位思考。只有平等待人,才能得到他人的平等对待。尊重,是指敬重,重视。尊重包括两个方面:自尊和尊重他人。自尊就是在各种场合都要尊重自己,维护自己的尊严,不要自暴自弃。尊重他人就是要尊重他人的生活习惯、兴趣爱好、人格和价值,相信每个人都有他的能力和优势长处,学会向每个人学习。只有尊重他人才能得到他人的尊重。

平等不是我口头意义上的说说而已,而是落实到实际行动的躬亲力行,在生活中,我们要平等待人,就要发自内心尊重他人。

在人际交往中,交往是平等的,尊重是相互的。大学生在人际交往中必须以平等的姿态出现,给他人以尊重,这样才可能形成人与人之间的良好人际关系。同时,大学生应当有正确的自我认识,在与他人进行交往时,不能觉得低人一等,也不能高高在上,尊重自己和他人的感情,不能因他人的家庭状况、体貌特征等方面的差异而另眼相待。

给大家分享一个故事:《尊重的力量》。

在美国,一个颇有名望的富商在散步时,遇到一个瘦弱的摆地摊卖旧书的年轻人,他缩着身子在寒风中啃着发霉的面包。富商怜悯地将8美元塞到年轻人手中,头也不回地走了。没走多远,富商忽又返回,从地摊上捡了两本旧书,并说:"对不起,我忘了取书。其实,您和我一样也是商人!"

两年后,富商应邀参加一个慈善募捐会时,一位年轻书商紧握着他的手,感激地说:"我一直以为我这一生只有摆摊乞讨的命运,直到您亲口对我说,我和您一样都是商人,这才使我树立了自尊和自信,从而创造了今天的业绩……"不难想象,没有那一句尊重鼓励的话,这位富商当初即使给年轻人再多钱,年轻人也断不会出现人生的巨变,这就是尊重的力量啊!

三、交互原则

在日常生活中我们有一个共同的倾向,就是都希望他人能够承认自己的价值,支持自己、接纳自己、喜欢自己。由于这种寻求自我价值有被肯定的倾向,我们在人际交往中往往更注意自己的自我表现,注意吸引他人的注意,处处期待他人首先接纳自己,喜欢自己。在人际关系上常常遇到困难的最根本原因之一是:以自我为中心,而不是以他人为中心。阿伦森等人通过研究发现,人际关系的基础是人与人之间的相互重视、相互支持。对于真心接纳、喜欢我们的人,我们也更愿意接纳对方,愿意同他们交往并建立和维持关系。而对于那些排斥、拒绝我们的人,我们也会排斥、拒绝他们。

记得在女儿身上发生的一件事情:那一年她四岁多,带她到了一处健身器材处玩耍。当时还有一个年龄相仿的女孩也在那儿玩耍。女儿骑了一会儿自行车,准备到另一个器材处玩耍,看到那个女孩也在那儿玩,本想跟她一块儿玩,结果那个女孩说了一句:"我不喜欢跟你一起玩。"这时,我听见女儿很快地说了一句:"我还不喜欢跟你玩呢!"你会发现,这样的事情,不仅会在小孩身上出现,在成人身上同样会发生。面对那些不喜欢我们的人,我们也会本能地产生抗拒,不喜欢他们。

福阿夫妇(1974)发现,任何人都有着保护自己心理平衡的稳定倾向,都要求自身同他人的关系保持某种适当性、合理性,并根据这种适当性、合理性使自己的行为及与他人的关系得到解释。这样,当他人对我们做出一个友好行动,对我们表示接纳和支持时,我们也会感到"应该"对他人报以相应的友好行动。这种"应该"的意识会使我们产生一种心理压力,迫使我们对他人也表示相应的接纳行动。否则,我们的行为就是不合理、不适当的,就会妨碍自己以某种观念为基础的心理平衡。

另一方面,我们对于行为合理性和适当性的理解也会投射到与我们发生相互联系的人身上。当我们对他人做出一个友好行为,对他人表示接纳时,我们也会产生一种要求他人做出相应行动的期望。如果他人的行动偏离了我们的期望,我们会认为他人不通情理,认为他人不值得我们报以友好,从而产生一种不愉快的情绪体验,对他人产生排斥情绪。

在校园里,当你碰到一个同学,你会跟他打招呼,微笑,当他也微笑着跟你打招呼时,你会觉得就应该是这样的;当他不理睬你,径直走开时,你会觉得他怎么这样,心理上会产生一种不愉快的情绪,甚至会影响你对他的印象。

古人云:"爱人者,人恒爱之;敬人者,人恒敬之",也有"己所不欲,勿施于人"。因此,在人际关系的建立和维持中,我们必须遵循交互原则。

四、理解宽容原则

俗话说:"理解万岁"。理解,主要是指体察了解他人的需要,明了他人言行的动机和意义,并帮助和促成他人合理需要的满足,对他人生活和言行的有价值部分给予鼓励、支持和认可。在现实生活中,人与人之间交往时,理解能够促进彼此之间的人际关系。

古语云:"宰相肚里能撑船。"在人际交往中,难免会有一些不一致,会产生一些不愉快的事情,甚至产生一些矛盾冲突,这时候我们就要学会宽容他人。宽容原则,即与人为善的原则。在社交场合,宽容是一种较高的境界,宽容的人容许他人有行动和判断的自由,对不同于自己或传统观点的见解有耐心公正的容忍。宽容的人不斤斤计较,正所谓"退一步海阔天空"。在生活中,不要因为一些小事而陷入人际纠纷,不然我们会浪费很多时间,同时也会变得自私自利。

在生活中,能够理解他人并宽容他人的人,会有更广阔的胸襟,能够换位思考,体察他人,体谅他人,不会求全责备,不会咄咄逼人,因此,在人际交往中能够收获更多的朋友,也能够受到他人的尊重和赞赏。

【资料延伸】

《管仲与鲍叔牙》,https://zhidao.baidu.com/question/497878674805991404.html。

五、信用原则

古人云:"言必信,行必果","人,无信不立","言而无信非君子"。在生活中,信用在人际交往中发挥着越来越重要的作用。一个守信用的人,可以让人相信并信任,不疑并托付。大家都知道,一个人的征信记录直接会影响一个人的信誉、贷款、信用卡使用等。

信用,是指一个人诚实、不欺骗、遵守诺言,从而取得他人的信任的品质。人离不开交往,交往离不开信用。要做到说话算数,不轻许诺言。与他人交往时要热情友好,以诚相待,不卑不亢,端庄而不过于矜持,谦逊而不矫饰做作,要充分显示自己的自信心。一个有自信心的人,才可能取得他人的信赖。

要取信于人:第一,要守信,言行一致,说到做到;第二,要信任,不仅要信任他人,而且要争取赢得他人的信任;第三,不轻易许诺;第四,要自信,给他人以信赖和安全感。

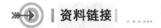

信　任[①]

从公路拐过去不到一英里[②],路边出现了一块醒目的告示板,板上画着黄色的桃子,红色

[①] 资料来源:由盖尔·布兰克所写的《信任》,该文被选入人教版《语文(五年级下册)》。
[②] 1英里=1.609千米。

的箭头向右指。"没有三英里吧。"我说。只见我们前面是一条泥石小路。汽车往前又行驶了一会儿,一个红色的箭头又把我们带向野草茂盛的小路。总之,每当转个弯,眼看就要失去方向时,红箭头就出现了。

汽车行驶了大约三英里时,我们发现路边有条大黄狗,它似乎在等着我们的到来。我们把车停在一棵老树的树荫下,小屋旁有两条狗和几只猫,不远处一片桃林尽收眼底。屋前有一张木桌,桌上搁着几只竹篮,篮下压着一张字条,上面写着:"朋友,欢迎您,每篮桃子五元钱,尽管自己采,然后把钱放在箱子里,祝您愉快!"

"怎么才能知道该从哪儿开始呢?"我的先生自语道。"能啊,"我看着那几条狗大声说,"喂,小家伙们,你们愿去桃林吗?"狗在我们身边跳跃欢吠,然后撒腿向前跑去。显然,它们是在为我们领路哩。

钻进果林,根深叶茂的果树上结满了丰硕的果子,一股沁人心脾的香味使人馋涎欲滴。我立即向一棵大桃树跑去,先生跑向另一棵。我们沉浸在亲手采摘果实的欢愉中,不一会儿,两只大篮子装满了又香又甜的大桃子,我俩提着沉甸甸的篮子跟着小狗们往回走。

把桃子小心翼翼地装进汽车,我掏出钱包,这才发现钱箱旁躺着一只大花猫。"你认为它会数钱吗?"我对丈夫说。"也许会学会的。"先生幽默地回答。

与那几条热情好客的狗说过再见后,我们上了车。这时又有一辆车朝这儿驶来:"你们住在这儿吗?"开车人问道。

"不。不过,它们会带你去果园的。"我们指着那些狗说。我们见那人读了桌上的留言,提上篮子,跟着蹦蹦跳跳的小狗朝果园走去。

汽车慢慢朝来路驶去。我不禁回头,久久地注视着那片果林,那间小屋,那张木桌和那道木栅栏——一个朴实而又真诚的地方。在那儿,我们得到的是人与人之间的信任和被信任的喜悦。

六、互惠共进原则

互惠共进,是指自觉自愿地相互付出、相互支持、互惠互助,满足共同的心理需要,实现共同进步。根据霍曼斯的社会交换理论,人与人之间的交往在本质上是一种社会交换的过程,是一种准经济交易。在人际交往中总要有一定的付出或投入,同时也会渴望得到一定的报酬或回报,这种付出和回报,不仅涉及物质上的,还包括精神上的。在交往过程中,个体期待人际交往对自己是有价值的,是一个正的净收益。而只有双方等值的、公平的关系才是比较稳定和愉快的关系。在人际关系中,人们会自然地选择给双方带来最大满足的行为,也就是"双赢"。

我国心理学家研究发现,随着人们价值观的倾向不同,人际交往也存在着不同的社会交换机制,主要体现在两种类型:增值交换和减值交换。

增值交换,是指重内在情感价值的人,个人情感卷入较多,重情谊,轻物质的交换类型。对交往媒介的价值估计往往高于交换行动发出者的估计,在回报时,往往超出他人的期望。卷入增值交换的双方都感到得大于失。习语云:"滴水之恩,当涌泉相报",这就是一种增值交换。

减值交换,是指重外在物质利益的人,纯粹的物质利益交换意识要多于个人情感的卷入,重物质,轻情谊的交换类型。对交换媒介的价值估计往往低于交往行动发出者的估计,在回报时,就往往低于他人的期望。卷入减值交换的双方都感到得小于失。在生活中,总觉得自己在人际关系中"吃亏",他人对其没有做到应该做的,这就是一种减值交换。

【资料延伸】

《千里送鹅毛,礼轻情意重》,https://baike.baidu.com/item/千里送鹅毛,礼轻情意重。

上述这些人际交往的基本原则,是处理人际关系不可分割的几个方面。运用和掌握这些原则,是处理好人际关系的基本条件。在生活中,我们只有运用这些原则,这些原则才能够成为促进我们人际关系的法宝。

第五节 人际交往能力的提升

每个人都渴望建立良好的人际关系,提升自己的人际交往能力,如何提升呢?下面从三个方面探讨人际交往能力的提升:①把握人际关系的原则;②提高人际交往的技能;③克服人际交往中的障碍。

一、把握人际关系的原则

人与人之间关系的建立都是在一定的交往原则基础之上形成的,在生活中,我们与他人交往时,都会不约而同地遵循人际交往的一些共同规范。对这些原则、规范的遵守,有助于交往双方表现出合理的、适宜的人际行为和健康的人际心理。人际关系的原则包括真诚原则、平等尊重原则、交互原则、理解宽容原则、信用原则、互惠共进原则等,这在本章第四节已经进行了详细讲解,在此不再赘述。只有了解、掌握和运用人际关系的原则,我们的人际关系才会越走越好。

二、提高人际交往的技能

人际交往是一门学问,但却不是所有人都掌握了这门学问。有人会说,我不会说话,想赞美他人,可词不达意;我不会来事,想关心他人,却事与愿违;我是好心,但怎么好心不得好报?好心要让他人认可,行动要让他人接受,这样才会产生效果。

良好人际关系的建立,不仅需要我们掌握相关的人际交往知识、原则,而且还需要在交往实践活动中运用和提高交往技能。人际交往的技巧,包括非语言交往技巧、语言交往技巧、说"不"的技巧、交往中的态度技巧等。

(一)非语言交往技巧

非语言交往技巧一般包括眼神、手势、面部表情、姿势、位置、距离等方面。在与他人交往的过程中,我们要学会微笑、姿势得体、注重礼仪、把握距离等。

1. 学会微笑

雨果说:"微笑是阳光,她能消除人们脸上的冬色。"微笑是一种无声的语言,是人际交往中的"润滑剂"。与人交往时,微笑可以传递友好、善良、谦和、赞美的信息,可以表现一个人自信、乐观、热情、健康的心态。

微笑虽然无声,但却可以表达高兴、赞同、尊敬、同情、感谢等信息。所以微笑可以温暖人心,驱除紧张不快的气氛。如何应用微笑呢?当你需要有人帮助你做某件事时,你向他人微笑,一般他人会欣然同意,因为他人从你的微笑里感觉到你对其感谢和尊重。当你对他人直言相告其缺点,或者批评其缺点时,保持微笑,就能把忠言逆耳的"良药"变得不那么苦口,能让他人很容易地接受。当你与他人发生争执时,如果你觉得已经无意再争论下去,就可向他人报以微笑,他人就能体会到你想"休战"的意思,也知道你没有因刚才的争执而生气。但是,在现实生活中,发现身边经常有一些不爱微笑的人,他们经常保持严肃的表情,只因为他们已经习惯了压抑自己的情感。可是,试问有谁愿意与整天绷着一张脸的人交往呢?总之,人应该保持平稳的精神状态,也就是要有开朗且坦诚的心境。因为只有微笑才能保持正常的精神状态,而只有精神状态正常的人才具有无穷的魅力和创造能力,才能实现夙愿。

交友忠告:要练习发自内心的微笑,否则你的笑容看起来缺乏诚意。每天保证大笑一次,每次要在3~5分钟。尝试对你见到的每一个人给予微笑,看看对方的反应。

2. 姿势得体

社会心理学家艾根研究发现,与人交往时,按照SOLER模式表现自己,可以明显地增加他人对我们的印象,促进人际交往。运用SOLER模式可以给他人留下"我很尊重你,我对你很有兴趣,我内心是接纳你的"的印象。

在与他人交往中,得体的姿势可以展现一个人的修养和学识,凸显一个人的礼仪和规范,可以提升个人在他人心目中的形象。在生活中,可以从坐姿、站姿、走姿、目光训练、放松等方面进行训练。

3. 注重礼仪

礼仪,是指人们在社会交往活动中,为了相互尊重,在仪容、仪表、仪态、仪式、言谈举止等方面约定俗成的、共同认可的行为规范。礼仪是对礼节、礼貌、仪态和仪式的统称。中国是一个文明礼仪之邦,在日常生活中,社交礼仪有很多讲究,掌握、运用礼仪会对自身有很多帮助,会给他人留下更好的印象。

在初次见面时,握手要讲究握手的顺序、方式、场合和避讳,介绍时要注意时机、主角、表达的方式,递名片要双手平递、正面向上交给对方等。良好的礼仪是个人修养的体现,也是对他人尊重的表达,从而给他人留下良好的印象,促进良好人际关系的建立。

【资料延伸】

《握手》,https://baike.baidu.com/item/握手。

(二)语言交往技巧

语言交往技巧一般包括5个方面:①与他人交谈的技巧;②得到他人喜欢的技巧;③影响他人的技巧;④表达方式的技巧;⑤倾听的技巧。

1. 与他人交谈的技巧

与他人交流,不仅要靠言语交谈,更要靠心灵沟通。我们要用心去感受他人的话语和情感,就好像感受自己的话语和情感一样,只有这样,我们才能在与他人交谈中产生共鸣,才能有所触动。

谈话中少用"我"、"我认为",多用"您"、"您认为"。在与他人交谈中,我们要以他人为中心,而不要过多地以自我为中心,要学会换位思考,因此,在与他人交谈时,多用"您"、"您认为",既表达了我们对他人的尊重,也表达了我们关注他人、以他人为中心的姿态。

倾听是有效的沟通方式。交往是双向的,说与听是交谈中必不可少的两个方面。与他人交谈时,要意识到双方同时有说者和听者的双重角色。在与他人交谈时,不仅要学会表达,更要学会倾听。在倾听中,既表达了我们对他人的尊重,也表达了我们对他人的接纳和理解。

谈话时,要与对方保持视线的接触。俗话说:"眼睛是心灵的窗户"。在与他人交谈时,我们要与他人保持视线的接触,让他人可以看出我们对话题的兴趣、关注和理解,给予他人尊重,同时,也表达对他人的接纳和喜欢,当然,这也是人际交往的一种基本礼仪规范。

2. 得到他人喜欢的技巧

得到他人喜欢的技巧如下。

(1) 记住他人的名字,主动与他人打招呼,称呼得当。名字是一个人最熟悉和亲切的称谓,会伴随一个人的一生。因此,当我们听到他人喊我们的名字或听到好像是自己名字的声音时,都会很清晰地觉察和关注。一个人的名字就是他的一张名片,在与他人交往时,我们首先要记住他人的名字,这既能表现对他人的重视,也能让他人感受到你的用心。当记住他人名字时,如果再次相遇,主动热情地与他人打招呼,则会让他人产生良好的感觉,对你的好感倍增。

(2) 真诚地赞美他人。赞美他人体现了一种智慧。现实生活中,有许许多多的人不习惯赞美他人,因为不善于赞美他人或得不到他人的赞美,从而使自己的生活缺乏很多美好愉快的情绪体验;同时,喜欢得到赞美是人的天性之一。每个人都会因受到来自社会或他人的得当赞美,而感到满足。试想,当我们得到他人的赞美,并感到愉悦和鼓舞时,不免会对他人产生亲切感,从而使彼此之间的心理距离缩短、靠近。人与人之间的融洽关系就是从这里开始。实事求是的赞美,就像一剂良药。正如英国著名政治家丘吉尔所说:"你想要人家有什么样的优点,你就怎样去赞美他吧!"赞美往往会激发听者的自豪感,从中了解自己的优点,认识自身的生存价值,从而获得和谐人际关系,创造美好心境。

(3) 学会赞同和认可他人,并且要让他人知道。赞同他人是一种艺术。赞同的根源在于人们喜欢赞同他们的人,而不喜欢反对他们的人。在生活中,我们要学会赞同和认可他人。当你赞同他人时,一定要说出来。我们可以试着这样去做,点头说"是的",或注视着对方的眼睛说"我同意您的说法"或"您说得很对,我完全赞同","我认为您的看法很好",等等。当你不赞同对方时,也不要轻易表示反对,你可以采取委婉的方式表达自己的观点。

(4) 避免与他人争吵。在与他人相处的过程中,最忌讳的事情就是与他人争吵。因为没有人能从争吵中获胜,也没有人会从争吵中赢得朋友。当人与人之间发生矛盾和冲突时,要拒绝争吵,学会以问题为导向,理性解决问题。避免与他人争吵,不仅显示了自己的气度,而且使那些好斗者变得慌乱无措,当然,一个人的争吵也很难持续下去。

(5) 自己犯错时主动承认错误。一般人有一种心理,在犯错误时会隐瞒或者说谎,有的甚至会否认或狡辩。但无论如何,如果你真的犯了错误,一定要勇敢地说"我错了,请原谅","对不起,这是我的失误",等等。承认错误是需要很大勇气的,但人们一定会对一个勇于承认错误的人刮目相看,人们也会认可或谅解你的做法,从而提升你的形象。

(6) 冷静、委婉、正确处理冲突。人与人在交往的过程中,冲突在所难免,但我们不能因为冲突而直接与他人决裂,选择兵刃相见,互不相让,分道扬镳。当人与人之间发生冲突时,我们要冷静、理性地看待冲突,学会正确处理冲突,尽量采取以问题为导向,自己该承担的责任需要自己承担,问题产生的原因是多因素的,不能一味片面地指责他人,学会利用各种资源,寻找多种方法,解决问题,处理冲突。

(7)面带微笑。微笑的力量是巨大的,孩子天真的微笑使我们想起了天使;父母的微笑让我们感到温情;祖父母的微笑让我们感到慈爱。

3. 影响他人的技巧

人际交往发生在人与人之间,在交往中,交往双方都会通过语言或非语言的方式影响对方,进而传达自己的信息和情感。在与他人交往中,影响他人的技巧有:用心倾听;洞察他人想要什么,多询问、多观察、多聆听;站在他人的立场上想问题;等等。在生活中,影响他人是希望自己的观点得到他人的认同,自己的情感能与他人产生共鸣,能够通过语言和非语言的方式,影响他人与自己建立一种良好的交往氛围,顺畅的交流沟通。

我们来看两个情景对话,两者有什么不一样呢?

情景对话一如下。

妻子:累死我了,一下午谈了三批客户,最后那个女的,挑三拣四,不懂装懂,烦死人了。

丈夫:别理她,跟那种人生气不值得(给妻子出主意)。

妻子:这哪儿行啊! 顾客是上帝,是我的衣食父母(觉得丈夫不理解她,烦躁)!

丈夫:那就换个活儿干呗,干吗非得卖房子呀?

妻子:你说得倒容易,现在找份工作多难啊! 甭管怎么样,每个月我还能拿回家三千块钱。都像你的活儿,是轻松,可是每个月那几百块钱够谁花呀?

丈夫:嘿,你这个人怎么不识好歹? 人家想帮帮你,怎么冲我来啦?

妻子:帮我? 你要是有本事,像隔壁丈夫那样,每月挣个四五千,就真的帮我了。

丈夫:看他好,和他过去! 不就是有几个臭钱吗? 有什么了不起!

情景对话二如下。

妻子:累死我了,一下午谈了三批客户,最后那个女的,挑三拣四,不懂装懂,烦死人了。

丈夫:大热天的,再遇上个不懂事的顾客是够呛。快坐下喝口水吧!

妻子:唉,挣这么几个钱不容易。

丈夫:是啊,你真是不容易,这些年,家里主要靠你挣钱撑着。

妻子:话不能这么说,孩子的功课,没有你下力,哪儿能有今天的模样? 唉,我们都不容易。

从上面的情景对话中可以看出,在与人交往中,你有没有认真聆听他人,站在他人的角度,换位思考,感受他人谈话中表达的思想和情感,给予他人想要的反馈,将直接影响你同他人的交往。

4. 表达方式的技巧

"良言一句三冬暖,恶语伤人六月寒。"这句话告诉我们交往时要注意运用语言的艺术。语言艺术运用得好,就能增进人际交往。相反,如果不注意语言艺术,往往就会在无意间出口伤人,产生矛盾。在人际交往中,要想成为受欢迎的人,就必须善于向交往对象表达,学会运用语言的艺术。善于表达要求我们不仅要吐字清晰、细语柔声、语言规范,而且要表达准确、恰到好处。

(1)对待不同性格的人,表达方式不同。在《论语·先进第十一》中,孔子说:"求也退,故进之;由也兼人,故退之。"意思是:冉求做事畏缩不前,所以要鼓励他大胆前进一步;仲由敢作敢为但有时不够慎重,所以要约束他慎重地退后一步。对待同一个人,不同时间、地点、场合,表达方式就不同。"年年岁岁花相似,岁岁年年人不同",即使是同一个人,因为各种外部环境和自身因素的影响,其心情、观念、态度等也会发生变化,而不是一成不变的,话说"士别三日,当刮目相看",因此,在与其交往时,表达要与时俱进,保持与情境的一致性。

(2) 赞扬他人要真诚,要发自内心地赞扬他人。人有一种习惯于听人赞扬的需求,获得赞扬能够满足自我价值的肯定、自尊的需要,能够让人产生积极愉悦的心情。因此,在与人交往中,要学会赞扬他人,不要吝啬赞扬。赞扬他人是表达对他人的接纳、认可、欣赏、肯定等,赞扬他人不是凭空捏造,而是实事求是,面对他人的表现给予发自内心的赞扬,才能让他人感受到你的真诚,才会增强彼此之间的好感。虚情假意地赞扬不仅不会起到作用,还会让他人觉得你虚伪、不实诚,从而影响双方的交往。

(3) 批评他人必须避免在大庭广众下进行。批评的艺术:首先,先表扬后批评,良药不再苦口;其次,批评他人之前先做自我检讨,消除对立情绪;最后,点到为止,给他人台阶。

(4) 对于赞扬你的人,要保持谦虚谨慎的态度;对于诋毁你的人,要宽容。俗话说:"良药苦口利于病,忠言逆耳利于行",一个人能够指出你的缺点,有助于你更好地认识自己和完善自己。诋毁你的人,他也不会毫无理由地随意诋毁,你做得不是很好的地方,哪怕即使他是无中生有,面对这样的人,我们也要学会宽容。一则,这样做能够突显我们的素养和阔达的胸襟;二则,如果我们与诋毁我们的人争辩、争吵,甚至相互诋毁,那我们与诋毁我们的人又有何区别呢? 三则,人有自知之明,我们对自己要有一个清楚认知,不会因为一个诋毁,你就变了一个人。当然,在面对诋毁的人时,我们也要有立场和气场,以理服人和以德服人。对于赞扬你的人,我们是很容易接纳和喜欢的,但面对赞扬,我们也要意识到,"骄傲使人退步,谦虚使人进步",要做到"胜不骄,败不馁",这样才能不断进步。

【资料延伸】

《批评的艺术技巧有哪些》,http://www.qinxue365.com/kczx/440970.html。

5. 倾听的技巧

倾听,在人际交往中属于有效沟通的必要部分,通过倾听信息源传递的信息,以求思想达成一致和感情通畅。倾听不是简单地用耳朵来听,它也是一门艺术。倾听不仅仅是要用耳朵来听说者的言辞,还需要一个人全身心地去感受对方谈话过程中表达的语言信息和非语言信息。倾听可以使对方受到肯定与鼓舞,从而迅速拉近双方的距离。戴尔·卡耐基曾经说过:"专心地听别人讲话,就是我们所能给予别人的大赞美。"在人际交往中,倾听不仅能够获得信息和情感,倾听更是一种态度,一种接纳,能够促进双方的交往关系。

在人际交往中,倾听是一门艺术,倾听的技巧我们可以做如下几点努力。

(1) 暂时忘却自己的想法、期待和成见,与讲话者一起回顾经历、体验、感悟。在与人交往中,真正做到以他人为中心,感受他人的感受,能够迅速获得他人的亲近、接纳和尊重。在现实生活中,我们容易以自我为中心,希望他人能够以自己为中心,试想,每个人都希望人际交往是在自己的世界中,如何能够让我们听到更多不同的声音、感受到更多不同的感受、看到更多不同的色彩呢? 有这样一个故事。

有一天,戴尔·卡耐基去纽约参加一场重要的晚宴,在这场晚宴上,他碰到了一位世界知名的植物学家。戴尔·卡耐基从始至终都没有与植物学家说上几句话,只是全神贯注地听着。

然而等到晚宴结束以后,这位植物学家向主人极力称赞戴尔·卡耐基,说他是这场晚宴中"能鼓舞人"的一个人,更是一个"有趣的谈话高手"。其实戴尔·卡耐基没怎么说话,只是让自己细心聆听,却博得了这位植物学家的好感。

在人际交往中,多站在他人的角度和立场、多学习和借鉴他人的长处、多倾听,能够让我们更好地成长和收获更多的人脉。

(2) 通过目光接触、点头、赞许声等给予他人积极反馈。在人际交往中,语言能够传递信息,非语言的面部表情、肢体动作、手势表情、语调表情等能够传递更多的情感,在与人沟通中,我们并非一味地说,而要懂得非语言的倾听能够让我们收获更多。

(3) 聆听时要耐心,听话不要听一半。很多时候,我们以为自己能够猜透他人的心思,事实上,一个人的内心世界,会受很多因素的影响,有时候甚至连他自己都不一定清楚。当我们要知晓他人时,我们需要耐心地倾听他人,这样我们才能更好地了解他人的心思。下面的故事告诉我们聆听的重要性。

美国知名主持人林克莱特一天访问一个小朋友,问:"你长大后想要做什么呀?"小朋友天真地回答:"嗯……我要当飞机的驾驶员!"林克莱特接着问:"如果有一天,你的飞机飞到太平洋上空所有引擎都熄火了,你会怎么办?"小朋友想了想,说:"我会先告诉坐在飞机上的人绑好安全带,然后我挂上我的降落伞跳出去。"当在现场的观众笑得东倒西歪时,林克莱特继续地注视这个小朋友,想看他是不是自作聪明的家伙。没想到,小朋友的两行热泪夺眶而出,这才使得林克莱特发觉这个小朋友的悲悯之情远非笔墨所能形容。

于是林克莱特问:"为什么要这么做?"小朋友的答案透露出一个孩子真挚的想法:"我要去拿燃料,我还要回来!"

当你听到他人说话时,你真的听懂他人说的意思吗?你懂吗?如果不懂,就请听他人说完吧,这就是"听的艺术"。

(4) 聆听时要虚心。一个人内心越丰盈,才越谦虚,也更能体恤他人的感受。《了凡四训》中有言:"唯谦受福。"只有具备谦虚之心的人,才能获得幸运与幸福。在与人交往中,我们需要保持一颗谦虚的心,谦虚包容会让人感受到如沐春风般的温暖。

(5) 不要把自己的意思,投射到他人所说的话上。在与人交流沟通时,我们会按照自己的理解、想法和观点来揣度对方的意思,有时候甚至会认为自己的意思就是他人的意思,因此,在与他人交流时,会不由自主地认为他人说的就是你所理解的意思。现在想想,我女儿在与我交流时,她给我说的一句话:"妈妈,你能不能听我把话说完。"是啊,我总是认为自己理解了她的意思,所以就会直接按自己的意思来教育她,而她却心生反感,最后就会沉默。所幸的是我觉察到自己的问题,现在当她跟我交流时,我会耐心倾听,听她所想表达的意思,并会询问我的理解是不是对的,她也很愿意告诉我她的想法。

倾听,是一种素养,一种能力,一种态度,一种能够带来有效沟通的法宝。在生活中,随着自己知识的扩展,人生阅历的丰富,性格的完善,人会越来越成熟。在与他人交往中,当我们静下心来,认真倾听时,我们会收获良多。

(三) 说"不"的技巧

在人际交往中,我们经常会碰到要拒绝他人的某些要求、抵制他人的某些诱惑的情况,这时候就需要处理好说"不"的技巧。然而在现实生活中,我们会顾及面子,会顾及他人的感受,一个简单的"不"字,却很难说出口。不好意思说"不",给自己带来了很多的困惑,也有可能给他人带来不便。一个人的能力和精力毕竟有限,每个人都有自己的底线,当我们真诚地表达拒绝,勇于说"不"时,我们给了他人最大的诚意,也给了自己最大的善意。在人际交往中,我们并非一味地答应或者一味地拒绝,而是要学会区分,哪些请求可以应承,哪些请求则应当拒绝。这既是对他人,也是对自己一种负责的态度,一种最真诚的态度。

1. 区分请求,说"不"

在生活中,我们如何说"不"呢?

(1) 学会倾听。当他人有要求时,倾听时不要急躁,不要他人话还没说完,就断然拒绝。要站在他人的立场进行严肃思考,一定要显示明白这个请求对他人的重要性。让他人了解自己的拒绝,不是草率做出的决定,是在认真考虑之后,不得已而为之的。

(2) 态度温和。当他人需要帮助时,会想到你,这点还是比较值得感动的。但是下一步就是要倾听他人陈述的要求和理由,再找到拒绝他人的理由,当然说这些话的时候要保持一种和蔼的态度。

(3) 说句对不起,对他人表示歉意。当对他人的请求表现出无能为力,或者迫于形势不得不拒绝时,一定要加上"实在对不起,请您原谅"等道歉的语言,这样就能不同程度地减轻他人因遭受拒绝而受到的打击,并舒缓他人的挫折感和对立情绪。

(4) 态度要坚决。拒绝的态度,虽然要温和,但是立场要坚定。模棱两可的说法,会让他人怀有希望而引发误解。当无法实现时,他人会觉得受到了欺骗而引发不满,对立情绪往往更加强烈。如果你一开始就拒绝,后来又答应人家,会给人留下"端架子"的不良印象。

(5) 态度真诚,无愧于心。拒绝的时候找到真诚的符合逻辑的理由,这样有助于维持原有的关系。如果你觉得拒绝的理由不充分也可以不说明理由,千万不可编造理由,因为谎言终究是会被揭穿的,在你说明理由后,对方试图反驳时,千万不要和他争辩,争辩会把理性转化为感性,只要重申拒绝即可。

2. 智慧拒绝,说"不"

在生活中,学会说"不",是一种智慧,我们可以运用下面四种方式来拒绝。

(1) 姿态拒绝法。通过姿态表现自己的拒绝。你可以运用摆手、摇头、耸肩、皱眉、转身等肢体语言或否定的表情来表示你对此件事情的态度,用你的姿态来拒绝他人使你勉强、为难、不乐意的请求。

(2) 转移拒绝法。通过话题的转移表现自己的拒绝,这是一种委婉拒绝他人的方法。通过话题的转移,表达自己对此件事情的态度,引入新的话题,表明自己对原来话题的勉强、为难、不乐意,从而转换到其他的话题上。

(3) 说明拒绝法。通过解释说明表现自己的拒绝。当自己没有时间,或者对此件事情没有办法做好,或者自己身体或其他方面原因的影响,可以向他人真诚解释说明,态度要温柔而坚定,语言要清晰而明了,让他人感受到你的真诚,明白你拒绝的理由,即使被拒绝,也能感受到你对他人的尊重,使他人能够欣然接受拒绝。

(4) 建议拒绝法。通过给予对方建议表现自己的拒绝。当自己不能很好帮助他人,但自己有一些资源或者观点可以供他人参考时,可以给他人一些建议,提供一些解决此件事情的方法,或者给予他人一些解决问题的资源,帮助他人想出一些更好的出路来解决此件事情。

在与人交往中,学会说"不"的技巧,可以减少许多心理上的紧张和压力,可以让自己在人际交往中不至于陷入被动的状态,可以让自己更为轻松和游刃有余地面对不同的人际情境。

（四）交往中的态度技巧

1. 幽默是人际关系的润滑剂

幽默，形容有趣或可笑而意味深长。加拿大20世纪幽默作家斯蒂芬·李科克说："幽默的本质是通情达理；是对一切存在事物的热忱而温存的同情；它的本质是爱，而不是蔑视。"由此，幽默是爱的艺术，表现幽默就是向他人抛出的橄榄枝，让他人看到你的宽宏大量。一个善于说笑与幽默的人，常给朋友带来无比的欢乐，而在人际交往中增加魅力，备受欢迎。一般来说，一个人仪态自然优雅、机智诙谐，我们都可以说他是个具有幽默感的人，而善用比喻，语词幽默的人，更能令人印象深刻。

在现实生活当中，很多人遇到冲突马上就出言不逊、恶语相向，但如果换上幽默的语言，效果就大不相同了。如在公交车上，一个急刹车让一位小伙子无意踩了另一位姑娘的脚，那姑娘生气地说："瞧你这德行！"小伙子平静地回答说："不是德行，是惯性。"姑娘一下就笑了出来，这场不快轻松地就被化解了。

马克·吐温是美国的幽默大师，他给我们留下了很多幽默的故事，发人深省。下面分享两则马克·吐温的故事。

故事1 一次，马克·吐温应邀赴宴。席间，他对一位贵妇说："夫人，你太美丽了！"不料那妇人却说："先生，可是遗憾得很，我不能用同样的话回答你。"

头脑灵敏，言辞犀利的马克·吐温笑着回答："那没关系，你也可以像我一样说假话。"

故事2 有一次，马克·吐温到芝加哥一家旅店住宿，有人告诉他此地蚊子特别厉害。他在服务台登记房间时，一只蚊子正好飞来。马克·吐温对服务员说："我早就听说贵地蚊子十分聪明，果不其然。它竟会预先来看我的房间号码，以便夜晚光临，饱餐一顿。"服务员听了不禁大笑。这一夜，马克·吐温睡得很好，因为服务员记住了房间号码，事先认真地做了一切该做的事。

幽默是人际关系的润滑剂，如果一个人完全不懂幽默，就会显得很无趣，相反如果一个人稍微懂点小幽默，开个有趣的玩笑，让双方感到放松又快乐，可能会让人印象深刻，记忆良久。

2. 宽容是人际关系的法宝

宽容，是指宽宏有气量，不计较或不追究。宽容是一种良好的心态，也是一种崇高的境界，能够宽容他人的人，其心胸像天空一样宽阔、透明，像大海一样广浩深沉，宽容自己的家人、朋友、熟人容易，因为，他们是我们爱的人。然而，宽容那些曾经深深伤害过自己的人或者自己的敌人则是最难的。给大家分享一则故事《心有胸怀天地宽》。

穿行在沙漠中的两人是一对好朋友。途中，两人发生了激励的争执，其中的一个人打了另外一个人一记响亮的耳光。被打耳光的人什么话也没有说，只是在沙子上写道："今天，我最好的朋友在我的脸上打了一耳光。"他们继续行走，终于发现了一个绿洲，两人迫不及待地跳进水中洗澡，很不幸，被打耳光的那个人深陷泥潭，眼看就要被溺死，他的朋友舍命相救，终于脱险。被救的人什么话也没有说，在石头上刻下一行字："今天，我最好的朋友救了我的命。"打人和救人的这个人问："我打你的时候，你记在沙子上，我救你的时候，你记在石头上，为什么？"另一个人答道："当你有负于我的时候，我把它记在沙子上，风一吹，什么都没有了。当你有恩于我的时候，我把它记在石头上，什么时候都不会忘记。"

宽容是人性中最美丽的花朵。人在社会交往中，吃亏、被误解、受委屈的事总是不可避免地发生，面对这些，最明智的选择就是学会宽容。宽容是一种良好的心理品质；宽容是一种非凡的气度、宽广的胸怀。分享一则周恩来总理的故事，从中感受周总理宽容待人的美德。

有一次，理发师正在给周总理刮胡须时，周总理突然咳嗽了一声，刀子立即把周总理的脸给刮破了。理发师十分紧张，不知所措，但令他惊讶的是，周总理并没有责怪他，反而和蔼地对他说："这并不怪你，我咳嗽前没有向你打招呼，你怎么知道我要动呢？"

宽容是一种生存的智慧、生活的艺术。它不仅包含着理解和原谅，更显示着气质和胸襟、坚强和力量。分享一则陶行知先生的故事，感受宽容的智慧和力量。

陶行知先生当校长的时候，有一天看到一位男孩用砖头砸同学，便将其制止后叫他到校长办公室去。当陶校长回到办公室时，男孩已经等在那里了。陶校长掏出一颗糖给这位男孩，说："这是奖励你的，因为你比我先到办公室。"接着他又掏出一颗糖，说："这也是给你的，我不让你打同学，你立即住手了，说明你尊重我。"

男孩将信将疑地接过第二颗糖，陶校长又说道："据我了解，你打同学是因为他欺负女孩，说明你很有正义感，我再奖励你一颗糖。"

这时，男孩感动地哭了，说："校长，我错了，同学再不对，我也不能采取这种方式。"

陶校长于是又掏出一颗糖，说："你已认错了，我再奖励你一块。我的糖发完了，我们的谈话也结束了。"

这则故事体现了宽容的魅力，闪耀着教育者的智慧。宽容是一种美好的教育情感，教育需要宽容，更需要给宽容者一个生存的空间，让宽容者"复活"。

古语云："宰相肚里能撑船"；"投之以木桃，报之以琼瑶"；"千里家书只为墙，让他三尺又何妨。万里长城今犹在，不见当年秦始皇"……古人给我们留下了宝贵的经验，作为现代人，在人际交往中要记得宽容。

【资料延伸】

《六尺巷传说》，https://baike.baidu.com/item/六尺巷的传说。

3. 友爱是人际关系的润滑剂

友爱是指没有国度、民族、性别和年龄等差别的限制，彼此以"朋友"、"伙伴"相称，相互理解信任，相互支持，在相互交往的过程中自然流露出的亲切情感。友爱，就是在理解包容团结之上的一种情愫，友爱是人际关系中的润滑剂，有了它，人与人之间不再孤单无助；友爱是一种默契，是一种心灵的相通，是一种人与人之间爱的情怀。真正的友爱，是生命的不断给予，给予了，你便充实。超脱权力、金钱、地位，放下嫉妒、自私、仇恨，播撒无边的爱，让我们生活在阳光下，感受世界的美好。就像韦唯唱的那首歌——《爱的奉献》："只要人人都献出一点爱，世界将变成美好的人间"。

4. 感恩是人际和谐的养料

感恩，是指对他人所给予的帮助表示感激，是对他人帮助的回报。感恩是一种处世哲学，是生活中的大智慧。感恩大自然给予我们阳光雨露，感恩生活让我们体验成功和失败，感恩生命中出现的所有人，让我们的生活充满色彩。感恩父母给予我们生命，感恩老师对我们的谆谆教诲，感恩朋友的友谊，感恩爱人的陪伴，感恩同事、领导的关怀，感恩所有生命中与我们有交集或没有交集的人……感恩是一种生活态度，一种品德，正是因为人与人之间充满着感恩之心,所以人与人之间的关系才会饱含温度,如果人与人之间缺乏感恩,必然会导致人与人之间的关系冷淡。我们每个人,都应该学会感恩。

懂得说"谢谢",知道表达感恩的人,他们享有丰富的、温暖的和谐关系。"滴水之恩当涌泉相报",是中华民族的传统美德。知道感恩、懂得感恩、学会感恩,是一种修养,是一种美德,是一种觉悟。建设和谐社会、和谐人际关系,需要这种修养,这种美德,这种觉悟。

三、克服人际交往中的障碍

美国著名心理学家爱利克·伯奈依据个体对自己和他人的态度,提出了四种人际交往的心理模式。

我不好,你好:与周围人相比,总感觉自己不行,他人行。在人际交往中会不同程度地表现自卑心理。德国著名心理学家阿德勒指出,人在生命初始阶段对周围的人是靠依赖而生存的,与周围人相比儿童常常感到自己的无能,因而从小就有自卑感,在潜意识中形成了"我不好,你好"的心理模式。成长的过程其实是摆脱这种心理模式的过程。有的人由于种种原因没有或尚未完全摆脱这种心理模式,就会在人际交往中表现出不同的自卑和焦虑,极端的表现就是社交恐惧症。

我不好,你也不好:这种交往模式常常表现为不喜欢自己也不喜欢他人,既看不起自己也看不起他人,既不会去爱人也不能体验和接受他人。这种人现实中往往远离人群,也不知道自我完善,一副"冰冻人"的模样,是典型的心理疾病患者,如抑郁症。他们是在社会生活边缘徘徊的人,找不到进入生活的入口。这种心理模式下容易导致个体比较孤独,阻碍人际交往。

我好,你不好:这种交往模式常常表现为充满优越感,骄傲自大,自以为是,总认为自己是对的,他人是错的。如果自己对他人好而他人对自己的好没有达到自己的期待,就会愤愤不平。把人际交往失败的原因归咎于他人,常导致自己固执己见、唯我独尊。持这种模式的人对人要求苛刻,又不知道反思自己的问题,很难有知心朋友。或者会出现另一种情况,对自己有用的人曲意迎奉,而对自己没有用的人则不屑一顾,或者假装示好,内心深处却仍然看不起。看不起他人实际上就是看不起自己,这是不成熟的表现形式。这种人际交往模式不利于良好人际关系的建立。

我好,你也好:相信他人、能够接纳自己和他人,正视事实,并努力改变能改变的事物,善于发现自己和他人的优点和长处,从而使自己保持一种积极、乐观、进取的心理状态。这是一种成熟、健康的人际交往模式,有助于良好人际关系的建立。持有这种人际交往心理模式者能够根据现实的要求主动改变自己,能够保持与时俱进的状态,是生活中的成功者。

请大家分析一下,你属于人际交往态度中的哪一种?你的交往态度对你的人际交往会产生怎样的影响呢?

在生活中,我们一方面渴望建立良好的人际关系,另一方面,在与人相处时,我们又会有很多的羁绊。克服人际交往中的障碍,是提升人际交往能力的重要方面。下面我们将从①消除害羞心理,②战胜自卑心理,③克服嫉妒心理三个方面来讲述如何克服人际交往中的障碍。

(一)消除害羞心理

害羞是常见的一种人际交往障碍,是指在交往过程中,过多约束自己的言行,以致无法充分地表达自己的思想感情,从而阻碍了人际关系的正常发展。著名心理学家菲利普·津巴多研究发现,在他抽样调查的一万多人中,约40%的人有不同程度的害羞表现。

害羞有三种类型。第一种是气质型害羞,即生来性格比较内向,说话低声细语,见到生人就脸红,说话办事有一种胆怯心理。第二种是认识型害羞,即过分注意自我,私心太重,说话办事都十分谨慎,唯恐自己的言行不对而被人耻笑。第三种是挫折型害羞,即种种原因使自己连遭挫折,从而使自己原本开朗积极主动、乐于交往的性格变得胆怯怕生。

在生活中,因为害羞,错过了跟自己喜欢的女孩告白;因为害羞,失去了一次次表现的机会……

害羞会给人际交往造成障碍,如何克服害羞呢?

(1) 树立信心。提高自身的技能,多培养自己的兴趣爱好,多去找自身的优点,这样就能很好地融入集体中,不会被冷落和孤立,充满自信是克服害羞心理的根本,因为只有自信了才不会对陌生环境过分敏感,才不会把过多的精力用在怀疑自己身上。

(2) 摆脱过分的自我关注。可以尝试把注意力从自己转移到他人身上。有一个演讲家说过,他上台演讲克服害羞的方法就是,想象台下的人都是欠他钱的人,所以没有理由不理直气壮。当然这只是一个例子,可以根据不同的场合用不同的办法。

(3) 鼓励自己勇于实践。列出自己一些害羞的表现,然后有针对性地去训练克服。例如,不好意思跟他人说话,那么平时没事就少上网,少发短信、少发邮件,尽可能地与他人面对面交流;自己不敢跟女生说话,那么就强迫自己每次遇到女生要主动打招呼;等等。

(二) 战胜自卑心理

自卑,是指在和他人比较时,由于低估自己而产生的情绪体验。一方面,自卑心理可以促使人们对自身的正确认识,加快对自身缺点的弥补,对自身的成长有一定的进步意义。另一方面,自卑对人们的心理是有一定危害的,当人们希望通过榜样或美好的事物来促使自身进步和努力时,由于比较的心理作用,人们不可避免地产生自卑情绪,反而会对这些事物产生排斥、厌恶的作用,不利于自身的进步。

如何战胜自卑心理呢?

(1) 正确认识自己。尺有所短,寸有所长。每个人都有自身的优势,也有自身的不足。我们要学会正确地认识自己和接纳自己。在生活中,不要总是用自己的不足与他人的优势相比,这样只会使自己相形见绌。

(2) 积极心理暗示。不要总是在内心不断地暗示自己,"我不行,我不会",而是相反的,说"我能行! 我会!"

(3) 勇于实践,勇于表达自己的观点。我们害怕自己的观点被他人驳回或者攻击,有意地隐藏自己的想法和行为,我们总是在追求完美,这样将阻碍我们表现自己。在生活中,我们必须勇敢地表达自己内心的想法:如果对了,可以得到大家的认可;如果错了,可以有针对性地改正自己的不足,然后不断地完善自我的知识和开扩自己的视野! 何乐而不为呢?

(三) 克服嫉妒心理

嫉妒,是指他人在某些方面胜过自己而使自己不快甚至痛苦的情绪体验。在生活中,我们会嫉妒他人的仪表,嫉妒他人的家庭,嫉妒他人的学习和能力,等等。也就是说,当你没有而他人拥有时,你就会心生嫉妒。

法国文豪巴尔扎克说:嫉妒者比任何不幸的人更为痛苦,因为他人的幸福和他自己的不幸,都将使他痛苦万分。嫉妒不仅扭曲了人性,还严重危害人类的身心健康。最近,美国医学家发现,嫉妒心不强的人,在 25 年中只有 2.3% 的人患有心脏病,死亡率也仅占 2.2%,相反,嫉妒心强的人,同一时期内竟有 9% 以上的人得了心脏病,其死亡率高达 13.4%。另外,据统计,嫉妒心强的人也很容易患头痛、高血压、神经衰弱等病症。

如何克服嫉妒心理呢?

(1) 正确认识自己。"人贵有自知之明"。一个人只要客观地认识自己的优势和劣势,现实地衡量自己的才能,为自己找到一个恰当的位置,就可以避免嫉妒心理的产生。记住一点:他人取得了成绩并不等于自己失败。

(2) 提高自信。嫉妒的起因就是看不惯他人比自己强。如果能集中精力,不断地学习、探索,使自己的知识、技能、身心素质不断得到提高,那么,也可以减少嫉妒的诱因。而且,丰富多彩的课余活动充实自己的生活,自然也就减少了"无事生非"的机会,这是克服嫉妒心理最根本的方法之一。

(3) 胸怀大度。嫉妒是个人心理结构中"我"的位置过于膨胀的具体表现。总怕他人比自己强,对自己不利。因此,只有驱除私心杂念拓宽自己的心胸,才能正确地看待他人。

【资料延伸】

《孙庞斗智》,https://baike.baidu.com/item/孙庞斗智。

人际交往能力的提升有很多训练的技巧,只有我们学以致用,在生活中灵活运用,才能真正受益。人际交往中的障碍是我们的"绊脚石",它会影响我们人际关系的建立和发展。面对人际交往中的绊脚石,我们要勇敢地面对、努力克服!

本章小结

(1) 人际关系,是指人们在共同活动中彼此为满足各种需要而建立起来的相互间的心理关系。人际关系包含认知成分、情感成分和行为成分。大学生常见的人际关系有师生关系、同学关系和恋人关系。影响大学生人际关系的因素有大学生自身的因素、家庭因素、社会因素等。

(2) 人际关系的状态从无关到关系密切,经历六种状态,分别是零接触、注意阶段、表面接触、轻度卷入、中度卷入和深度卷入。

(3) 良好人际关系的建立需要经过四个阶段,分别是:定向选择阶段、情感探索阶段、感情交流阶段和稳定交往阶段。

(4) 人际关系的恶化往往是由人际冲突、人际内耗和人际侵犯等导致的。人际关系的恶化有三个阶段:冷漠阶段、疏远阶段和终止阶段。人际关系恶化的结果,要么带来人际关系修复,要么带来人际关系解除。

(5) 自我暴露是人际关系最为敏感的探测器,它可以很好地了解他人对我们的信任和接纳程度。在自我暴露中,需要遵循对等、循序渐进的原则,需要充分了解他人的背景、爱好与需求,有针对性和准备性地暴露效果更佳,还需要分清场合、对象,注意性别差异。

(6) 人际关系的原则,常见的有真诚原则、平等尊重原则、交互原则、理解宽容原则、信用原则、互惠共进原则。

(7) 人际交往能力的提升主要有：①把握人际关系的原则；②提高人际交往的技能，主要体现在非语言交往技能、语言交往技能、说"不"的技巧及交往中的态度技巧等；③克服人际交往中的障碍，主要体现在消除害羞心理，战胜自卑心理，克服嫉妒心理等。

思 考 题

(1) 有同学说："我不喜欢与陌生人交往，我只喜欢和熟悉的人交往。"结合本章内容，请分析此同学的心理并给他提出建议。

(2) 结合自身的经验和本章的内容，论述良好人际关系建立和发展的过程。

(3) 结合自身的经验和本章的内容，论述自我暴露应遵循的原则。

(4) 结合自身的经验和本章的内容，论述人际关系恶化的过程。

(5) 结合自身的经验和本章的内容，论述人际关系应遵循的原则。

(6) 结合自身的经验和本章的内容，论述提升人际交往能力的方法。

人际信任量表[①]

人际信任量表(interpersonal trust scale, ITS)是由 Rotter J. B. 在 1967 年编制的。信任是一个人融入社会，正常健康交际的重要环节，本量表用于在被试对他人的行为、承诺或（口头和书面）陈述的可靠性方面的估计。共有 25 个项目，其内容涉及各种处境下的人际信任，涉及不同社会角色(包括父母、推销员、审判员、一般人群、政治人物及新闻媒介)。多数项目与社会角色的可信赖程度有关，但也有一些项目与对未来社会的乐观程度有关。本量表采用五分对称评分法，1 分为完全同意，5 分为完全不同意。故量表测评分数从 25 分(信赖程度最低)至 125 分(信赖程度最高)，中间值为 75 分。测试时间约为 10~15 分钟。编制者曾在 20 世纪 60 年代用此量表对 4605 名大学生进行了测试(Hochreich 和 Rotter, 1970)。

1. 在我们这个社会里虚伪的现象越来越多了。(　　)
2. 与陌生人打交道时，你最好小心，除非他们拿出可以证明其值得信任的依据。(　　)
3. 除非我们吸引更多的人进入政界，否则这个国家的前途将十分黯淡。(　　)
4. 阻止多数人触犯法律的是恐惧心理、社会廉耻心理或惩罚而不是良心。(　　)
5. 考试时老师不到场监考可能会导致更多的人作弊。(　　)
6. 通常父母在遵守诺言方面是可以信赖的。(　　)
7. 联合国永远也不会成为维持世界和平的有效力量。(　　)
8. 法院是我们都能受到公正对待的场所。(　　)
9. 如果得知公众听到的和看到的新闻已被歪曲，那么多数人是会感到震惊的。(　　)
10. 不管人们怎样表白，最好还是认为多数人主要关心其自身的幸福。(　　)

[①] 资料来源：戴晓阳. 常用心理评估量表手册[M]. 北京：人民军医出版社，2010.

11. 尽管通过报纸、收音机和电视均可看到新闻,但我们很难得到关于公共事件的客观报道。( )
12. 未来似乎很有希望。( )
13. 如果真正了解到国际上正在发生的政治事件,那么公众有理由比现在更加担心。( )
14. 多数获选官员在竞选中的许诺是诚恳的。( )
15. 许多重大的全国性体育比赛均受到某种形式的操纵和利用。( )
16. 多数专家有关其知识局限性的表白是可信的。( )
17. 多数父母关于实施惩罚的威胁是可信的。( )
18. 多数人如果说出自己的打算就一定会去实现。( )
19. 在这个竞争的年代里,如果不保持警惕,他人就可能占你的便宜。( )
20. 多数理想主义者是诚恳的并按照他们自己所宣扬的信条行事。( )
21. 多数推销人员在描述他们的产品时是诚实的。( )
22. 多数学生即使在把握不会被发现时也不会作弊。( )
23. 多数维修人员即使认为客户不懂其专业知识,也不会多收费。( )
24. 对保险公司的控告有相当一部分是假的。( )
25. 多数人诚实地回答民意测验中的问题。( )

【评分指南】

(1) 题目 6、8、12、14、16、17、18、20、21、22、23 和 25 正序记分。

(2) 题目 1、2、3、4、5、7、9、10、11、13、15、19 和 24 反序记分,即如得 1 分则记 5 分,如得 5 分则记 1 分。

(3) 所有题目得分累加即为总分。

(4) 得高分者表示人际信任度也高。

电影推荐

《我和我的祖国》、《星空》和《天堂的孩子》。

第五章 人际吸引

人海之中,你我相见、相识、相知,有的成为挚友,有的成为恋人,走进婚姻,相伴一生,这种人与人之间美好的人际情感会伴随我们的成长和生活,成为生命中最美丽的篇章。人与人之间的这种人际情感属于人际吸引的范畴。人际吸引是人与人之间相互接纳和喜欢,是人际关系发展的肯定形式。人际吸引并非在任何人之间都会发生,那么究竟什么特征的人会被人接纳和喜欢呢?影响人际吸引的因素有哪些呢?人际吸引有哪些不同的形式?喜欢和爱情之间的关系怎样?爱情是什么,什么又不是爱情?如何赢得爱情?大学生又该如何面对爱情,面对失恋?带着这些问题,让我们走进人际吸引的学习。

第一节 认识人际吸引

亲密无间的朋友,朝夕相伴的爱人,事业上的伙伴,人生路上的相随者……在人生的长河中,我们会被很多人吸引也会吸引很多人,从而建立各种良好的人际关系。接纳、喜欢、支持、陪伴、赞许、肯定等是人际吸引的常见表现,人际吸引现象普遍存在于各种人际关系之中,认识人际吸引,将有助于我们揭开人际吸引的面纱,把握人际吸引的内核,走进人际吸引。

人际吸引是美好的音符,传递爱的旋律。让我们来欣赏一首诗歌——《断章》,感受人际吸引的美好瞬间。

断 章

卞之琳

你站在桥上看风景,
看风景的人在楼上看你。
明月装饰了你的窗子,
你装饰了别人的梦。

这是一首很美的写意抒怀诗作,创造了象征性的美的画面,画面的自然美与哲理的深邃美达到了水乳交融般的和谐统一。世间万物,相辅相成,相互关联。人与人之间,也是如此。看风景的你融入风景中,成为别人眼中的风景,静谧、和谐,感觉时间都在此刻停滞,不忍打扰这片刻的美好。

我们每时每刻都在不知不觉中被他人吸引,同时也在吸引他人。作为"社会性动物",我们有着强烈地与他人建立亲密关系的归属和爱的需要,而人际吸引正是亲密关系得以建立的前提。

一、什么是人际吸引

（一）人际吸引的界定及形式

人怎样被人接纳和喜爱是一个古老而又有生命力的问题，受到哲学家、文学家、心理学家、生物学家、艺术家等学者的广泛关注。在现实生活中，我们渴望成为一个受人接纳和喜欢的人，并努力使自己成为这样的人而不停地努力和完善自己。

按照人与人之间吸引程度的差异，人际吸引形式可分为亲和、喜欢和爱情三种形式。亲和是较低层次的人际吸引形式，喜欢是中等程度的人际吸引形式，爱情是最强烈的人际吸引形式。在人生长河中，我们与不同的人建立和发展有着不同的人际吸引形式，有的成为过客，有的成为朋友，有的成为爱人，因为不同的人际吸引形式，我们的人际圈才丰富多彩，散发着无穷的魅力。

余秋雨先生说："人世间最有吸引力的，莫过于一群活得很自在的人发出的生命信号。这种信号是磁，是蜜，是涡卷方圆的魔井。没有一个人能够摆脱这种涡卷，没有一个人能够面对着它们而保持平静。"在生活中，散发着生命活力和气息的人是受人吸引的人。

艾默生说："一个人的朋友就是他自身所具有的吸引力。"在生活中，几乎每个人都有朋友，也就是说，我们每个人都有自身的吸引力。

（二）亲和

亲和是个体害怕孤独，希望与他人在一起，建立协作和友好联系的一种心理倾向。亲和即合群，是人际吸引的较低层次。亲和需要引起亲和动机，亲和动机促进亲和行为。

亲和起源于依恋。依恋是指个体与重要他人间通过亲密互动形成的持久、强烈的情感联系或联结。人是社会性的动物，合群在个体生命早期表现为亲子间的依恋，即儿童对父母的出现有积极的反应，愿意和父母在一起的现象。随着年龄的增长，他们会依恋那些与他们打交道最多、最亲切的人，这些人除了父母，也可以是其他人。依恋关系一般是双向的，儿童不但依恋成人，成人也离不开儿童。不仅儿童有依恋现象，在成人身上也有依恋现象。

1. 依恋对个体成长的重要性

（1）依恋可以提供安全感。当儿童感到害怕，或者处在一个陌生的环境里，需要安慰和支持时，一个自己所熟悉、信赖的成人可以使儿童感到安全。

（2）依恋可以提供信息。儿童对世界是充满问题的，这些问题的答案一般都可以从所依恋的成人那里得到。同时，父母的语言及非语言行为往往可以为儿童的行为提供指导，如儿童的恐惧及防御保护，在很大层面上受到父母的影响。

2. 亲和的作用

（1）亲和能够满足个体的某些社会性需要：比如归属与爱的需要、尊重的需要等。

（2）获得信息：在孤单的环境中，个体获得的信息来源很少，会产生不适应和不安全的感觉。亲和促使个体产生合群行为，使个体获得对其生存和发展有意义的信息来源。

（3）减轻心理压力：人在快乐时，能够与他人一起分享快乐；人在痛苦时，身边有人能一起分担痛苦。

（4）避免窘境：比如学生时代，大家都成群结队，只有你一个人独来独往，大家会给你孤僻、不合群、高傲等一些负面评价。这种情况下，亲和可使个体避免窘境。

(三)喜欢和爱情

喜欢和爱情是两种既有联系又有区别的情感。在生活中,我们很容易将两者混淆,它们都是人际吸引的形式。喜欢,是指喜爱,即对人或事物有好感或感兴趣。喜欢实际上是一种感觉,包含欣赏、仰慕、钦佩、爱慕、崇拜。喜欢是建立在对人认知、理解的基础上产生的积极评价和尊重。关于爱情的界定则比较复杂,迄今为止,关于爱情课题的研究一直吸引着广大学者的关注。最早对喜欢和爱情的关系进行系统研究的心理学家是鲁宾(1970,1973)。他发现,爱情不是喜欢的一种特殊形式,喜欢和爱情是两种不同的情感。在生活中,会有"我喜欢他(她),但不爱他(她)"的现象,也存在着"喜欢很容易转变为爱情,可爱过之后却不会再转变为喜欢"的情形。

喜欢和爱情的区别将在本章的第三节中详细讲解。

二、人际吸引的原则

在生活中,掌握一些人际吸引的原则,可以帮助我们成为一个受人接纳和喜欢的人。人际吸引的原则有强化原则、社会交换原则、联结原则和得失原则。

(一)强化原则

强化,是指行为与影响行为的环境之间的关系,也就是通过不断地改变环境的刺激来达到增强、减弱或消失某种行为产生频率的过程。这个过程借助于奖励、惩罚等方式来实现。在现实生活中,当行为产生积极结果时,这种行为出现的频率就会升高;当行为产生消极结果时,这种行为出现的频率就会降低。

在人际吸引中也是如此。人们喜欢能给自己积极反馈(如正向的评价、发自内心的赞美、微笑的表情等)的人,积极反馈会增加他人对你的喜欢程度。因此,当我们希望跟某人更亲近时不妨利用表情或者语言给予对方积极的反馈。

在生活中,人与人之间的互动伴随着双方需求的满足,会产生愉悦满足的情绪情感,这种互动就会增多。例如,朋友之间的互帮互助,相互支持和鼓励,会增强彼此之间的友谊。反之,人与人之间的互动没有满足双方的需求,甚至是相互伤害,则会产生厌恶、痛苦等情绪情感,双方之间就会尽力摆脱这种互动,人与人之间关系则会越来越疏远,甚至最后走向分离。

(二)社会交换原则

在现实生活中,人们往往是以代价和报酬的相等来衡量自己与周围人的关系的。人们希望在交往中自己的代价和报酬是保持平衡的,这也成为衡量人际吸引大小的一个尺度。人们是否喜欢某个人,取决于人们对与这个人交往时的代价与报酬的评估,如果报酬大于代价,则会选择继续交往;如果报酬小于代价,则可能中断交往。当然,代价与报酬不仅包括金钱,还包括时间,情感的付出和体验,荣誉等。

在生活中,一味地付出和一味地索取都不可取。俗话说,"最难还的账是人情账"。所以,才会有"投之以桃,报之以李"、"滴水之恩当涌泉相报"。在人际吸引中要把握一种平衡,这种平衡就是代价和报酬的平衡。中国是一个崇尚礼尚往来的国家,在人际交往中,我们知礼、守礼,就会成为一个受人尊敬、接纳和喜欢的人。

（三）联结原则

有这样一个实验，研究者找来两组被试，让他们分别听喜欢的音乐和讨厌的音乐，然后让他们评价同样一张陌生人的照片，结果：听喜欢音乐的这组被试对陌生人的评价更积极。也就是说，人们喜欢那些与美好经验联结在一起的人，厌恶那些与不愉快经验联结在一起的人。

很多时候，我们对对方的好感并不是因为对方说了什么或做了什么。当一个人在令人愉快的情形中出现时，我们就会喜欢与之交往。因为我们会将愉悦的心情与对方产生联结，从而产生好的印象。伯恩的理论认为，人们通过条件反射形成了对那些与回报性事件有关的事或人的积极感受。例如，当你支持的某支球队赢得比赛时，小芳正好和你在一起，那么你对小芳的喜欢程度就会高些，下次再与她接触时，你可能会体验到积极的情感反应。

俗话说："你若芬芳，蝴蝶自来。"当一个人充满正能量，浑身散发一种积极向上的"气味"时，更多美好的事物也会被吸引而来。反之，一个整天忧愁、抱怨的人，有谁愿意长期在他身边呢？

（四）得失原则

在人际关系中，是一成不变地给予对方肯定的评价的人，还是先给予对方否定的评价然后给予对方肯定的评价的人，哪种人更吸引人、更讨人喜欢呢？

心理学家阿伦森与兰迪（1969）设计了一个著名的实验，揭示了人际吸引的增减原则，也称为得失原则。该实验设计如下。让每组被试都可以听到合作伙伴怎样评价自己，设计四种不同的实验情境：①肯定——被试始终得到肯定的评价；②否定——被试始终得到否定的评价；③提高——前几次得到否定的评价，后几次得到由否定逐渐转向肯定的评价；④降低——前几次得到肯定的评价，后几次则由肯定逐渐转向否定，最后降到第二种实验情境的否定水平。实验最后让被试评价自己喜欢合作伙伴的水平。结果显示：人们对于原来否定自己而最终变得肯定自己的交往对象喜欢程度最高，明显高于一直肯定自己的交往对象，如表 5-1 所示。

表 5-1　喜欢水平的增降趋势

条件	喜欢水平
肯定—否定	+0.87
否定—肯定	+7.67
否定—否定	+2.52
肯定—肯定	+6.42

注：表 5-1 中得分为 −10～+10 等级评定量表上的得分，−10 为最厌恶，+10 为最喜欢。

在人际交往中，我们对他人的喜欢不仅仅取决于他人喜欢我们的程度，而且还取决于他人喜欢我们水平的变化与性质。我们最喜欢的是对我们喜欢水平不断增加的人，而最厌恶的是对我们喜欢水平不断减少的人。

阿伦森等人的研究被幽默地称为"对婚姻不忠的定律"，意指从陌生人处获得的赞许往往比从配偶处获得的赞许更有吸引力。因为配偶对自己的喜欢日久天长，其水平或维持不变，或在降低，而陌生人由淡漠渐而转向赞许，其喜欢水平在逐渐增加。所以说，人们的这一心理倾向中潜伏着对爱情不忠的可能性。

在生活中,我们也可以看到得失原则的应用。在一家食品店里,顾客常常喜欢排成长队在一位售货员那里购买食品,而别的售货员却无事可做。一天,店领导问她有什么诀窍。"很简单",她回答说,"别的售货员称糖时,总是先装得满满的,而后往外取出,而我却相反,先装得少一些,过秤时添上一些,并随便说上一句:'我送您两颗糖,谢谢您光顾,欢迎再来',这就是我的诀窍。"

(五)相似性原则

俗话说,"物以类聚,人以群分","惺惺惜惺惺","老乡见老乡,两眼泪汪汪"……在生活中,具有相似性的人彼此之间更容易相互吸引。相似性原则是指人们往往喜欢那些与自己相似的人。这里所说的相似性不仅是指客观上的相似性,更偏重人们感知到的相似性。实际的相似性与感知到的相似性是有联系的,而且前者往往决定后者,但两者又不是完全对应的。

在生活中,感知到的相似性包括信念、价值观、态度和个性品质的相似性,外貌吸引力的相似性,年龄的相似性,以及社会地位的相似性等属于客观上的相似性,会影响个体感知到的相似性。朋辈群体由于年龄的相似,所接触的事物的相似,更容易产生态度、价值观上的认同,彼此之间更容易交流、接纳和喜欢。社会地位相似的人,经济基础、教育水平、接触事物较为相似,更容易产生价值观、信念上的相似。小学高年级的男生更愿意跟男生玩,女生更愿意跟女生玩,也是由于相似的性别,以及青春前期性别上的差异而导致的人际吸引。代差现象就是由于两代人之间生活经历、阅历、文化等差异的影响而导致代与代之间的隔阂和矛盾。

在生活中,如何维持友谊的长存,爱情的长久,如何让自己成为一个受人接纳和喜欢的人,需要我们灵活运用人际吸引的原则。

第二节 人际吸引的影响因素

在生活中,有的人"人见人爱,花见花开";有的人"唯恐避之不及";有的人,朋友遍天下;有的人,朋友却少得可怜……人究竟喜欢什么样的人?在人群中,哪些人会吸引我们呢?

人与人之间是相互吸引的,有的被美丽的外表吸引,有的被对方的善良、幽默吸引,有的因志同道合而相互吸引……总结心理学家在人际吸引领域的研究,人际吸引的影响因素主要有:个人特质因素(外貌、才能和个性品质)、情境因素(空间距离和交往频率)、相似性和互补性因素等。

一、个人特质因素

(一)外貌

外貌特征是人际吸引的一个重要因素,相貌、衣着打扮等都会对同伴产生影响。亚里士多德曾经写道:"美丽是比任何介绍信更为巨大的推荐书"。人是趋美的,爱美是人的天性,不论在哪种文化背景下,美貌都是一种财富,令人神往。人们还认为,漂亮的人具有其他方面好的品质,产生外貌的"辐射效应"。

沃尔斯特(1966)等人让男女大学生各 332 名(每两个大学生成为一对)进行了两个半小时的舞会,舞会结束时,询问这些大学生是否希望再次同对方约会,结果表明,与希望再次约会的回答有关系的因素只有对方的容貌,如表 5-2 所示。

表 5-2　希望再次同对方约会的百分比

性别	对方的容貌/(%)		
	丑的	一般的	美的
丑的男性	41	53	80
一般的男性	30	50	78
美的男性	4	37	58
丑的女性	53	56	92
一般的女性	35	69	71
美的女性	27	27	68

戴恩(1972)和她的同事给大学生看三个大学生的照片:一个外貌漂亮,一个相貌平平,一个则相貌丑陋。然后,请被试根据 27 种人格特质做出评价,并要求被试估计他们三人未来是否幸福,结果无论评价的对象如何,最美满的预言都在外貌富有吸引力的人身上。他们还对儿童进行了类似的研究,结果表明儿童对外貌的吸引力也有相同的反应。

人们对外貌有魅力的人所做的判断既有朝着有利的一面倾斜,也有朝着不利的一面倾斜。西格尔(1975)做了一个有趣的研究。研究者给被试详细的案件材料,让他们设想自己是法官,对罪犯进行判罪。罪犯都是女性,有三种情况:一是有魅力组,案件附有漂亮的罪犯照片;二是无魅力组,案件附有缺乏魅力的罪犯照片;三是对照组,同样的案件,但没有罪犯照片。案件有两种类型:一种是诈骗,一种是夜盗。

实验结果显示:对于被认为同美貌有关的诈骗罪,被试倾向于认为有魅力的罪犯利用美貌进行诈骗犯罪,因而明显给予重判,平均刑期明显长于其他两组的刑期,而其他两组则没有差别;而对于明显与外貌无关的夜盗罪,有魅力的罪犯则得到了更多的同情,有明显辐射效应存在,其平均刑期远低于其他两组的刑期,如表 5-3 所示。

表 5-3　判刑的平均年数　　　　　　　　　　　　　　　　　　　　　　(年)

罪行	被告人的魅力		
	有魅力组	无魅力组	对照组
诈骗罪	5.45	4.35	4.35
夜盗罪	2.80	5.20	5.10

尽管通常情况下美貌会产生辐射效应,使人们对有魅力的人其他方面进行更为积极的评价,但是,如果人们感到有魅力的人在滥用自己的美貌,则会反过来倾向于对他们实施更为严厉的惩罚。

美貌是一种资源,我们应该倍加珍惜。但不应无限夸大外表因素对人际吸引的作用,一方面,因为美貌易逝,不可能青春常驻;另一方面,对阅历较深的成人来说,身体上的吸引是表面的,在了解某人的内心后,它通常变得并不重要。没有丰富内涵的外表美也是缺乏吸引力的,它很少会成为建立长期关系的基础。因此,我们应该理智地看待外貌的吸引力,一个人,不仅外在美,更重要的是内在美,这样,才能更持久地吸引他人。

（二）才能

在其他条件相同的情况下,聪明的人容易受到人们的喜欢。一个人越有能力,人们就越喜欢他。为什么才能吸引人,可能是因为人们与有才能的人在一起,可以获得启迪,减少错误,见贤思齐,不断成长。然而,才能对人的吸引力是较为复杂的,有研究表明,在一个解决问题的小组中,那些被认为最有能力而又能出最佳主意的人,并不是最讨人喜欢的。此种情境,可能是他人的超凡才能成为自己可望而不可即的一种压力,从而对其敬而远之。

才能与被人喜欢的程度在一定限度内是成比例关系的。心理学中,有一种效应称为"仰巴脚效应",也称为"犯错误效应"或"白璧微瑕效应",是指小小的错误反而会使有才能的人的人际吸引提高。

心理学家阿伦森设计了这样一个实验:在一场竞争激烈的演讲会上,有四位选手,两位才能出众,几乎不相上下,另两位才能平庸。才能出众的一名选手在演讲即将结束时不小心打翻了一杯饮料,而才能平庸的一名选手也碰巧打翻了一杯饮料。实验结果表明:才能出众而犯过小错误的人更有吸引力,才能出众但未犯过错误的排名第二,而才能平庸却犯错误的人最缺乏吸引力。

如果你是才能出众的人,那么偶尔犯点小错误会让人觉得你更亲近,不会高高在上;当然如果你是才能平庸的人,那么就少犯一些错误,以便给他人积累好印象。

【资料延伸】

《见贤思齐成语故事》,https://zhidao.baidu.com/question/1498739416084285979.html。

（三）个性品质

一般来说,我们总是愿意与具有优秀品质的人进行交往。与这种人交往,我们自己一方面会具有安全感,另一方面,可以见贤思齐,耳濡目染,通过学习让自己变得优秀起来。良好的个性特征有无与伦比的吸引力,而且,这种吸引力持久、稳定和深刻。在一项调查中,"人际交往中你最喜欢什么样特征的人？最希望他人采取什么样的交往方式同自己交往？"得到的答案是:真诚、诚实、理解、忠诚、真实、可信,是喜爱程度最高的六个品质;而虚伪等,是最不喜爱的品质。也就是说,真诚是影响人际吸引最重要的个性品质,而虚伪等是人们最不喜欢的个性品质。

在罗兰·米勒和丹尼尔·珀尔曼合著的《亲密关系》一书中,对亲密关系进行了深入的研究。作者在书中指出:男人专注于长相,女人专注于资源,但都期望伴侣友善、随和、可爱、亲切。

安德森(1968)所进行的一项研究中,将555个描绘个性品质的形容词列成表格,让大学生被试按喜欢程度由高到低排列。最后形成有代表性的三类个性特征,分别是最积极个性品质、最消极个性品质和介于两者之间的中间品质,结果如表5-4所示。

表 5-4　影响人际关系的主要个性品质

最积极品质	中间品质	最消极品质
真诚	固执	古怪
诚实	刻板	不友好
理解	大胆	敌意
忠诚	谨慎	饶舌
真实	易激动	自私
可信	文静	粗鲁
智慧	冲动	自负
可信赖	好斗	贪婪
有思想	腼腆	不真诚
体贴	易动情	不善良
热情	羞怯	不可信
善良	天真	恶毒
友好	不明朗	虚假
快乐	好动	令人讨厌
不自私	空想	不老实
幽默	追求物质	冷酷
负责	反叛	邪恶
开朗	孤独	装假
信任	依赖他人	说谎

在现实生活中,我们经常被那些具有良好个性品质的人所吸引。还记得儿时的一首歌谣《采蘑菇的小姑娘》,因勤劳、分享,用自己采的蘑菇换棒棒糖跟小朋友分享,感受心灵美,一直影响着我们至今。在课堂上,曾经问学生,你们愿意和什么样的人交朋友,绝大多数的学生会考虑人品,那些真诚的、可信的、幽默的学生更受欢迎。可见,在人际吸引中,个性品质是一个很重要的影响因素。我们在生活中,要认识自己的性格,完善自己的性格,做一个有吸引力的人。

【资料延伸】

《小故事有好人品,才有好人缘》,http://www.sohu.com/a/292507662_687529。

二、情境因素

人与人之间的交往都是在一定的情境中进行的,人际交往的空间距离、交往频率等都会影响彼此之间的接纳和喜欢程度。

（一）空间距离

生活中彼此之间距离接近，交往频率增多，就能够增强彼此之间的熟悉程度，也更容易建立良好的人际关系。地理位置的邻近性，容易促使人与人之间的交往。因为距离近，彼此之间交流的机会便会增多，而经常接触，相互了解，就会容易产生积极、肯定且亲近的情感联系，例如青梅竹马、同桌的你。

心理学家费斯汀格等人(1950)对麻省理工学院的已婚学生进行了一项接近效应的经典研究。他们所在的住宅有17栋独立的两层小楼，每栋楼有10个单元，每个单元样式几乎相同，每层楼5个单元。居民不能决定住在哪里，哪里有空出的公寓就被分配到哪里。一开始进来时，这些随机安排的居民彼此并不熟悉，一段时间后，研究者的调查结果显示：他们与住在附近的人交往更多，更容易成为朋友。事实上，大多数的公寓相距只有5.8米，而相距最远的公寓之间也不过27米。但在同一层楼上，被提到愿意与邻居进行交往的人中，隔壁邻居占了41%，隔一扇门的邻居占了21%，而走廊尽头的邻居只占10%。此外，住在同一层的邻居与住在不同楼层的邻居相比更容易成为朋友，虽然他们之间实际的物理距离是相等的。这可能是因为上下楼比起在同一楼层上行走需要花费更大的力气。所以，住在不同层的邻居比起在同层居住的邻居心理距离会更远些。研究者称此为功能性距离，这是人们与他人交往的可能性既由实际距离决定，又由房屋单元的设计决定而形成的，它决定了人们生活轨迹相交的频率。现在人们大多数居住在商品房中，因工作的原因天南海北的人居住在一起，一个单元里，彼此接近、容易接触和交流多的人，比不在一个单元的人，更容易认识交往而成为朋友。同一楼层，邻居之间更容易成为朋友。接近性产生人际吸引，在生活中如果我们想结交朋友，可以尽量尝试亲近对方，创造机会多些交流，这些可以帮助你建立友谊。

当然，邻近性并不能完全保证人们之间一定会彼此喜欢。在生活中，也存在邻近性排斥现象，所以才会有"距离产生美"的说法。

（二）交往频率

交往频率是指人们相互接触的次数。一般来说，交往频率越多，越容易形成共同的经验，越容易增强彼此之间熟悉的程度，越容易成为交往或合作的伙伴。

对越熟悉的事物越喜欢的现象，心理学上称为"多看效应"。心理学家扎琼克(1968)进行了交往频率与人际吸引的实验研究。将被试不认识的12张照片，随机分成6组，每组2张，按以下方式展示给被试：第一组2张看1次，第二组2张看2次，第三组2张看5次，第四组2张看10次，第五组2张看25次，第六组2张被试从未看过。在被试看完照片后，实验者再出示全部照片，要求所有被试按照自己喜欢的程度将照片进行排序，结果发现，照片被看的次数越多，被选择排在前面的机会也越多，如图5-1所示。

另一个实验：在一所大学的女生宿舍楼里，心理学家随机找了几个宿舍，发给她们不同口味的饮料，然后要求这几个宿舍的女生，可以以品尝饮料为理由，在这些宿舍之间相互走动，但见面时不得交谈。一段时间后，心理学家评估她们之间的熟悉和喜欢程度。结果发现，见面的次数越多，相互喜欢的程度越高；而见面的次数越少或根本没有见面，相互喜欢的程度就较低。

可见，彼此接近，常常见面是人际吸引的重要影响因素。

多看效应不仅仅是在心理学实验中才出现的，在生活中，我们也常常能发现这种现象。

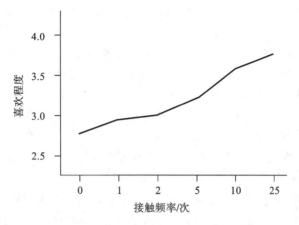

图 5-1 接触频率与喜欢程度的关系

有些人善于制造双方接触的机会,从而提高彼此之间的熟悉程度,相互产生更强的吸引力。在我们新认识的人中,有时会有相貌不佳的人。最初,我们可能会觉得这个人相貌不佳,可是在多次见到此人之后,逐渐就不觉得他相貌不佳了,有时甚至会觉得他在某些方面很有魅力,所以,在生活中有"日久生情"之说。当然也不排除"一见钟情",相见恨晚的情形。

> 资料链接

多看效应[①]

女友让我给她的同事介绍男朋友,我说出了一个名字,女友简直要跳起来:"啊,他哪里配得上我同事?"其实,她同事并不见得有多美,不过,在她眼里,同事美若天仙。

想起我当"红娘"的一次经历。我是女方牵线人,朋友是男方牵线人,看他们迟迟没有进展,我打电话给朋友:"那女孩可是'人尖儿',一堆人在后面候着呢!"朋友不疾不徐:"没到时候吧。""都很忙吧。"又过了一个月,和朋友吃饭,我声讨:"你那'牛粪'怎么回事,我这儿'鲜花'可等着呢!"朋友回:"什么世道,'牛粪'不急'鲜花'都急了。"

玩笑过后,停下来想,自己是否也有同样的倾向——觉得自己的朋友无可挑剔,别人都是"高攀"。

越熟悉的事物越喜欢,越是身边的人越觉得赏心悦目,心理学上把这种现象称为"多看效应",简而言之,看得越多越觉得喜欢。

20 世纪 60 年代,心理学家查荣茨就类似的现象做过一个实验。

他向参加被试者出示一些人的照片,有些照片出现了二十几次,有的出现十几次,而有的只出现一两次。之后,请看照片的人评价他们对照片的喜爱程度。结果发现,参加实验的人看到某张照片的次数越多,就越喜欢这张照片。他们更喜欢那些看过二十几次的熟悉照片,而不是只看过几次的新鲜照片。与人们惯常以为的"喜新厌旧"相反,看的次数增多反而增加了喜欢的程度。

无怪乎,我们都觉得自己的朋友是"极品",而不熟悉的人都是"残次品"了。一个人就算你最初不怎么感兴趣,相处久了也会觉得他总有可取之处。不信,看看办公室里的同事,是

[①] 资料来源:郭韶明.生活中的心理学:找到幸福的自己[M].北京:金城出版社,2011。

不是个个都挺顺眼的？再看看身边的朋友，是不是人人都怪不错的？还有你的父母，你的亲戚，怎么每一个人都那么慈眉善目？

人际交往中，如果你足够细心，就会发现，那些人缘很好的人，往往很会利用"多看效应"，他们善于利用机会接触对方，提高彼此的熟悉度，继而提高自己的人际吸引。

读大学时，系里有一个人缘好得让人羡慕的女孩。可以说，系里的每个人，无论男女，跟她都很"铁"。后来发现，她的秘诀就是"串门"，经常到各个寝室"串"，几乎和每个人都聊过天、谈过心、逛过街。男生宿舍那边，也是常客。

不管什么选举，她的票数总是遥遥领先，用当时的话讲，就是群众基础极好。

今天想来，她可是将"多看效应"发挥得淋漓尽致了。

作为大学生，如果你想改善自己的人缘，不妨多在其他寝室走动一下，即使只是露个脸，借瓶开水、换本书。在来来往往中，无形就提高了自己的人际吸引，也获得了你所期待的群众基础。

作为职场人士，埋头苦干也并非明智之举。只管自己眼前那个"小摊子"，不与人交往，遇事喜欢后撤，发言喜欢往后退缩，开会喜欢往后排坐，这样，只会让一个人的职业发展之路止步不前，这个人也会变得越来越"边缘"。

有一个叫作"职场透明人"的词，说的就是那些严重被忽视、被忽略的人，活儿没少干，但就是不在同事和领导的视野内。说的话不被重视，做的事不被肯定，就连同事生个孩子、周末聚个会，都故意不通知他。总而言之，无论说什么做什么，都引不起他人的重视和关注。时间久了，人们可能就根本忘了这个人的存在。

归根结底，都是不善于经营自己的职场形象，生生把自己与周围隔开了一道"墙"。简单地，看看身边，经常与人聊天，拉拉家常，带点小礼物的同事，是不是人缘要好许多？经常在领导身边出现的人，是不是往往比较"讨"领导"欢心"？当然，不是鼓励溜须拍马，露脸也要讲技巧，比如吃饭时的礼貌招呼，电梯里的寒暄问候，碰面的相视一笑，某次活动中的出色表现……只要你不再低头走过，就是一个良好的开端。

当然，"多看效应"并非万能钥匙。它发挥作用的前提是，首因效应要好，即给人的第一印象不是很差，如果第一印象就很差，那么见面越多就越惹人讨厌，"多看"反而让人"多厌"，那就得不偿失了。所以，一切的前提，还是认清自己。

三、相似性和互补性因素

人际吸引的影响因素除了上述的个人特质因素和情境因素的影响外，还受到交往双方相似性和互补性的影响。

（一）相似性因素

"物以类聚，人以群分"。在生活中，人们喜欢与自己有相似性特征的人交往。相似性吸引包括很多方面，态度、信念、兴趣、爱好、价值观等的相似是一个方面，同年龄、同性别、同学历、同经历、同种族、同出生地等是另一个方面。俗话说，"老乡见老乡，两眼泪汪汪"，"惺惺惜惺惺"，可见，相似性是人际吸引的一个重要因素。

心理学家纽科姆（1961）曾以大学新生为对象进行过一项实验。实验为参加研究的17名男大学新生免费提供普通学生公寓，条件是参与研究。实验前对被试的态度和价值观进行测量,研究者根据测验结果进行房间分配,使态度相似的被试一起居住,态度相异的被试一起居住。此后,研究不再干扰这些被试的正常生活。结果显示,态度相似又一起居住的被试倾向于彼此相互接受和喜欢,并成为好友。而态度相异而一起居住的被试虽然同样朝夕相处,还是彼此难以相互喜欢并建立友谊。

伯恩(1971)在一系列的实验中,探讨了态度和相似性对人际吸引的影响。为了排除其他可能的影响因素(如相貌、人格),他发展出虚构他人技术。在其中一个典型的研究中,被试在填写完一份态度问卷后,研究者呈现给被试据称是由陌生人填写的问卷。实际上,并没有另一个人存在(所谓的虚构他人)。研究者有意制造出一些和被试的答案十分相似、或中等相似、或非常不同的答案。然后要求被试说出他们认为自己可能会在多大程度上喜欢他们所读到问卷的填写者。结果显示,相似性极大影响了喜欢程度。态度越相似,期望的喜欢程度越高。这种效应在广泛的被试群体中都得到了验证,如儿童、大学生、住院病人、实习生和酗酒者。

国内学者左斌、高倩在《熟悉性和相似性对人际吸引的影响》(2008)一文中,运用实验研究的方法考察熟悉性和相似性对人际吸引的影响。得出结论:相似性比熟悉性更能促进人际吸引;相似性有必要分为外部相似性与内部相似性;在陌生人之间,双方的外部相似性越高,越能促进人际吸引;在熟悉的人之间,双方的内部相似性越高,越能促进人际吸引。

心理学家在恋爱交往或婚姻方面的研究也发现,人们往往倾向于选择与自己相似的异性为伴侣。伯斯奇德把这种倾向定为匹配原则。弗克斯(1982)研究了一个录像约会服务机构的成员。作为机构服务的一部分,其成员可以观看可能约会对象的录像采访,然后决定是否与对方约会。研究者对每位成员的外表吸引程度打分,并询问他们会与谁约会。结果发现,无论男性还是女性,都倾向于追求与他们在外表吸引程度上相似的异性。

为什么相似性会导致吸引?对于相似效应的解释有以下几种。

第一,与我们观点相似的人会使我们的观点得到一种社会性证实,产生"我们是正确的"这种感觉,这是一种酬赏。因此,我们喜欢与我们观点一致的人。

第二,海德的平衡理论认为:个体有强烈的欲望要维持自己对他人或事物态度的协调一致性,而这种一致性可以通过喜欢或不喜欢来达到。喜欢一个人同时又在基本问题上不同意这个人的看法会在心理上造成不适。为了最大化认知一致,我们会喜欢那些同意我们观点的人,不喜欢那些观点与我们观点不同的人。

第三,对于在重要问题上和我们观点相左的人,我们会做出一些负性的推论。我们会猜测这个人的观点,表明他是我们过去见过的那种不讨人喜欢、不道德、轻率、软弱或愚蠢的人。

第四,人们有意选择在态度和社会欢迎性上与自己相似的人作为伙伴。我们可能都喜欢约会那些漂亮、富有、出名的人,不过到最后我们的伴侣通常是那些和我们相似的人。根据期望-效价理论,人们不仅仅考虑一个特定选择的回报价值(如一位可能的约会伙伴的吸引力),还要考虑成功实现这个选择的可能性(成功和此人约会)。在现实生活中,社会欢迎程度最高的个体需求率也最高,他们拒绝他人的概率也很高。期望-效价理论认为,人们倾向于接近他们真正有希望吸引到的而且又是他们所希望的那些人。因此,人们倾向于选择那些在社会吸引力上与他们相似的人。

(二)互补性因素

在生活中,我们也经常看到互补性吸引的例子。人们需求(个性)的互补性,是指双方在交往过程中获得相互满足的心理状态。

研究表明,当交往双方的需要和满足途径正好成为互补关系时,双方之间的喜爱程度也会增加。例如,一个有支配型的人容易和一个依赖型的人相处,相互习惯,建立友谊。独断专横的人和优柔寡断的人会成为好朋友。活泼健谈的人和沉默寡言的人会成为亲密的伙伴。这是因为彼此之间的取长补短,相互满足了对方的需求。

互补的另一种情况是他人的某一特点满足了一个人的理想,从而增加了对这个人喜欢的程度。这种情况不是严格意义的互补,而更是补偿作用(compensation)。例如,一个人看重学历而自己又失去拿高学历的机会,因而尤其看重高学历的朋友,就属于这种情况。

心理学家柯克霍夫和戴维斯(1962)研究了大学生两性间从朋友到夫妻的演变中,不同的人际吸引因素所起的作用。结果发现:初交时,距离因素、外貌因素及社会资源(如经济地位、职业、学历、文化背景等)都是构成人际吸引的重要因素;深入交往后,个人的性格相似性是构成深厚友谊的基础。两人态度、信仰、价值观、人生观、世界观等方面的相似性显得更为重要;在长期婚姻维系过程中,双方在人格特质上的互补显得很重要。

例如,在生活中,男女青年相识,最初起决定因素的是什么? 一般是外貌吸引力。随着交往的深入,决定彼此相互吸引的因素是什么? 能力和熟悉度。在进入恋爱和结婚阶段,一般是相似性因素占重要的位置。在结婚之后,外貌等魅力逐渐减弱了,维持婚姻关系的重要魅力因素是互补。曾有心理学家研究发现,在对25对结婚有一定年限的夫妻调查中,夫妻之间需求的互补性是婚姻关系得以持久的基础。

当然,并非所有相反的特性都能互补,产生人际吸引,如高雅和平庸、庄重和轻浮等。互补是有条件的,不是绝对的,在某些方面,相似一些会更好。

人际吸引的影响因素很多,让我们努力从完善自己开始,对外修身,对内修心,内外兼修,成为一个有魅力的人。同时,在行动落实,积极修炼,让自己成为一个有吸引力的人!

第三节　走 进 爱 情

罗丹说:"爱情是生命的一扇窗。"

恩格斯说:"爱情是异性间以相互倾慕为基础的关系,这是一种最强烈的,最个人化的情感。"

从古至今,关于爱情一直是人们追随的一个重要课题。在文学作品中,爱情是一个永恒的话题。

"天若有情天亦老,月若无恨月长圆",在《神雕侠侣》中杨过与小龙女的百转回肠的缠绵爱情。

"自古多情空余恨,此恨绵绵无绝期",梁山伯与祝英台的凄美爱情依然传唱。

……

一、爱情的实质

(一) 文学家、哲学家视角中的爱情

爱情的实质是什么呢? 下面我们来看看文学家、哲学家视角中的爱情。

《诗经》中《关雎》:"关关雎鸠,在河之洲。窈窕淑女,君子好逑。"

汉乐府民歌中《上邪》:"上邪! 我欲与君相知,长命无绝衰。山无棱,江水为竭,冬雷震震,夏雨雪,天地合,乃敢与君绝!"

《孔雀东南飞》:"在天愿作比翼鸟,在地愿为连理枝。"

古希腊哲学家柏拉图说:"爱情是一种没有肉体接触的灵魂的融合,是一种超个人情感的爱神的具体表现。"

英国哲学家休谟说:"爱情是由美貌、性欲和好感这三种印象或情感结合而发生的。"

德国哲学家黑格尔说:"爱情里确有一种高尚的品质,因为它不仅只停留在性欲上,而是显示一种本身丰富的高尚优美的心灵,要求以生动活泼、勇敢和牺牲精神与另一个人达到统一。"

(二) 心理学家视角中的爱情

关于爱情,也一直是心理学家关注的重点,下面将重点探讨心理学家视角中爱情的实质。

1. 精神分析学派视角中的爱情

精神分析学派认为:"恋父情结"与"恋母情结"可以有效地解决人们的恋爱选择。青年男女在选择自己的恋人时,女性倾向于选择与其理想父亲相一致的男性,而男性倾向于选择与其理想母亲相一致的女性,这归因于人类最初的恋父情结与恋母情结。也就是说,在选择恋人时,或多或少会以父亲或母亲为参照。不知道大家有没有说过或者听说过这样的话语:"长大后我要嫁给爸爸","长大后我要娶妈妈"。可能我们会当这句话为孩子稚嫩的玩笑话,殊不知,孩子的话里面所传递的深意,那就是爸爸、妈妈是他们将来恋爱、择偶的一个重要的标准。作为父母,要给自己的子女做好爱情的表率,让子女对爱情和婚姻充满期望和幸福的憧憬。在家庭中,父母爱情甜蜜、家庭和谐的子女长大后,会对爱情有更多的信心,会对家庭有更多的经营,爱情甜蜜、家庭和谐也会更多一些。反之,在家庭中,父母争吵不断、爱情聊胜于无、家庭破裂等的子女长大后,会影响他们对爱情的信心,会有更多的不安全感等。

 资料链接

父亲更容易影响女儿的择偶观? 看完难以置信……[①]

父母的表现会影响孩子对家庭的态度,这已经是一个老生常谈的话题了。无论是我们自己还是身边的人,即便成年了身上也总是留着原生家庭的印记。

成长于幸福家庭的孩子似乎总是要比童年不幸的人,更加乐观、自信,对生活更有期待和希望。

但是,什么才是"幸福家庭"呢?

一定要是父母都在的完整家庭,才能算得上幸福吗?

父母的存在,到底是以怎样的方式塑造了儿女的性格的呢?

关于这些细节问题,随着心理学家的研究逐渐积累了一些更为具体的结论。

最近发表在权威杂志《发展心理学》上的一项研究显示,相比于缺席,父亲恶劣的行为对女儿今后的婚恋观影响更大:会让女儿对异性的期望降低,最终影响到她们的性行为,更容

---

① 资料来源:《父亲更容易影响女儿的择偶观? 看完难以置信……》,http://new.qq.com/omn/20190511/20190511A0F3FI.html。

易陷入各种短暂的性关系中。

这个结论让很多人都很惊讶，因为照此推论，对很多孩子尤其是女孩来说，想要在成年之后对家庭婚姻保持乐观和积极，有良好的判别能力，有一个行为恶劣的爸爸，还不如没有爸爸……

这个研究，是由宾夕法尼亚州立大学的 Danielle DelPriore 教授主导完成的。他们招募了 233 对亲姐妹参与调查。她们的年龄都为 18～36 岁；姐姐至少比妹妹大 4 岁；她们的父母都在妹妹 14 岁之前离婚或者分居；在这样的条件限定下，最终平均算下来，姐姐与父亲在一起要比妹妹与父亲一起平均多生活 5～6 年。这种设计有助于研究人员尽可能地对比"有问题的父亲"和"缺席的父亲"对孩子的影响。

研究人员假设，因为拥有同样的父亲和家庭环境，所以尽管和父亲相处的时间长短有差别，但每一对姐妹对男性和性行为的态度，应该是类似的。

所有的姐妹都参与了童年与父亲关系的评估，包括觉得父亲是否温暖，是否太过严厉，是否经常陪伴自己参与日常活动等。当然也包含了一些常规的衡量一个人是否有行为问题的标准：比如是否有吸毒酗酒问题，是否有心理健康问题，是否会使用暴力等。之后，研究人员还记录了所有姐妹们过去一年的性伴侣数量，以及她们对今后交往对象数量的估计或期待。

最终研究分析显示，感受过更多父亲恶劣行为的女孩，对男性伴侣的期望（expectation）更低，同时也容易陷入更多短暂的恋爱、性关系中。也就是说，比起自己的亲妹妹，那些和父亲多生活了 5～6 年的姐姐们，虽然生活在"完整"家庭中的时间更长，但也因此感受了更多父亲恶劣的行为，从而对自己今后的婚恋关系态度更加消极，对男性的要求更低。她们可能相比妹妹会有更多的性伴侣。而相比姐姐，和父亲相处时间更少的妹妹们，受到父亲恶劣行为的影响更小，对男性的期望值会更高，更不容易陷入短暂的恋爱关系中。

同时，研究人员也收集了姐妹关于母亲行为的评分，但结果显示，母亲的行为和姐妹对男性的态度并没有明显联系。

所以，研究人员最终总结，"父亲在家中的表现"比"父亲是否在家"对女儿性行为、婚恋态度的影响更大。换句更加通俗的话来说：有一个糟糕的父亲比没有父亲更容易让女儿在择偶方面持有消极态度。

这一结论发布后，在网上引起了大量的讨论。

很多网友都表示，自己就是一个活生生的案例：且不说择偶问题如何，单就父亲曾经对待自己的态度，到现在依然让自己有心理阴影。

"大部分时候我爸都是缺席的，他也从不对我笑，无论我说了多么有趣的话，做了什么事情，他都不笑。他曾经告诉我，不希望我满足于即时性的快乐。我当时才 12 岁啊！说真的，他可能就喜欢那种伤害别人感情的感觉吧。比起开开心心享受在一起的时光，'要给你上一堂人生的课'对他来说显然更重要。这不能说不伤人。不过我从父母离婚后就再也没有见过他了，我很高兴。我妈很棒，她一个人又当爹又当妈，真的很优秀。"

"我父亲很凶，也经常缺席。他确实曾经陪伴过我一段时间（还是我妈强迫的），但我觉得当时他的心并没和我在一起。当他觉得要教育我们的时候，总是在口头上辱骂，或者用恐吓的方式让我们'守规矩'。我经常害怕他会打我（虽然他从来没有打过，但他总是大声喊叫，并在我们面前用力地拍手）。虽然他不是真的打我们，但我当时以为他也有可能会使用暴力。我爱我的父亲，大多数时候我也能确定他是爱我的，但我很害怕他，总是在疑惑为什么我就不能足够优秀到不惹他生气。当我 6 岁的时候，我父亲告诉我，'莫扎特 5 岁就写了

《小星星》,你的生活有什么成就呢?'他在我整个童年时代一直重复这样的话,这让我非常难受,更别说这里的各位提到的各种身体上的虐待了。他还从我14岁开始就时不时地和我说他想自杀的事情,我当时真的对这样的事情毫无心理准备。我最近搬家了,但我姑姑还是会跟我'跟进'我父亲各种想要自杀的念头。至于说他总是缺席这件事,首先,他似乎从不关心我的事情,比如我的朋友和生活等,他只关心我的成绩,而我在这方面不行,小学和中学都有学习障碍(到了大学反而愉快了很多)。更难受的是,他曾经和一个会打我(他还说,'她不就在你两岁的时候打了你一下么!'),甚至还精神虐待我(太多太多例子都被他一一否认)的女人在一起生活十多年,他为了能继续维持和那个糟糕女人的糟糕感情,全然不顾自己孩子的健康安全,为此我永远不会原谅他。"

"我的妈妈很温暖很有爱心,她总是很享受和我们在一起的时光,而不是在忍耐。明眼人都能看出她的确把我们当成是她人生中最重要的人,当然必要的时候她也会教训我们(父母分居后她是唯一的家长),但我从未质疑她对我的爱,我也从未对妈妈感到过害怕。这就是他们对我而言最大的区别:最终是否会感到恐惧。"

不过,除了回想起父亲对自己的影响,还有很多人是在反省:反省自己是不是一个合格的父亲,反省自己的丈夫对儿女们是否尽到责任。

有人列出了一个来自2008年的心理学研究衡量父亲不端行为的表格,大家可以对照参考一下。

请回想一下你的童年到18岁阶段,你的父亲是否:
(1) 有情绪上的问题,如焦虑或抑郁;
(2) 有酗酒问题(比如曾经因为喝酒而失去工作或与家人、朋友争吵);
(3) 有药物滥用问题,包括吸毒;
(4) 有赌博问题;
(5) 有债务和其他尚未履行的财务责任(如赌债、拖欠子女抚养费);
(6) 有没有因为对孩子发火并打孩子;
(7) 在找工作方面有困难;
(8) 有非法赚钱的行为;
(9) 曾经使用武器(如刀、棍、枪)伤人或威胁他人;
(10) 曾经暴力抢劫或偷窃;
(11) 曾经闯入他人住宅、汽车或商店;
(12) 有自杀或企图自杀的行为;
(13) 有暴力犯罪记录;
(14) 有刑事犯罪记录;
(15) 有被监禁的记录;
(16) 有毁坏他人财物的行为;
(17) 有打架的行为;
(18) 和陷入困境的人一起游手好闲;
(19) 对人咆哮、尖叫;
(20) 有物理攻击他人的行为;
(21) 脾气暴躁;
(22) 有因困难导致法律纠纷的行为。

当然，就算避免以上问题，也不能代表就是一个合格的好父亲。

对孩子情绪上的冷漠、不关心，言语上的打击，也是常见的会给孩子留下心理阴影的父亲特质。

所以，父亲的反省也应该包括日常和子女相处时的态度和方式：一个温暖积极的父亲，应该关心孩子的成长需要，如帮助孩子完成学业，关心孩子在学校的生活和人际交往，学校活动；用温和的方式与之交流，常常对孩子微笑，鼓励和夸奖孩子等。同时应避免变成一个过于苛刻、压迫性的父亲，如羞辱、打击孩子，让孩子对自己感到恐惧，甚至以暴力对待孩子。

上述这个实验和自测表格，除了帮助个体了解自己的家庭观、性格的成因，也能给部分家庭父母一个提示：对于孩子来说，一个糟糕的父亲比一个不常见到的父亲，负面影响更大。

2. 生物学流派视角中的爱情

生物学流派认为：男性喜欢更年轻、更有吸引力的女性，因为正是这些女性，能够引起男性的生理与心理唤醒水平；而女性也着重寻找能为后代提供物质来源的男性，这些男性的特征是身体强健，能引起女性的关注与关爱。之所以男性会选择更年轻、更有吸引力的女性，是因为除了可能满足人们爱美的本性之外，还有男性对生命发展、生命物种繁衍的现实需求。对人类而言，男性的生育年龄基本没有限制，性成熟之后一直到死亡，正常男性基本都能让女性怀孕生子；但是，女性就不同了，因为女性的生育年龄是有限制的，一般是为14岁到45岁，那么从人类生殖繁衍的需求意义上来说，男性当然会倾向于和年轻女性在一起，这是为了繁衍后代的需要。之所以女性会选择身体强健、物质资源优渥的男性，是因为可能除了身体强健的男性更有身体的吸引力之外，还与女性的生理特征有关，女性从性成熟到绝经期只有三十多年的时间，因此在繁衍后代这件事情上，女性特别慎重，身体强健、物质资源优渥的男性更能给后代提供良好的基因和抚养后代所需的物质条件。Lin、Yong 和 Tov（2013）的研究表明：当选择长期关系时，男性比女性更看重身体吸引力；当选择短期关系时，男女性均选择有身体吸引力的异性，不存在显著差异。

在恋爱和择偶中，虽然有生物学因素的影响，但我们也应该看到，作为人类的理性特点，人类的恋爱和择偶还受到伦理、道德、社会规范、法律等制约，与动物是有区别的，这就是人性的高贵之处。孔子说："发乎情，止乎礼"。在恋爱和择偶中，我们也要把握原则，恪守礼仪规范，更好地处理两性之间的关系。

【资料延伸】

《爱情化学反应》，https://baike.baidu.com/item/爱情化学反应。

3. 人本主义学派视角中的爱情

人本主义者认为，人类的爱分D型爱与B型爱两种：D型爱的特征是"因为我需要你，所以我爱你"；B型爱的特征是"因为我爱你，所以我需要你"。D型爱以缺失为基础，是一种不成熟的爱，是一种自私的爱，关注的是获得而不是给予，原则是"因为我被人爱，所以我爱人"。但D型爱是形成B型爱的必经之路。B型爱是一种成熟的爱，是一种无私的爱，以成长需要而不是缺乏为基础，B型爱永远不可能因为有了所爱而满足，它是一种丰富的、愉快的和其他人一起成长的，为了另一个人的存在的爱，原则是"因为我爱人，所以我被人爱"。

在生活中，我们会看到，不成熟的爱情中，相爱并不是因为爱、欣赏、肯定和接纳，而是因为需要，因为需要一个人的陪伴，避免孤独，因为需要一个人分担自己经济和精神上的问题而选择一个长期依靠……爱情很重要,但爱的那一个,又是自己常抱怨的,能够感觉到自己其实不完全是爱,而是需要,这种爱看似很在意对方,实则是一种勉强的爱,时常会担心对方突然离开自己,抛弃自己。拥有这种心理的人,也不可能找到真正让自己满意的恋爱对象。

在成熟的爱情中,个体会相信自己,也会相信对方,相爱是因为爱、欣赏、肯定和接纳,相爱的双方能够从爱情之中汲取力量,他们相互信任,较少猜疑,相互吸引,又相互自由,双方都致力于自身的完善,又相互促进,爱情不是束缚的,而是开放的,恋爱双方会完美地相互融合,共同成长。在成熟的爱情中,他们不会害怕对方突然离开自己,也不会时刻监控对方的生活,因为他们相信爱,也愿意为爱付出。他们相信只要自己需要,对方一定会及时为自己付出,而当对方需要时,自己也会时刻准备付出。这样的爱情,踏实、安定和舒畅,没有压抑和禁锢;这样的爱情,充满责任和激情;这样的爱情,才会长久弥新。

4. 社会学习理论视角中的爱情

社会学习理论认为,两性吸引是社会学习的结果,是由社会角色的定位与影响形成的。社会学习包括榜样学习、替代学习和自我学习。儿童时期,父母是学习的榜样;少年时期,同辈群体是重要的学习榜样;青少年时期,积累的学习形成的经验会影响到青年时期恋爱对象的选择。例如,一个在缺乏爱的学习榜样的家庭中长大的子女在恋爱时往往缺乏正常的经验与引导。一个缺乏爱的家庭中成长的子女更易较早恋爱。

在个体成长的过程中,父母是子女最好的老师。从小耳濡目染,对父母爱情、父母相处方式的感受、感悟,来自原生家庭的经历,会直接影响到子女成年后的恋爱观。一般来说,家庭关系和谐的子女,他们未来的家庭就更容易收获幸福,而关系不好的家庭总是会有很多问题无法避免。在《父母爱情》这部电视剧里,围绕男女主人公的一生,经历了很长的时间跨度,从我们国家新的社会制度建立到改革开放再到跨入新世纪时代的变迁之中,有些经历和我们自己或者我们的父辈所走过的路极其相似,从相遇、相知、相恋、结婚到共度一生。

随着年龄的增长,社会阅历的增多,个体的恋爱会受到同辈群体的影响。基于共同的认知、平等的交往、关注的相似等,通过同辈群体之间的相互影响、学习,对于恋爱观同辈群体更容易在人群中产生共鸣。

关于爱情,不同的学者从不同的视角提出解释,但爱情是复杂的,爱情的魅力和爱情的面纱是人们探寻爱情的不竭动力,在解释一个人为什么会爱上另一个人的道路上,还将继续前行。

二、爱情的界定

关于爱情的界定有很多。卡尔·罗杰斯说:"爱是深深的理解和接受"。马斯洛认为,爱的需要涉及给予和接受爱,我们必须懂爱,必须能教会爱、创造爱、预测爱。弗洛姆认为,爱是我们对所爱者生命与成长的主动关切,没有这种关切就没有爱。海德说:"爱是深度的喜爱。"……关于爱情的界定,众说纷纭,我们选择一种心理学家比较认同的界定:爱情是人际吸引的最强烈的形式,是身心成熟到一定程度的个体对异性个体产生的有浪漫色彩的高级情感。

(一)爱情的界定

对爱情的界定,可以从以下三个方面来理解。

（1）卷入爱情的双方必须是身心成熟的异性个体。也就是爱情具有相异性和成熟性的特点。在现实生活中，主流形态的爱情是发生在异性个体之间的。对于社会中存在的同性恋、双性恋现象，需要尊重和理解。身心成熟的个体，会更懂得爱情，懂得爱情中的责任，懂得如何去处理爱情中的冲突和矛盾，懂得爱情中的共同成长等。

（2）爱情是一种具有浪漫色彩的高级情感。卷入爱情的双方，会有很多浪漫相处的时刻，会深深地被对方吸引，会有责任和承诺等。也就是爱情具有高级性的特点。陷入爱情的双方，会共同营造很多浪漫，一捧鲜花，一盒巧克力，一次甜蜜的约会，一次爱的旅程，哪怕是一起吃方便面，一起玩游戏，也会觉得甜蜜无比。

（3）爱情还具有生理性和利他性的特点。卷入爱情的双方会有特殊的身体接触的需要，会为爱的人无私奉献。爱和性是爱情的两大主题，很多情况下是紧密联系在一起的。生物学解释：爱情是通过进化的力量主导和激素作用，伴随"爱情激素"的分泌产生性欲和一系列化学反应的生物程序。也就是说，爱情中性的吸引力是有生物学基础的，但生活中，除了性的吸引力，爱情中精神的吸引力同样存在。精神上的共鸣会产生强大的吸引力，在历史上也有"柏拉图式的爱情"，就是精神恋爱的体现。

（二）爱情的心理特征

"问世间，情为何物？直教生死相许"，"两情若是长久时，又岂在朝朝暮暮"……对于爱情，有许多阐释，爱情总是令人神往，令人沉醉。关于爱情的心理特征，可以从以下四个方面来理解。

（1）专一性。你就是我的唯一。在爱情中，陷入恋爱的双方会有一种视对方为自己唯一爱恋的人，会对对方产生强烈的依恋，会从对方获得他人不可替代的慰藉。就如同《魂断蓝桥》中，已是暮年的玛拉在滑铁卢大桥的栏杆上忆起已随风而逝的罗伊。"我爱过你，就再也没有爱过别人。我永远也不，那是千真万确的，罗伊，永远也不会爱上其他人。"

（2）平等性。在上帝面前人人平等。恋爱中的双方，不论各自的身份、地位、经济、家庭、学历、职务等，他们拥有平等的人格，平等的交流，在恋爱中都是彼此平等的。就如同《简·爱》中，简·爱对罗切斯特所说："你以为我穷，不好看，就没有感情吗？我也会的。如果上帝赋予我财富与美貌，我一定要使你难以离开我，就像现在我难以离开你。可上帝没有这样！我们的精神是同等的！就如同你跟我经过坟墓，要同样地站在上帝面前。"

（3）持久性。陷入恋爱的双方，在恋爱中都会有矢志不渝的承诺。大家熟知的《大话西游》中的经典台词，"曾经有一份真诚的爱情放在我的面前，我没有珍惜。等我失去的时候，我才后悔莫及。人世间最痛苦的事莫过于此……如果上天能够给我一个再来一次的机会，我会对那个女孩说三个字：我爱你。如果非要在这份爱上加一个期限，我希望是……一万年！"这段经典台词表明爱情的持久性心理特征。

（4）互爱性。你中有我，我中有你。真正的爱情就是两人彼此相爱，把对方当成自己最在乎的人。两人不管遇到什么事情都能够一起解决，两人相濡以沫相互扶持一起走过余生。

三、喜欢和爱情的区分

当一个人站在你面前，说："我喜欢你"，或者说："我爱你"，这时你知道自己是喜欢他还是爱上了他吗？喜欢和爱情的区别是什么呢？

或许每个人都有关于喜欢和爱情的理解。设想一个情境："在楼梯口遇见对方,你会怎样?"

遇见喜欢的人,你会和他俏皮地打个招呼,甚至开个玩笑,擦肩而过后,感到很快乐,心里美滋滋的;遇见爱的人,你只会低下头,默不作声,希望他看见你,又害怕他真的看你,之后的许久,这个片刻都会在你心底留存,那种感觉是哀伤,是想念,是恐慌,也是甜蜜。

(一) 喜欢和爱情的主要因素

喜欢和爱情是人际吸引的不同形式,人际吸引可以分为亲和、喜欢和爱情。其中,亲和是最低层次的,爱情是最高层次的,也最强烈的,喜欢介于两者之间。

心理学家鲁宾最早对爱情进行了科学的研究,对喜欢和爱情的关系与区别进行了系统研究。他认为,喜欢和爱情是密切关联但又各不相同的情感。

1. 喜欢的主要因素

(1) 人际吸引的双方有共同的理解。

(2) 喜欢的主体对所喜欢的对象有积极的评价和尊重。也就是说,在现实生活中,人们一般喜欢和自己相似的人相处,包括理想、信念、价值观、兴趣爱好、社会背景、地位等。两个人志同道合,相互理解、尊重和欣赏,就容易成为朋友,彼此喜欢。

爱情不是喜欢的一种特殊形式,喜欢和爱情是两种不同的情感。在生活中,"我喜欢他(她),但不爱他(她)"的现象经常发生。

2. 爱情的主要因素

(1) 依恋:卷入爱情的恋人在感到孤独时,会高度特意地去寻求自己恋人的陪伴和宽慰,而他人起不到同样的慰藉作用。

(2) 利他(关怀与奉献):恋人之间会彼此高度关怀对方的情感状态,认为使对方快乐和幸福是自己的责任,并对对方的不足表现高度宽容。当爱情关系没有受到他人威胁时,表现关怀和奉献的一方对自己的行为往往有纯粹无私的崇高感。

(3) 亲密:恋人之间不仅对对方高度信赖,而且会有某种特殊的身体接触的需要。

一般情况下,社会化水平比较高的成人能区别喜欢和爱情,但少数成人,特别是相当部分的年轻人,不能很好地区分喜欢和爱情。很多年轻人在感情中,都会出现"我对他这么好,他也应该对我好"的想法。这真的是爱吗?爱情不是交换,而是从对方的角度考虑问题,爱的付出是不图回报的。当理解了爱情的奉献时,我们也就能够较好地区分喜欢和爱情了。

(二) 喜欢和爱情的关系

喜欢和爱情两者有四点不同。

(1) 喜欢不是由对他人的幻想唤起的,而是由对他人的现实评价唤起的,爱情是由较多幻想唤起的。

(2) 喜欢是单纯的情感体验且比较平稳、宁静,而爱情则比较狂热、激烈且与许多相互冲突的情绪有联系。

(3) 爱情往往与性欲有关,而喜欢则不涉及这方面。

(4) 爱情具有独占性和排他性,而喜欢则并非如此。

虽然喜欢和爱情是不同的,但喜欢是爱情的基础。喜欢一个人,并不一定要爱他;但爱一个人的前提,却是一定喜欢他。

 **美文赏析**

爱和喜欢的区别

安娜·思蒂·何迪艳提

当你站在你爱的人面前,你的心跳会加速;但当你站在你喜欢的人面前,你只感到开心。

当你与你爱的人四目交投,你会害羞;但当你与你喜欢的人四目交投,你只会微笑。

当你和你爱的人对话,你觉得难以启齿;但当你和你喜欢的人对话,你可以畅所欲言。

当你爱的人哭,你会陪她一起哭;但当你喜欢的人哭,你会巧妙地安慰她。

当你不想再爱一个人,你要闭紧双眼并忍住泪水;但当你不想再喜欢一个人,你只需要掩住双耳。

喜欢,是一种心情;爱,是一种感情。

喜欢,是一种直觉;爱,是一种感觉。

喜欢,可以停止;爱,没有休止。

喜欢一个人,特别自然。爱一个人,特别坦然。

喜欢一个人,有时候盼和她在一起;爱一个人,有时候怕和她在一起。

喜欢一个人,不停地和她争执;爱一个人,不停地为她付出。

喜欢一个人,希望她可以随时找到自己;爱一个人,希望可以随时找到她。

喜欢一个人,总是为他而笑;爱一个人,总是为他而哭。

喜欢,是执着;爱,是值得。

喜欢就是喜欢,很简单;爱就是爱,很复杂。

喜欢你,却不一定爱你;爱你,就一定很喜欢你。

其实,喜欢和爱仅一步之遥;但,想要迈这一步,就看你:是喜欢迈这一步,还是爱迈这一步。

爱一个人真的好难,如果有人能分辨出喜欢与爱的话,这说明他是真的爱过。

是的,喜欢很轻松,而爱很苦很累。

喜欢你的人:半夜会找你打电话聊天到很晚。爱你的人:半夜看你在网上会赶你下线。

喜欢你的人:他会找你出去玩,叫你放弃正事或逃课。爱你的人:他会催你快写作业或者与你讨论功课。

喜欢你的人:在你生病时,会讲好话关心你。爱你的人:在你生病时,他会关心到你烦,并强迫你去看医生。

喜欢你的人:他会尽量说好话来讨好你,你也会觉得很开心。爱你的人:他所说的话,都是关心你的,但是通常像是在命令。

喜欢你的人:他什么事情都会配合你,只要你开心。爱你的人:他会帮你辨别是非,但是你会感觉他管得太多。

喜欢你的人:他说他要给你最大的快乐。爱你的人:他只能给你保证,你跟他在一起,他是最快乐的。

喜欢你的人:他在意你的生活细节,即使你做错了什么,他也不会指出来。爱你的人:他在意你的一举一动,告诉你什么地方错了,什么地方该如何做,该如何与别人交往。

喜欢你的人:他会帮你买夜宵,送夜宵,载你上下课或上下班。爱你的人:他会帮你买夜宵,不过会提醒你吃什么比较健康;他会载你上下课或上下班,但通常是顺路;因为他不会为了你而逃课或旷工。因为他知道,他要为你们的将来而努力。

喜欢你的人:他不会在意你去做什么,与什么人交往。爱你的人:他很在意你去做什么,与什么人交往。他还会告诫你不要与什么人交往。

喜欢你的人:他只想要现在。爱你的人:他已经预见未来,该怎么自我努力,好好给你幸福。

喜欢你的人:他会说"我喜欢你!"爱你的人:他会说"我爱你!"

(三)罗密欧与朱丽叶效应

当出现干扰恋爱双方的外在力量时,恋爱双方的情感会加强还是减弱呢? 心理学家德瑞斯科尔等人在1972年调查了91对夫妇和相恋已达8个月的41对恋人,发现在一定范围内,父母干涉程度越高,恋人之间相爱越深。研究后的6到10个月期间,德瑞斯科尔等人对这些被试又做了调查,试图了解他们父母干涉是否改变了他们之间的关系和相爱的水平,结果证明父母干涉程度与恋人们的情感变化呈显著的正相关,也就是父母干涉越大,恋人们爱得越深。当出现干扰恋爱双方的外在力量时,恋爱双方的情感反而会加强,恋爱关系会更加牢固。他们借用莎士比亚悲剧《罗密欧与朱丽叶》,称这种现象为罗密欧与朱丽叶效应。

为什么会存在这种效应呢?

(1)选择自由与对所选择对象的喜爱程度之间是有关系的。人们相信对自己的行为拥有控制权,天生不喜欢自己的自由受到限制。当选择自由时,会倾向于增加对所选择对象的喜欢程度。而当选择被迫时,人们会对这种选择产生高度的心理抗拒,这种心态会使人们做出相反的选择,降低对被迫选择对象的好感,而增加对自己所选择的对象的喜欢。也就是说,人们更愿意进行自由选择,在外力强制条件下很可能出现反抗作用。美国社会心理学家布莱姆(1981)在一个实验中验证了这种现象的存在。在实验中,研究者让一个被试面临A与B两个选择,在低压力条件下,另一个人告诉他"我选择的是A",在高压力条件下另一个人告诉他,"我认为我们两个人都应该选择A"。结果,低压力条件下被试实际选择A的比例为70%,而在高压力条件下,只有40%的被试选择A。因此,在生活中,我们会发现,当某对青年恋爱时,尽管遭到父母的强烈反对、亲友的百般阻挠,但两人非但不中止恋爱关系,反而更加亲密,更加大胆,甚至有的会以死相抗,来捍卫自己的爱情。

(2)从维持认识平衡的角度来看,通常情况下,人们有一种维持认知平衡的倾向,当认知平衡被打破时,人们会尽量寻求获取平衡的途径和方式。人们对自己行为的解释会从内外两方面去寻求理由,在外在理由消失后,人们就会从内部去寻找依托。反之亦然。恋爱双方渴望接近对方等行为原因,可以解释为,双方受内在的情感因素和外在亲人、朋友的支持。当亲人采取简单否定的态度时,便削弱了恋爱的外在理由,这导致恋爱者的认知出现了不平衡,于是,他们只好把内在的情感因素升级,以解释自己恋爱对方的行为,使自己的认知重新处于平衡状态。在生活中,家长面对子女可能出现的恋爱倾向时,单纯地强硬制止,可能导致子女将两人之间的友情误以为是爱情,而陷入没有准备好的恋爱之中。

(3)心理学家发现,越是难以得到的东西,在人们心目中的地位越高,价值越大,对人们越有吸引力;轻易得到的东西或者已经得到的东西,其价值往往会被人们所忽视。因此,当外在压力要求人们放弃选择自己的恋人时,由于心理抗拒的作用,人们反而更转向自己选择的恋人,并增加对恋人的喜欢程度。在生活中,我们会发现,当追求恋爱对象时,对方的拒绝不仅没有降低你对他(她)的追求,相反,你会更加锲而不舍地去追求他(她),这就是"得不到的永远是最好的"的体现。当然,在爱情中,爱是相互的,一方的爱情终究是有缺失的,我们在追寻爱情时,还要学会调节,懂得取舍。

在现实生活中,当面临父母介绍的人和你自己自由选择的人时,你会更倾向于选择谁作为恋爱的对象呢?家长在面临子女恋爱的事情,尤其是"早恋"这件事情上,究竟该如何应对呢?罗密欧和朱丽叶效应,可以给我们很多的启示。

【资料延伸】

《罗密欧与朱丽叶效应:感情中为什么需要阻力》,https://baijiahao.baidu.com/s?id=16200896660630826295&wfr=spider&for=pc。

四、爱情的类型

(一)哈特菲尔德的爱情分类

哈特菲尔德把爱情分为同伴式的爱情和激情式的爱情。

(1)同伴式的爱情,是指对与自己生活在一起的伴侣有一种深刻的卷入感,他们彼此理解、相互尊重、相互依赖,像亲人一样的情感状态。同伴式的爱情,指向他人的亲切和关爱的情感,不带有生理唤醒和激情,在亲密的友谊中体验到这种爱,那些不再有狂热和激情的情侣在共享他们的亲密关系时也会体验到这种爱。

(2)激情式的爱情,是指个体希望和对方融为一体的强烈的情感状态,对伴侣有着强烈渴望,伴随着生理唤醒的冲动,当爱的人出现时,我们会感到气短、心悸等。处于激情式的爱情的人春风沉醉,心无旁骛,不能忍受爱人的冷落和背叛。在恋爱初期,一般更多的会体验到激情式的爱情。随着双方关系的稳定,特别是婚后,双方的爱情会慢慢转变为同伴式的爱情。

(二)约翰·李的爱情分类

加拿大社会学家约翰·李依据人们在爱情中的不同行为表现,区分了男女之间的六种不同类型的爱情。

(1)浪漫式爱情:建立在理想化的外在美基础之上,是罗曼蒂克、激情的爱情。初次见面,相互吸引,一见钟情,他们会认为"我和他之间有那种奇妙的生物化学反应"。拥有浪漫式爱情的两人相互深深吸引,有亲密和激情,但承诺不是其典型特征。《泰坦尼克号》中杰克和露丝之间的爱情就是典型的浪漫式爱情,他们有共同对艺术的欣赏,还有彼此生活观念的靠近。浪漫式爱情靠激情维持,后期发展需要双方共同去适应彼此可能出现的各种对立和不和谐。

(2)好朋友式爱情:爱情是一种深厚友谊,是长时间培养出来的,他们会认为"我最满意的爱情是从友谊中发展出来的"。在生活中,青梅竹马般的感情就是好朋友式爱情,这是一种细水长流型、稳定的爱情。这种爱情以友谊为基础,在长久了解的基础上滋长,双方能够协调一致解决分歧,是宁静、融洽、温馨和共同成长的爱情。

(3)占有式爱情:这种爱情对情感的需求非常大,依附、占有、嫉妒、猜疑、狂热,在恋爱中情绪不稳定。这种爱情对对方的控制欲强烈,将两人牢牢捆绑在爱情的绳索上。一方跟他人在一起时,另一方就会神经紧张,他们会认为"如果爱人不注意我的话,那么我会感到整个人没有活力"。

(4)实用式爱情:这种爱情非常理性、非常现实,是一种会考虑对方的现实条件,以期让自己的酬赏增加且减少付出成本的爱情。在现实生活中,这种爱情理性高于情感,是一种现实主义态度影响下的爱情。这种爱情能满足自己的基本或实际需求,他们会倾向"选择伴侣时可以考察对方如何看待自己的事业"。

(5)利他式爱情:这种爱情带着一种牺牲、奉献的态度,追求爱情,愿意为对方付出,但不求对方回报。他们宁愿自己受苦,也不让爱的人受苦,他们无怨无悔地为爱人奉献,纯洁而高尚,他们会认为"如果我不把伴侣的幸福放在我自己的幸福之前考虑,我就不会快活"。

(6)游戏式爱情:这种爱情像一场让异性青睐的游戏,在游戏中真实情感的投入有限。现实和游戏对于他们来说是混为一谈的,因此,恋爱很难持久,他们经常更换对象、不专一,重视恋爱的过程而不是结果,他们不愿意承担责任,而只是寻求刺激和新鲜感。爱情像游戏,他们可能会认同"我喜欢与不同的人玩'爱情游戏'"。

(三)斯腾伯格的爱情三角理论

斯滕伯格从理论上全面揭示了不同类型关系中的爱情。他认为爱情尽管是复杂多变的,但基本上由三个成分,即亲密、激情与承诺组成,因此他的理论被称为爱情三角理论。亲密,是指与伴侣之间的心灵相近,相互契合,他们重视彼此的喜欢、理解与期待,在爱情关系中能够引起相互归属的、温暖的感觉和体验,属于爱情的情感成分;激情,是指魅力与性吸引,是强烈地渴望与伴侣结合,属于爱情中的动机成分;承诺,是指与对方相守的意愿及决定,决定发展稳定的关系,属于爱情中的认知成分。斯滕伯格的爱情三角的三个顶点、三条边和三角形内共有七种类型的爱情,分别是喜欢、迷恋的爱、空洞的爱、浪漫的爱、伙伴的爱、愚蠢的爱和完美的爱,如图 5-2 所示。

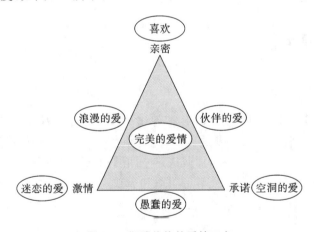

图 5-2　斯滕伯格的爱情三角

(1)喜欢:只包括亲密,没有激情和承诺,喜欢并不等同于爱情,如友谊关系。

(2)迷恋的爱:主要是激情,没有亲密和承诺,如在初恋时常见到这种爱,为之着迷,但缺少成熟与稳重,没有深入的认知、理解,也不能给予承诺,是一种青涩的爱。

(3)空洞的爱:以承诺为主,缺乏亲密和激情,如中国古代依媒妁之言而成的婚姻关系中的爱。这种爱,空有形式却缺乏爱,不过是顶着婚姻的形式而在一起,空洞乏味,让人无趣。

（4）浪漫的爱:亲密和激情的组合,但没有承诺,只在乎曾经拥有,而不管是否天长地久,没有承诺,追求过程的愉悦,双方在身体和情感上相互吸引。

（5）伙伴的爱:有亲密和承诺,没有激情,爱人之间的感情平淡,细水长流。爱情中有权力和义务,但缺乏浪漫和激情,单调乏味,如在激情过后的长久婚姻中看到的爱。建议可以创造一些浪漫氛围,找回曾经恋爱的激情。

（6）愚蠢的爱:有激情和承诺,没有亲密,这种爱情从相识到坠入爱河快速短暂,更多的只是一时着迷,因缺乏亲密要素的维持,激情过后,感情往往迅速消退。没有亲密的承诺是一纸空头支票,让人唏嘘。

（7）完美的爱:是亲密、激情和承诺的完美组合,亲密是蜜糖,让你感受爱的无比甜蜜,让人沉醉;激情是动力,让你为之疯狂和着迷;承诺是保障,给爱情带来安全感。这种完美的爱是人们所期望的理想爱情,但很难达到,所以是人们永远追求的爱情。

爱情是一个永恒的话题,需要我们认识它,走进它,体验它,用心创造和守护。愿大家都能找到人生中的朋友,也能找到与你"执子之手,与子偕老"相伴一生的爱人!

第四节 理解爱情

20岁左右的大学生,正处于人生发展的亲密对孤独的阶段,该阶段的主要任务是发展亲密感,体验爱情,避免孤独感。大学生,有的憧憬着爱情,有的经历着爱情,每个人心中都有自己理想的爱情。

但是,理想不等同于现实,当理想之爱化作烟雨,随风而散时,留下最多的是遗憾、懊恼和失落。因此,大学生首先需要澄清什么不是爱情。

一、什么不是爱情

（一）偶像化的爱情

没有达到高度自我知觉的人,将爱的人"神化",当作偶像崇拜。这种爱情,人失去了对自己力量的觉悟,在被爱者身上失去了自己,找不到自己。长远来看,没有一个人能符合崇拜者心愿,当然不可避免会出现失望,而解决这一问题的方法是寻找新的偶像。这种强烈性和深度性的偶像化的爱情表现了恋爱者的饥渴和孤独。

（二）完美的爱情

这种爱情只存在于想象之中,而不存在于同另一个人实实在在的结合之中,往往用代用品使自己满足,或者将现时推移过去。校园爱情被称为"真空爱情"和"玻璃爱情",就是因为大学生夸大了爱情的完美性而忽视了其现实性。当真实的爱情摆在面前时,大学生的爱情就显得脆弱不堪了。

（三）爱的投射

在恋爱失败或受挫后,将注意力放到"所爱者"的错误和缺点上,对他人的细微错误反应十分敏感,而对自己的问题和弱点却视而不见。他们考虑更多的是如何指责对方或教育对方,两者之间的爱情关系就成为相互投射。事实上,恋爱受挫后,当事人要认真反思自我,而非投射。

(四)爱情的非理性观念

认为爱情意味着甜蜜,意味着没有冲突。关于爱情的非理想观念主要有:①没有爱情的大学生活是失败的;②爱情是靠努力可以争取到的,即付出总有回报;③爱情是不需要理由的;④因为相爱而发生的性关系无可非议;⑤恋人是完美的,爱情是至高无上的;⑥爱情是缘分也是感觉;⑦不在乎天长地久,只在乎曾经拥有;⑧爱情重在过程不在结果;⑨爱情能够改变对方;⑩失恋是人生重大的失败。爱情的非理性观念,使有些大学生因为爱情荒废了学业,有些大学生做爱情的守望者而陷入单相思之中,等等。

(五)产生于孤独无助时的爱恋

产生于孤独无助时的爱恋,开始本身就意味着错误。大学新生,面对陌生的校园、城市,显得孤独无助。这时,可能一声问候、一束鲜花都会令其感动至极。要记住,孤独无助时,更需要广泛的社会支持,如友情而不一定是爱情。

(六)盲目的爱情

恋爱并不是因为喜欢对方,而是因为看到周围人都谈恋爱了,或者是因为室友、同学的怂恿,产生一种我也要谈恋爱的感觉。不成熟的两个个体仅仅因为某一方面的特质而相互吸引,如对异性容貌的迷恋而对其他品质一无所知,或是怀着一颗游戏的心态介入一份情感。

【资料延伸】

《大学生恋爱,常见的问题及误区》,http://www.sohu.com/a/201978799_659085。

二、什么是爱情

讲述了什么不是爱情,那么什么是爱情呢?唯有正确地理解爱情,才可能与幸福同行!

(一)爱情是给予不是得到

《海的女儿》中的美人鱼,为了自己心爱的人,宁愿牺牲自己美妙动听的歌喉,也要用心陪伴在自己心爱的人身边;为了拯救自己心爱的人,宁愿化为泡沫,也要守望自己心爱的人。

爱情给予什么?并非意味着爱一个人就要为另一个人牺牲生命,而是给予另一个人生命的活力,给予他宽容、理解、体贴和快乐,给予他志趣、知识和幽默,也给予他缺点和悲伤。给予他生命活力的全部表现方式和全部证明方式,在给予中创造着生命力,也创造着爱情。

(二)爱是责任

所有的爱情都包含着一份神圣的责任,这种责任不是义务,不是外界强加的而是发自内心的,即为自己所爱的人承担风霜雨雪,而不仅仅是感官上的愉悦和寂寞时的陪伴。爱是为自己所爱的人自觉地奉献而不是索取,真正的爱是以付出而不是以索取为前提的。

（三）爱是尊重

真诚的爱是建立在双方平等与理解的基础之上的尊重。爱一个人，要尊重爱的人的生活、人格。如果你爱他，就应该接受他本来的面目，而不是要求他成为你希望的那样。

（四）爱是能力

爱的能力是与他人建立平等、互信、亲密关系的能力。具备了爱的能力会引导一个人去真正地爱他人，也真正地爱自己。正如心理学家弗洛姆所说："爱是人的一种主动能力，一种使人和他人相联合的能力；爱使人克服了孤独的感觉，但他允许他成为他自己，允许保持他的完整性。"爱的能力要求恋爱的人始终保持高度理性而非随着感觉走。

爱的能力如下。

（1）鉴别爱的能力。要理智面对求爱，分清好感、喜欢与爱情。真爱具有强烈的依恋、利他和生理需求，喜欢是建立在对方的积极评价和好感、相互尊重和理解基础之上的。爱情中有喜欢，但不仅仅是喜欢，喜欢和爱情是两种不同的情感。

（2）表达爱的能力。爱的表达不是"爱你在心口难开"，也不是"你是我一生的唯一"的执着，而是随着情感交往的深入，自然而然、坦率地表达对对方的爱意，而这样的表达是对方所期望的。通过爱的语言、爱的行动表达爱，并让对方感受到爱，这是一种发乎于心、行之于外的爱的表达能力。

（3）接受爱的能力。这种接受不是害羞、不是害怕，而是坦诚真实地希望和他人在一起的能力。当爱情来临时，能够平等地接受对方的爱，放下"男追女"的执着和"女追男"的成见。相爱就敢于接受，坦诚、自然而不矫情、优柔寡断，懂得珍惜。

（4）拒绝爱的能力。接受爱和拒绝爱都是对他人的尊重。拒绝爱要感谢对方对自己的欣赏，尊重对方的情感，态度明确，表达清晰，言行一致，而不能模棱两可，似是而非。拒绝爱但又给对方遐想，容易使对方误解而产生爱的纠缠，导致双方陷入痛苦之中。

（5）呵护爱的能力。呵护爱是对一个人内在品质的检验，爱情是长跑不是短跑，从相识、相知、相爱、相伴到相守，需要经历友情、亲情、爱情和恩情等各种体验。幸福婚姻是双方用心创造出来的艺术品。举案齐眉是因为相敬如宾，"执子之手，与子偕老"是因为相伴相守的付出和执着。爱情需要呵护，只有呵护的爱情才能永远保鲜。

（6）解决爱的冲突能力。恋爱必然会带来冲突，只有误会没有对与错，有效沟通是解决恋人冲突最有效的办法，争吵、冷战、任性都不是有效解决问题的方法。面对恋爱中的冲突，要学会理性、理智，冷静分析和建设性沟通，方能在冲突后继续保持甚至提升爱的温度。

（7）发展爱的能力。发展爱的能力，是恋爱双方共同努力，用心经营爱的"花园"，使爱的"花园"鲜花盛开。在一路相伴中，双方不断成长，从恋爱到婚姻再到相伴一生，能够不断地提升爱情。

（五）爱是创造

莎士比亚说："爱，可以创造奇迹。"爱情是神奇的，不仅能够创造新的生命，而且真正的爱情对恋爱双方都是一个新的创造，能够让人开创一个新的自我。爱能净化心灵，能鼓舞人为挚爱的人奋斗进取，能创造生命的奇迹，让我们在爱的滋润下共同成长，共创美好明天。

【资料延伸】

《爱是疗愈,爱创造奇迹——观电影〈黎明前说爱你〉有感》,https://www.douban.com/note/633073980/。

三、爱是共同成长

爱情是人类最高尚和最美好的精神体验。有人说,好的爱情,是你通过一个人看到了整个世界;而不好的爱情,是你为了一个人舍弃全世界。在爱情中,我们感受到心灵的互动,双方心与心的交流,同时,一起携手向着更远更明亮的前方前进。上苍赐予我们神圣的礼物——爱情,是为了让双方都能实现价值,都能获得幸福,在爱情的催发下,双方能够不断地更新、生长和创造!

鲁迅先生写过的爱情故事《伤逝》里面,涓生和子君产生了爱情,不顾亲朋的反对在一起。在一起后的子君做起了家庭的小妇人,放弃了读书、思考,涓生虽努力工作,无奈世事不济,失去工作、生活无着落的现状,让涓生和子君的爱情也随之消减甚至消失。他们的爱情没有更新和生长,双方也没有经受经济上和精神上的考验,最后一死一伤,落得悲惨结局,令人感叹!

钱钟书先生和杨绛先生的爱情,是好的爱情,令人钦佩,令人景仰。钱钟书先生和杨绛先生相识于清华大学,才子与佳人的相遇,一见如故,两人也自然而然地在一起。钱钟书先生和杨绛先生在一起相伴六十余载,他们的感情从未质变,他们彼此支撑和给予对方力量。他们的爱情从始至终干净纯粹,他们都有自己热爱的事物,也有自己追寻梦想的力量,从清华大学到英国、法国,他们一同成长,一同进步,一同读书,一同照顾孩子。他们没有因为家庭的琐事相互抱怨,而是彼此包容、彼此理解。他们一起照顾孩子,一起教育孩子,每一天,他们快乐而简单地生活着。在爱情中,钱钟书先生和杨绛先生都活出了最好的自己,也成就了更好的自己。这样的爱情,是光,照亮我们前行;这样的爱情,是火,让我们永葆爱情的温度!

在爱情中,如何共同成长呢?

(一)爱自己

爱一个人你是会自爱的。梅斯特·艾克哈特说:"如果你爱自己,你就会像爱自己那样爱其他的每一个人。"一个自爱的人是自知的,一个心理成熟的人是自然而然地表达自我的。自爱是要成为你自己,而非通过爱情变成他人。

在《爱的能力》一书中,对自爱的描述是:对自己的爱和理解,与对另一个人的尊重、爱和理解是分不开的。真正的爱意味着产生爱的能力,它蕴含着爱护、尊重、责任和了解。它并不是被某人所感动意义上的"情感",而是一种为被爱者的幸福和成长所做的积极奋斗,它来源于爱的能力。人们自己的生命、幸福、成长、自由来源于人们爱的能力,即来源于爱护、尊重、责任和了解。倘若一个人能够卓有成效地爱,他也会爱自己;倘若他仅能爱其他人,他便根本不会爱。自私与自爱永远不是一回事,实为水火不相容的对立物。自私者不是过于自爱,而是缺少自爱;他实际上恨自己。这种缺乏对自己的喜爱和关心,仅是他缺乏创造性能力的一种表现,留给他的是空虚和萎靡。他必然是不幸地并焦虑不安地关注着从生活中攫取某种满足。

1. 爱自己需要正确地自我认知和自我悦纳

在爱人之前,你要学会爱自己。爱自己需要正确地自我认知和自我悦纳。爱自己的外貌,成年前外貌是父母给的,成年后外貌是自己给的;爱自己的个性,不管是不是特立独行,都可以活成真实的自己;爱自己的身体,身体发肤受之父母,不要糟蹋损伤;爱自己的工作,工作可以充实自己的生活,实现自己的价值,获得经济上的独立;悦纳不太完美的但却真实的自己,并努力成为更坦荡、更美好、更温暖的人。

有人说"恋爱损伤女性的大脑,降低判断力",事实上恋爱特别是热恋中男女都会将恋人"理想化"。如果陷入情感的幻想中,人的自我判断、自我评价与自我意识都会发生偏差,有的因为恋爱失去自我,有的因为恋爱更加自恋,有的因为恋爱更加成熟,其中的差异在于个体对自我的认知和自我的悦纳。

2. 爱自己需要不断地提升自我和完善自我

一个聪明的人,在爱人时,也会爱自己,不仅是爱自己,而且也会不断地提升自我和完善自我。他(她)会舍得花时间给自己买几件喜欢的衣服;懂得在午后的时光里独自享受;他(她)不会轻易地放弃自己的喜好,不会轻易地舍弃自己的原则;他(她)有自己的事业,有自己的朋友,有自己的独立空间,不断地充实完善自己,从而保持一份从容平和的心态。他(她)不会用卫星定位电话监控对方的行踪,更不会检查对方的包……聪明的女人优雅从容,举重若轻,在男人的眼里充满魅力、神秘和新鲜感,她们能够经得起时间的考验,在年深日久的岁月里,让爱情充满芬芳;聪明的男人成熟稳重,大智若愚,在女人的眼里充满魅力、能力和安全感,在相处的日子里,能够让女人更加美丽、自信和幸福,让爱情更加醇厚。

在《简·爱》里有这样一段话:"爱是一场博弈,必须保持永远与对方不分伯仲、势均力敌,才能长此以往地相依相惜。因为过强的对手让人疲惫,太弱的对手令人厌倦。"查理·芒格说:"要想得到某种东西,最可靠的办法是先让自己配得上它。"在爱情中,如果一个人在往前跑,而另一个人在原地不动,那么两人思想上的差距迟早会显露,唯有双方都在不断地提升自己,不断地成长和完善,爱情才会历久弥新。

3. 爱自己需要对自己负责

恋爱不是为了成为爱人眼中的另一个人,不是为了放弃自我,而是要学会更加负责地生活,这当然也包括失恋后的自爱。一个人只有本着对自己高度负责的态度学习、生活,才能处理好恋爱中的自我与他人、现在与未来、学业与爱情等关系。爱需要有对彼此生命负责的人生态度。

《致橡树》是中国诗人舒婷在 1977 年创作的一首当代诗歌。全诗通过象征的艺术手法,用"木棉"对"橡树"的内心独白,热情而坦诚地歌唱自己的人格理想,以及要求比肩而立、各自独立又深情相对的爱情观。

致 橡 树

舒婷

我如果爱你——
绝不像攀援的凌霄花,

借你的高枝炫耀自己；
我如果爱你——
绝不学痴情的鸟儿，
为绿荫重复单调的歌曲；
也不止像泉源，
常年送来清凉的慰藉；
也不止像险峰，
增加你的高度，衬托你的威仪。
甚至日光，
甚至春雨。
不，这些都还不够！
我必须是你近旁的一株木棉，
作为树的形象和你站在一起。
根，紧握在地下，
叶，相触在云里。
每一阵风过，
我们都互相致意，
但没有人，
听懂我们的言语。
你有你的铜枝铁干，
像刀，像剑，
也像戟；
我有我红硕的花朵，
像沉重的叹息，
又像英勇的火炬。
我们分担寒潮、风雷、霹雳；
我们共享雾霭、流岚、虹霓。
仿佛永远分离，
却又终身相依。
这才是伟大的爱情，
坚贞就在这里：
爱——
不仅爱你伟岸的身躯，
也爱你坚持的位置，
足下的土地。

（二）爱他人

爱自己和爱他人是密不可分的。真正的爱情需要相互成就对方，超越自我的界限。人们只有认识和了解对方后才能尊重对方。爱他人是携手共进，和爱的人共同创造美好的未来。

1. 尊重你爱的人

恋爱既是两人心灵的共鸣,又是自我成长,是使双方积极的潜能发挥而非按照某种愿望或标准塑造对方,使其成为你希望的那样。事实上,爱情都包含着期待效应,双方都在向着彼此喜欢的方向发展。这就要求更加尊重你所爱的人,让对方在爱的港湾中自由发展,以对方喜欢的方式发展自我。

在爱情里,彼此尊重是必不可少的。如果爱情中没有尊重,爱就会毫无尊严,就像一厢情愿的爱情,不会获得对方的尊重。不被尊重的爱情,又怎么可能长久呢?在爱情中,双方是平等的,无关地位、出身、美丑……都需要获得彼此的尊重。

2. 帮助对方积极发展自我,共创美好未来

恋爱唤醒沉睡的心灵,积极的恋爱使个体潜在的心理能量得以释放,为所爱的人努力,为所爱的人创造幸福。爱也是积极向上的精神力量,催促着相爱的两人更好地自我发展,更加努力地自我完善,而非自我束缚、自我放纵,重要的是将爱情引向积极的、有利于人类发展的方向,促进双方的共同成长,共创美好未来。

王小波刚认识李银河时,还是个名不见经传的普通工人,其貌也不扬。而李银河已经是《光明日报》史学组的一名编辑,年轻貌美。以世俗的眼光看来完全不匹配的两人,却在一来二往的书信中,被彼此的灵魂深深吸引,走到了一起。40岁那年,在人民大学就职的王小波辞去工作,准备专心写作。当王小波遭到身边所有人的反对时,唯有李银河一人支持他的决定。她知道文学就是王小波的生命,并鼓励他:"好好写,将来诺贝尔文学奖就是你的。"而李银河回国后,潜心于同性恋社会学话题研究的那段时间,王小波也会帮着她一起搜集素材、案例,甚至和采访对象做朋友、和他们一起出差……两人一起写下了一本研究专著。有人说,他们两人的结识和相爱,完全是出于两个有趣灵魂的相互吸引。而最令人感动之处在于,他们在相爱的同时,也在相互成就对方。他们尊重彼此的梦想,并义无反顾地扶持对方,携手并进,一起成长为更好的人。

(三)学会应对挫折

对爱情的理想化的期望有时会导致一些不切实际的错误观念,如认为爱的帆船一旦起航,从此就会一帆风顺。实际上,爱情并不都是快乐甜蜜、幸福浪漫的。相爱的过程,可能会遭遇到巨大的精神痛苦和其他严重的负性情感,如可能受到不理解、不信任,会产生嫉妒、失落、失望、愤怒;可能要面对各种诱惑;可能要解决现实中碰到的各种问题;可能会经历背叛、失恋。在恋爱时,要做好爱情受挫的心理准备,并在爱的过程中不断学习应对挫折。

 资料链接

爱 与 被 爱[①]

一个哲学家,晚饭后往郊外散步,遇见一个人正在那伤心地哭泣。哲学家问他因何事如此伤心,那人回答道:"失恋了。"

哲学家闻听连连抚掌大笑道:"糊涂啊糊涂。"

失恋者停止了哭泣,气愤地质问:"有学问就可以如此嘲笑愚弄别人吗?"

---

① 资料来源:《爱与被爱》,http://www.pxsgjw.com/zxl/yx/1794.html。

哲学家摇头道:"非我取笑你,实在是你自己取笑你自己。"见失恋者不解,哲学家接着解释说:"你如此伤心,可见你心中还有爱,既然你心中有爱,那对方就必定无爱了,不然你们又何必分手呢?而爱在你这边,你并没有失去爱,只是失去了一个不爱你的人,这又有何伤心的呢?我看你还是回家睡觉去吧,该哭的应该是那个人,她不仅失去了你,还失去了心中的爱,多可悲啊……"

失恋者破涕为笑,恨自己连这浅显的道理都没有看透,他向哲学家鞠了个躬,转身离去。

(四)学会发展爱的能力

有的人一旦进入恋爱状态,就要对方承诺;或者为了爱情可以抛弃一切。其实这是一种极为狭隘的爱情,变成了对另外一方的钳制。人的一生要扮演各种不同的角色,不仅仅是爱人,还是父母、子女……爱情是我们一生的追寻,但除男女之爱以外,我们同样还要追寻亲情、友情等。人的生命有多个支点,爱情只是其中一个,而绝不是全部。

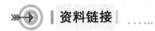

爱的五种语言①

爱的语言之一:肯定的语言。

马克·吐温曾说:"一句称赞的话,可以让我活两个月。"感性地表达爱的方式之一,是使用赞扬的字句。口头的赞扬,或欣赏式的话语,乃是"爱"有力沟通工具。鼓励的话语,仁慈的话语,谦和的话语等各种不同的形式,其共同点就是用语言来肯定你的配偶。爱的目的,不是得到你想要的,而是为了你所爱之人,去做些什么。当我们听到肯定的语言,就会得到激励,愿意回报,做一些我们配偶喜欢的事。

爱的语言之二:精心时刻。

精心时刻的中心意思是"同在一起",但不是指位置上的接近,两个人坐在同一房间里,位置是很接近,可是不见得就同在一起。同在一起跟注意力的焦点有关。当一个父亲坐在地上,把球滚给两岁的孩子时,他的注意力不是集中在球的身上,而是在孩子的身上。就在那短短的一刻,不论时间长久,他们是同在一起。可是如果这位父亲滚球的时候,同时在打电话,那他的注意力就被冲淡分散了。当一位丈夫在跟妻子谈话时,却总看着电视上的运动节目,他就不能算是给妻子精心时刻,因为妻子并未得到他全部的注意力。

精心时刻的意义并非指我们必须用所有共处的时间,凝视着对方。而应该说,两人同心一起做些什么,并且给予对方全部的注意力。所参与的那项活动,其实也是次要的,重要的是花时间关注对方的情感,而活动只是创造那种同在一起的机会的工具。当那位父亲把球滚给两岁的孩子时,重要的并不在于这个活动本身,而是父亲和孩子间所产生的情感。

精心会话是指具有同心理的对话:两个人在友善、不受干扰的环境中,分享他们的经验、思想、感觉和愿望。精心会话跟第一种爱的语言是很不同的,肯定语言的焦点是我们在说什么,而精心会话的焦点是我们在听什么。当然,精心会话不仅需要带着心理倾听,还需要自我表白,学习说话。根据自己的个性特点来训练精心会话。除了精心时刻这种基本的爱语以外,还有就是精心活动。这种方式的重点是两人同在一起,一起做什么事,给予彼此全部

---

① 资料来源:盖瑞·查普曼.爱的五种语言[M].王云良,译.北京:中国轻工业出版社,2006。

的注意力。

爱的语言之三：接受礼物。

送礼物是爱情和婚姻过程中的一部分。礼物是这样一件东西：你可以拿在手里，说："你看，他想到了我"。或者"她仍记得我"的东西，你一定是想念什么人，才给他礼物。礼物的本身是思念的象征：它是否值钱，无关紧要，重要的是你想到了他。而且，只是在心里的想法不算数；你的思想要经由礼物实际地表达出来，而且把它当成爱的表示送出去才算数。

礼物是爱的视觉象征。爱的视觉象征，对某些人比对其他人更重要。这就是为什么，每个人对婚戒都有不同的爱。有些人在婚礼之后，从未取下他们的婚戒。另外一些人甚至不戴婚戒。如果我主要的爱语是接受礼物的话，我会非常重视你给我的婚戒，而且非常自豪地戴着它；我也会深深地，被你历年所送的其他礼物感动。我视它们为爱的表现；没有礼物作为视觉的象征，我可能会怀疑你的爱。

如果你的配偶的主要爱语是接受礼物，那么，你就可以成为送礼物的"高手"。事实上，这是最容易学到的爱的语言之一。此外，还有一种无形的礼物，就是你自己，你可以把"在场作伴"作为厚礼，献给你的配偶。

爱的语言之四：服务的行动。

所谓服务的行动，是指做你的配偶想要你做的事。你借着替他（她）服务，而使他（她）高兴；借着替他（她）做事，来表示你对他（她）的爱。并且，这些服务需要以思想、计划、时间、努力和精力来投资。

爱的语言之五：身体的接触。

身体的接触可以建立或破坏一种关系；它可以传达恨或者爱。身体的触摸远胜于"我恨你"或"我爱你"的字句。

身体的接触，是沟通婚姻之爱的有力工具。牵手、亲吻、拥抱及性生活，都是一个人和配偶沟通爱的方式。

第五节　大学生恋爱的困惑

大学生正处于亲密对孤独的发展阶段，恋爱是大学里比较常见的现象。大学生在面对恋爱时也并非一帆风顺，总会遇到这样或那样的困惑。当面临恋爱困惑时，需要我们认识问题，调适问题，最后找到解决问题的方法。

"人生就是为了找寻爱的过程，每个人的人生都要找到四个人：第一个是自己，第二个是你最爱的人，第三个是最爱你的人，第四个是共度一生的人。茫茫人海中，你遇见了谁？谁又会遇见了你？"

首先会遇到你最爱的人，然后体会到爱的感觉；因为了解被爱的感觉，所以才能发现最爱你的人；你经历过爱人与被爱，学会了爱，才会知道什么是你需要的，也才会找到最适合你、能够相处一辈子的人。

但很悲哀的是，在现实生活中，这几个人通常不是同一个人。你最爱的，往往没有选择你；最爱你的，往往不是你最爱的；而最长久的，偏偏不是你最爱的也不是最爱你的，只是在最适合的时间出现的那个人。你，会是他人生命中的第几个人呢？

这是爱情的考验，神秘美好的爱情吸引着无数的青年男女，大学里的爱情，并非都存在着完美的恋爱。大学生恋爱有什么特点？当存在恋爱的困惑时，你做好了准备吗？

一、大学生恋爱的特点

（一）浪漫色彩浓厚

大学校园里面的爱情，浪漫而纯净，美丽有时甚至显得单纯。多数学生恋爱，没有现实生活的压力。他们对恋爱更多的是爱慕之情和对人生的美好愿望，没有结婚的意愿。而恋爱永远离不开坚实的大地，脱离现实生活的爱情必然"见光死"。调查数据显示：希望毕业后结婚的比例仅占到0.3%，而在校期间因种种原因导致分手的比例竟高达81.7%。大学生特别是毕业生在面临毕业、就业等方面压力时，一两个月的分手率竟暴增至13.6%，这表明"大学恋情"的脆弱性，就像温室里的牡丹，放到现实环境中不堪一击。

（二）自主性较强

大学生在恋人选择上，有较强的自主性。某种层面上，他们更重视精神层面的相互认同，世俗生活中的物质交换、门当户对等不会对大学生构成影响。华中师范大学的一项调查表明，在现代大学生的择偶标准中，他们最看重的既不是经济，也不是社会地位，而是个性和能力，经济在他们心目中排名靠后。针对"选择男（女）朋友时条件地位"的调查结果显示，在外表、个性、学历、经济、能力等多项条件中，绝大部分的人都认为"个性"是择偶的最重要因素，其次则是能力。经济和学历因素，反而并没有受到大学生的青睐，尤其是经济排名最后。这表明，大学生对恋人的选择，有着非常明确的取向。

（三）恋爱公开化

在当今的大学校园里，无论是教室、图书馆，还是运动场都有大学生谈恋爱的身影，一双双，一对对，随处可见；在大庭广众之下拥抱、接吻已经不是什么新鲜事了。如果说，以前的大学生谈恋爱是怕他人知道，那么，现在的大学生谈恋爱是生怕他人不知道。

（四）情感的随意性

现代大学生谈恋爱一扫传统的以含蓄、内在、深沉为美的形式，有的大学生甚至对婚前性行为持随意态度。这种不良行为影响了学风，也影响学生自身学习和心理健康。

（五）失恋承受力弱

大学生中"有情人"虽多，但"成眷属"者少，这样就产生了一支失恋大军。感情受挫后出现一个时期的心理阴暗期是正常的。失恋时，不少大学生对自己和对方能采取宽容的态度，尊重对方的选择。但仍有一部分学生摆脱不了"感情危机"，有的失去信心，放弃对爱情的追求；甚至有少数学生因失恋自杀等。因失恋而失志、失德者，虽属少数，但影响很大。

二、大学生恋爱中的心理问题及其调适

（一）选择的困惑与调适

大学生会在恋爱中遇到许多选择的困惑，面对这些困惑，需要积极调适，努力化解。

(1) 不知道应不应该谈恋爱的困惑。

调适方法：树立正确的爱情观。不知道应不应该谈恋爱，说明还没有喜欢的异性，不要盲目冲动、从众恋爱。

(2) 自己爱上了对方，但不知道对方是否也爱自己，想表白心迹，又怕遭到拒绝，左右为难的困惑。

调适方法：正确认识对方对自己的情感，如果经过观察甚至巧妙的考验，发现对方根本就对自己没有那个"意思"，就没有必要向对方表白自己的心迹。

(3) 不知道如何拒绝对方求爱的困惑。

调适方法：在不伤害对方自尊心的情况下，委婉拒绝，明确态度。

(4) 在恋爱的过程中发现对方不适合自己，而对方还依然爱自己，不知道如何提出分手才不会伤害对方的自尊心的困惑。

调适方法：明确爱情是不能强求的，如果一方发现对方不适合自己而准备结束恋爱关系，最好是让对方有一定的思想准备，比如，用一些暗示性的语言表明两人不合适。在对方有思想准备的情况下，再提出分手，对方可能好受一些，感觉到的伤害也会少一些。

(5) 能做恋人的异性朋友难寻的困惑。

调适方法：认真审视、调整自己的择偶标准，在寻求爱情的过程中，既要有主观上的用心，又要顺其自然、不可强求。

（二）单相思的苦恼与调适

单相思是指异性关系中的一方倾心于另一方，却得不到对方回报的单方面的"爱情"。单相思多是一场感情误会，是"爱情错觉"的产物。单相思使某些大学生陷入痛苦的境地，处于空虚、烦恼，甚至绝望之中。如果处理不好，对以后的恋爱、婚姻生活都有消极的影响。

单相思的调适方法主要是认知领悟的心理调适。如果是自己有意而对方并不知情，并且觉得对方有很大的可能也爱自己，就可以大胆地向对方表白自己的感情，感情被接纳，爱的快乐就会取代等待的痛苦。如果觉得对方根本就没有可能爱自己，就没有必要表白自己的感情，因为这种表白既可能给对方造成心理压力，也会使两人的关系显得不自然。此时，需要用理智克制自己的情感。爱情一定是两情相悦，强扭的瓜不甜。

（三）亲密关系的困惑与调适

恋爱中的人常有这样的困惑：二人走得太近，会太过亲密；二人离得太远，又会显得疏远。具有亲密关系的双方，究竟应该保持多远的距离？心理学家研究表明：健康的亲密关系，其实依托的就是双方的独立和自信。处于亲密关系的双方如何体现独立和自信呢？

一是有各自的工作和兴趣。通过工作和兴趣，可以丰富自己的生活，提升自己的能力和素养，获得更多的成就感和价值。恋人是生活中很重要的一部分，但不是生活的全部。

二是有各自的朋友圈。卷入恋爱的双方会视对方为自己的唯一，但也要允许对方有自己的朋友圈，拥有友情和爱情的人生才是完整的人生。

三是具备自己独立解决问题的能力。当你遇到难题时，是首先会找另外一半帮忙呢，还是会自己独立解决？有人一针见血地指出，人一旦恋爱，就成了生活"残障"；而亲密爱人刚开始可能会惜香怜玉，乐此不疲，但时间一长就会烦恼。要知道，一个自立的人永远都是值得尊重的。

四是有自己独立的时间和空间。既指物理上的,也指心理上的。在亲密关系中,有一个反应链,当亲密中的一方对另一方满怀希望时,就会产生期待,期待导致要求,要求导致依赖,依赖就是一种控制。对另一方而言,你的欲望每前进一步,他的心理压力就增加一级。只有一个独立的自己,才能拿捏好各自的欲望,在沟通协调的基础上获得适当的满足。

弗洛姆在《爱的艺术》一书中提到,爱情是一种个人体验,每个人只能通过自己并为自己得到这种体验。让我们正视爱情,面对爱情中的困惑,勇敢地用行动化解,收获自己的美好爱情体验吧!

第六节 面对失恋

大学生恋爱的困惑,既有选择的困惑,也有单相思的苦恼,还有亲密关系的处理难题。当然,如何面对失恋,也是很多大学生需要正视的问题。失恋后,会有哪些反应,我们又该如何调适?

神圣、浪漫而美好的爱情,在现实学业、就业和家庭等压力下,也面临严峻的考验。有的坚守这份爱情,一起努力,共同奋斗,最后修成正果;有的则在考验前不堪一击,选择分手,最后天各一方。

失恋是恋爱中常见的现象。失恋是指恋爱过程的中断。失恋带来的悲伤、痛苦、绝望、忧郁、焦虑、虚无等情绪使当事人受到伤害。失恋所引发的消极情绪若不及时化解,会导致身心疾病。

一、失恋后常见的认知与情绪反应

(1) 本能的否认:不承认分手的事实,不愿意接受分手。
(2) 愤怒:为什么我这么爱他(她),他(她)却跟我分手?
(3) 孤独:曾经的花前月下没有了,陷入孤单和孤独之中。
(4) 强烈的被抛弃感:连最爱我的人都抛弃了我,这个世界对我还有什么意义?
(5) 内疚后悔:是不是我伤害了他(她),所以他(她)选择离开我?
(6) 被欺骗的感觉:原来他(她)跟我在一起,是别有用心的。
(7) 沮丧绝望:爱人都离开了我,我真是一个糟糕透顶的人。
(8) 没有价值感:连爱人都没法守护好,我还能做些什么呢?

二、失恋是危机,也是成长的契机

有人说:如果你没有谈过恋爱,那么对于人生你还不懂,而如果你没有认真经历过失恋,那么对于你自己,你还认识不够。失恋的过程是在遭受到对方的拒绝之后,在一片残垣断壁中重新找到自己,如果你够幸运,失恋就可以由人生的危机化为成长的契机。

在经历分手后,每个人都有两个选择。
(1) 消极被动选择。被失恋分手事件带来的创伤击败,停滞不前,沉浸在自信心丧失、丢面子、无望、抑郁、孤独情绪中不能自拔,甚至自杀。

（2）积极主动选择。将失恋分手事件视为一次成长的契机，利用这种新的动力挖掘自己的潜力，认识到失恋是为我们提供重新开始新感情的机会，是创造了条件让我们获得新体验、掌握新技能、学习新行为、拥有新视角、结识新恋人。这样分手带给你更多的是成长而不是痛苦。

三、失恋者的自我调适

失恋的种种不良心态会影响大学生的身心健康，面对失恋，需要自我调整、自我拯救，同时，需要寻求身边的支持，尽可能从中走出来。

（一）发泄

失恋了，可以采用多种方法尽情地发泄那些堆积在心中的伤痛，把情绪的"垃圾"通通倒掉。常用的发泄方法如下。

写日记：把所有的感受都写下来。

做运动：越有竞赛性、越剧烈的运动越好。你需要在尽情挥洒的汗水中感觉到自己的生命力。

享用美食：如果享用美食会让你好过一些，那就尽情地享用吧。

写信：但是别写对方的好，而是尽量写对方的不好，写完之后把信撕个粉碎，丢到垃圾桶中。

尽情地哭泣：不需要假装很开心，如果真的伤心，就尽情地哭泣。失恋并不是一件丢脸的事，让人知道你难过，你就不需要在人前假装高兴了。

到人多的地方：跳舞，打球，欣赏其他异性。

（二）接受现实

尽量避免相遇：不要让你的心再有任何期待。

避免睹物思人：别让那些物件唤起你的回忆。

避免打电话：别让自己显得可怜。

寻找一些书籍：丰富自己。

（三）求助

与人分享心事，你会获得有用的建议。如打电话给朋友，向其倾诉，与其进行分享；与年长者说出感受，引起共鸣；向专业咨询人员求助，寻求倾诉和陪伴。

（四）振奋

丢掉愤怒，收起悲伤，明天依然充满希望！如做自己喜欢的事情；打扮自己；自我安慰；给自己买点小礼物。

爱情是我们一生的追寻，但除男女之爱以外，我们同样还要追寻爱父母，爱朋友，爱他人，爱生命，爱生活，爱芸芸众生。人的生命有多个支点，爱情只是其中一个，而绝不是全部。愿大家与爱同行，幸福一生！

本 章 小 结

（1）人际吸引，是指人与人之间相互接纳和喜欢，它是人际关系中的一种肯定形式。按照吸引的程度，人际吸引可分为亲和、喜欢和爱情。人际吸引的原则有强化原则、社会交换原则、联结原则、得失原则和相似性原则。

（2）人际吸引的影响因素有个人特质因素、情境因素，以及相似性与互补性因素等。其中，个人特质因素主要包括外貌、才能和个性品质；情境因素包括空间距离、交往频率。

（3）爱情是人际吸引最强烈的形式，是身心成熟到一定程度后个体对异性产生的有浪漫色彩的高级情感。喜欢和爱情是密切关联但又各不相同的情感。

（4）偶像化的爱情、完美的爱情、爱情的投射、爱情的非理性观念、产生于孤独无助时的爱恋、盲目的爱情都不是真正的爱情。爱情是给予不是得到，爱是责任、爱是尊重、爱是能力、爱是创造。在爱情的道路上，要共同成长，可以从以下四点努力：①爱自己；②爱他人；③学会应对挫折；④学会发展爱的能力。

（5）大学生恋爱的特点有烂漫色彩浓厚、自主性较强、恋爱公开化、情感的随意性、失恋承受力弱等。在恋爱中，常见的恋爱困惑有选择的困惑、单相思和亲密关系的困惑。

（6）面对失恋，我们要明白：失恋是危机，也是成长的契机。在失恋时，我们要学会自我调适。常见的自我调适方法有发泄、接受现实、求助和振奋。

思 考 题

（1）人际吸引的原则有哪些？
（2）如何看待外貌对人的吸引力？
（3）如何看待才能与吸引力之间的关系？
（4）人际吸引的影响因素有哪些？
（5）谈谈爱情与喜欢的区分。
（6）爱情的特点是什么？
（7）斯滕伯格爱情三角理论表达的观点是什么？
（8）爱情的非理性观念有哪些？
（9）爱的能力包含哪些内容？
（10）单相思的调适方法有哪些？
（11）在亲密关系中，如何保持双方的独立与自信？
（12）失恋者常见的自我调适方法有哪些？
（13）结合本章内容和自身经验，谈谈苏格拉底与失恋者的对话所带来的启示。

爱情量表和喜欢量表①

心理学家鲁宾所做的"喜欢量表"和"爱情量表"的分析,将爱与喜欢分为两种不同的性质和情绪状态,这样可能有助于大家做出正确的判断,获得更完美的结果。请针对自己的实际情况对下列陈述做出判断。符合记1分,不符合记0分。

1. 他(她)情绪低落的时候,我觉得自己很重要的职责就是使他快乐起来。(　)
2. 在所有的事件上我都可以信赖他(她)。(　)
3. 我觉得要忽略他(她)的过失是一件很容易的事。(　)
4. 我愿意为他(她)做所有的事情。(　)
5. 对他(她),有一点占有欲。(　)
6. 若不能跟他(她)在一起,我觉得非常不幸。(　)
7. 假使我很孤寂,首先想到的就是要去找他(她)。(　)
8. 他(她)幸福与否是我很关心的事。(　)
9. 他(她)不管做什么,我都愿意宽恕他(她)。(　)
10. 我觉得他(她)得到幸福是我的责任。(　)
11. 当和他(她)在一起时,我发现我什么事都不做,只是用眼睛看着他(她)。(　)
12. 若我也能让他(她)百分之百地信赖,我会觉得十分快乐。(　)
13. 没有他(她),我觉得难以生活下去。(　)
14. 当和他(她)在一起时,我发觉好像二人都有相同的心情。(　)
15. 我认为他(她)非常好。(　)
16. 我愿意推荐他(她)去做让人尊敬的事。(　)
17. 以我看来,他(她)特别成熟。(　)
18. 我对他(她)有高度的信心。(　)
19. 我觉得任何人和他(她)相处,大部分都会有很好的印象。(　)
20. 我觉得他(她)跟我很相似。(　)
21. 我愿意在班上或团体中,做什么事都投他(她)一票。(　)
22. 我觉得他(她)是许多人中,容易让他人尊敬的一个人。(　)
23. 我认为他(她)是十分聪明的。(　)
24. 我觉得他(她)在我所有认识的人中,是非常讨人喜欢的。(　)
25. 他(她)是我很想学的那种人。(　)
26. 我觉得他(她)非常容易赢得他人的好感。(　)

【结果解释】

比较前13题(1～13题)与后13题(14～26题)的分数,以衡量是爱情还是喜欢。若前13题得分高于后13题得分,表示你对他(她)的感情以"爱情"成分居多;若前13题得分低于后13题得分,表示你对他(她)的感情以"喜欢"成分居多。爱情有依附感、关怀感和亲密感

---

① 由心理学家鲁宾编订。

三个要素,而喜欢只是正面的感受,如好、喜欢、崇拜,没有涉及你为他(她)做什么和对其独占。

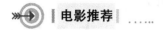 电影推荐……

《大鱼海棠》。

第六章 人际互动

在日常生活中,我们通过各种方式与各种各样的人打交道。例如,在各种不同场合,与不同的人打招呼;在同学生日聚会上,聊天;在课堂上,就某个主题进行讨论;在运动项目中,与队友配合,与对手争夺;在工作场合中进行谈判、协商、合作与竞争等。这些看似平淡无奇的行为,却使我们与周围的人和环境发生了具有社会意义的互动过程。人与人之间的人际互动,为我们建立了人际关系,影响了我们的学习、工作和生活。人际互动的主要形式是合作与竞争。在社会全球化发展和快速变化的今天,合作、竞争、冲突等问题渗透到人们生活的方方面面。人际互动是什么?合作与竞争是什么?人为什么要合作,为什么要竞争?为什么会存在竞争心理优势?合作与竞争的影响因素有什么?如何促进良性的合作,有建设性的竞争?

第一节 认识人际互动

人际间的交往和互动是生活中必不可少的,任何社会中的人都存在互动。我们通过语言、符号、表情、肢体动作等形式与他人等进行互动。在互动中,扮演各种角色,满足各种需求,适应社会发展,促进社会进步。人际互动的主要形式是合作与竞争。认识人际互动,将有助于我们更好地开展互动。

一、什么是人际互动

(一)人际互动的界定

人际互动,就是人际相互作用,是指个体与个体之间心理情感和行为的相互影响过程。在家庭里,我们与父母、亲戚、朋友进行互动;在学校里,我们与同学、老师进行互动;在社会中,我们与社会中一切与我们有交集的人进行互动……每天,我们都在与形形色色的人进行互动,由此人与人之间就建立了各种各样的人际关系。

假设世界上所有互不相识的人只需要很少中间人就能建立起联系,那么需要多少个人就能建立联系呢?有一个数学领域的猜想,你和任何一个陌生人之间所间隔的人不会超过六个人,也就是说,最多通过五个中间人你就能够认识任何一个陌生人,这个猜想称为小世界现象,又称为小世界效应、六度空间理论、六度分隔理论(six degrees of separation)。哈佛大学心理学教授斯坦利·米尔格莱姆在1967年根据这个猜想做过一次连锁信件实验,尝试证明平均只需要五个中间人就可以联系任何两个互不相识的美国人。小世界现象表明:任何两个素不相识的人,通过一定的方式,总能产生必然联系或关系。也就是说,人与人之间的互动拉近了人与人之间的距离,也构建了我们复杂的人际关系,在这张人际网络里面,每个人与其他人都有着千丝万缕的联系。

（二）人际互动的特点

人际互动是社会生活中最重要、最常见的行为过程之一，人际互动也构成了人类存在的主要部分。人际互动的特点可以从以下几个方面来看。

（1）互动发生在特定的对象之间。人际互动必须发生在两个或两个以上的社会主体（包括个体和群体）之间。人际互动属于一个关系性的范畴，只有在社会关系中才能形成人际互动，从这个层面上讲，离群索居的人不能形成具有社会意义的互动。

（2）互动一般是直接、面对面进行的。人际互动是人与人之间的互动，在生活中，直接、面对面的互动是人际互动中的常见表现，基于互联网产生的人与人之间的网络互动，虽然没有直接、面对面的互动，但随着技术的成熟，人与人之间的即时性、面对性的特征都得到了发展，甚至在现实生活中会产生直接、面对面的互动体验。

（3）互动双方都明白各自的角色、目标和手段。在人际互动中，互动的主体都带着各自的想法、观点、愿望等，在人际互动中扮演着各自的角色，通过各种方式，如合作、竞争、顺从、控制等，达成各自的或共同的意愿。

（4）互动双方能够感受到交往的结果。在人际互动中，双方的互动有没有达成目标、满足意愿，在互动中都会体验到。有了满足意愿、达成目标的人际互动，再进行以后互动的可能性就会增高；没有满足意愿、达成目标的人际互动，再进行以后互动的可能性就会降低。

（5）个人情感在互动中发挥较大的作用。人际互动过程会伴随愉悦、轻松、开心等积极的情感，也会伴随痛苦、伤心、难受、压抑的消极情感，积极的情感会带来互动的满足，而消极的情感则会影响互动的效果。

二、合作与竞争

（一）一则合作与竞争的故事

《天堂和地狱》的故事就是关于合作与竞争的故事。

有一个人和上帝讨论天堂和地狱的问题。上帝对他说："来吧！我让你看看什么是地狱。他们走进一个房间。一群人围着一锅肉汤，但每个人看上去一脸饥饿相，瘦骨伶仃。他们每个人都有一只可以够到锅的汤勺，但汤勺的柄比他们的手臂还长，他们没法把汤送进自己嘴里。有肉汤却喝不到，只能望"汤"兴叹，无可奈何。"来吧！我再让你看看什么是天堂。"上帝把这个人领入另一个房间。这里的一切和上一个房间没有什么不同。一锅汤、一群人、一样的长柄汤勺，但大家都身宽体胖，脸色红润，正在快乐地歌唱着幸福。"为什么？"这个人不解地问道："为什么地狱的人喝不到肉汤，而天堂的人能喝到肉汤？"上帝微笑着说："很简单，在这儿，他们每个人都会喂别人。"

《天堂和地狱》这则故事带给我们启示：良性合作的重要性。人要有合作意识，帮助他人就是帮助自己，可以达到最大的利益。在现实生活中，每个人都面临很多选择，不论选择合作还是选择竞争，都有其无可厚非的原因，在不带有道德评判的基础上，每个人需要为自己的选择负责。当然，最重要的是，你会尽量选择一种双赢。

有一位智者说："这个世上最好的战略是使你和你的对手都成功。"

合作与竞争是人与人之间互动的常见形式，什么是合作？什么是竞争？合作与竞争有什么关系呢?

(二)合作与竞争的界定

合作与竞争是人际互动的主要形式。

合作,是指不同的个体为了共同的目标而协同活动,促使某种既有利于自己,又有利于他人的结果得以实现的行为或意向。合作既是人们为实现共同目标或各自利益进行的相互协调的活动,也是为共享利益或各得其利而在行动上相互配合的互动过程。合作的结果:共享其利或各享其利。例如,你和朋友一起制作蛋糕,蛋糕制作完成之后,大家可以共同分享这个蛋糕,共同分享劳动成果,这就是共享其利。即使你不吃甜食,但跟大家制作蛋糕的过程,使你收获了友谊和快乐,其他人则可以品尝美味,这就是各享其利。

人是合作的动物,有合群的需要,没有合作,就没有人类社会的存在和发展,也没有个体或群体的生存和发展。在人类长期的实践中,人们利用合作的方式达成了依靠自身努力没法达到的目标,合作也成为人类实践活动中相互作用的一种基本形式。在生活中,合作无处不在。

竞争,是指不同的个体为同一个目标展开争夺,促使某种只利于自己的结果得以实现的行为或意向。竞争的结果:优胜劣汰。有这样一则故事:有两人在森林里步行,突然出现了一只老虎。他们两人都恐惧极了,有一个人撒腿就跑。另一个人消极地说:"哎,你跑什么,你再使劲也没有老虎跑得快!""是的,我没有老虎跑得快,可是我只要比你跑得快就行了!"竞争和优胜劣汰是自然界的生存法则,动物如此,人又何尝不是这样呢?不要埋怨竞争的残酷,这是我们能得以进化的必经之路,没有人能够改变它。与其抱怨而不能改变,不如主动适应竞争,在竞争中做个强者。例如,在体育竞技项目中,不论是球类竞赛,还是田径竞赛,都有名次之分,冠亚季军之争,这些都是优胜劣汰的过程。

"滚滚长江东逝水,浪花淘尽英雄。是非成败转头空。青山依旧在,几度夕阳红。"《三国演义》的近百年历史风云,群雄割据混战,魏、蜀、吴三国之间的政治和军事斗争,最终司马炎一统三国,建立晋朝。在《三国演义》开篇中,"话说天下大势,分久必合,合久必分"一语点题,也成为千古经典名句。纵观整个人类社会的发展历程,无不是充满合作与竞争的。竞争贯穿于人类社会的发展,也贯穿于个体或群体的生存和发展之中。竞争是人类实践活动中相互作用的另一种基本形式。在生活中,竞争无处不在。例如,生命孕育的竞争,生意场上的竞争,学习、工作中的你追我赶,赛场上的冠军争夺等,都充满着竞争。

 资料链接

弱者的周旋空间[①]

1948年《美国数学月刊》登出一个有趣的数学问题。阿尔、本、查理三名男子参加一个以气球为目标的掷镖游戏。每个人要用飞镖攻击另外两个人的气球,气球被戳破的要出局,最后幸存的是胜者。

三名选手水平不一,在固定标靶的测试中,阿尔10投8中,命中率达80%,堪称"老大"。本和查理命中率分别为60%和40%,称"老二"和"老三",现在三人一齐角逐,谁最有可能获

---

① 资料来源:保罗·霍夫曼.弱者的周旋空间[J].课外阅读,2006,4:25。

胜?

一开场,每人都希望先把另外两个对手中的强者先"灭掉",自己才最安全,下面的比赛也最轻松。于是,"老大"专攻"老二","老二"、"老三"都去攻"老大",结果,三人获胜比例分别为30%、33%、37%,水平最高的"老大"最易出局,水平最差的"老三"最安全!

"老大"自然不那么蠢,他就会游说"老二":"我们先合伙把'老三'那小子'灭'了,这样三个人获胜比例分别为44%、46.5%、9.5%,你我胜率都高了嘛!"

但"老二"暗自想到:"老大"你想得美!你表面上说我们先合作"灭""老三",而这样的话,你的获胜比例就比我低了2.5个点,你会甘心吗?会不会中途偷袭我,先把我"灭"掉?所以等我们"灭"了"老三"后再对打,我还不是仍处在劣势?

于是,"老大"和"老二"的合作就有裂痕了。

耶鲁大学数学研究所的经济学教授马丁·苏比克还讨论过另一种策略。"老大"会对"老二"仅保持一种威慑:"我不攻击你,但你也别攻击我,否则我将不顾一切地专门攻击你!"这样就会造成新的局面。而"老二"何尝善罢甘休?他会以同样方式威胁"老三",那么三人的获胜比例又是……

若两人比赛,问题再清楚不过;若多出一人,问题就复杂了许多倍。

摒弃复杂的数学和社会学问题,还原一些简单的生活道理:面对一个强者,弱者只能准备接受失败;面对一群强者,弱者反而有更多周旋的空间。

人际互动不仅需要技术,更需要战术和战略。

(三) 合作与竞争的辩证关系

人们之间是合作还是竞争,是以能够满足各自的利益,即满足各自的物质利益、精神需要为条件的。如果利益一致,而且共同的努力有助于各方利益更大程度上的满足,就往往出现合作。如果双方或多方存在不可调和的利益冲突,即一方的利益满足必须以牺牲其他一方或者多方的利益为代价,那么不可避免会出现竞争。然而,现实生活中的情况非常复杂,例如,从总的方面来考虑彼此的利益是一致的,理应相互合作;但在某些具体问题上难免发生利益冲突,这时人们就开始激烈地竞争。当然,也会出现矛盾较大的竞争对手为了一些共同利益而合作的现象。

合作与竞争既对立又统一。

一方面,两者不能同时并存于同一主体的选择。也就是说,针对某一利益目标,不同的主体选择通过合作的方式达成目标就不可能同时选择通过竞争的方式来达成目标。另一方面,它们相互依存,相互转化,竞争中包含合作,合作中也包含竞争。在当今社会,合作与竞争之间的联系更为紧密,更加相互依赖、相互促进。就如英国前首相丘吉尔所言:"没有永远的朋友,没有永远的敌人,只有永恒的利益。"只有合作没有竞争或只有竞争没有合作的局面,永远不可能看到。

这则《三只老鼠偷油喝》的故事就是这样的。

有三只老鼠结伴去偷油喝,可是油缸非常深,油在缸底,它们只能闻到油的香味,根本喝不到油,它们很焦急,最后终于想出了一个很棒的办法,就是一只老鼠咬着另一只老鼠的尾巴,吊到缸底去喝油。它们取得一致的共识:大家轮流喝油,有福同享谁也不能独自享用。

第一只老鼠最先吊着去喝油,它在缸底想:"油只有这一点点,大家轮流喝多不过瘾,今天算我运气好,不如自己喝个痛快。"夹在中间的第二只老鼠也在想:"下面的油没多少,万一让第一只老鼠把油喝光了,我岂不是要喝西北风了吗?我干吗这么辛苦地吊在中间让第一只老鼠独自享受呢?我看还是把它放了,干脆自己跳下去喝个痛快!"第三只老鼠则在上面想:"油那么少,等你们两个喝完,哪里还有我的份,倒不如自己跳下缸里喝个饱。"

于是,第二只老鼠放开了第一只老鼠的尾巴,第三只老鼠也迅速放开了第二只老鼠的尾巴,它们争先恐后地跳到缸底,浑身湿透,一副狼狈不堪的样子,加上脚滑缸深,它们再也逃不出油缸了。

在市场经济下,竞争已经成为人们生存与发展的主要途径。从小开始,就有很多竞争,随着年龄的增长,学习竞争、工作竞争等越来越多。竞争的成败在某种层面上意味着自身价值的体现,是否得到社会的认可,因此,竞争也越来越普遍和激烈。同时,在激烈的竞争中,人们也学会了如何利用资源,如何与人合作,获得更多的成功。因为,单纯的竞争往往会使得双方两败俱伤,彼此利益都得不到保障。也就是说,离开竞争,合作是无力的;脱离合作,竞争是无序的。单凭一己之力是难以圆满解决个人所面临的各种复杂问题的。在上面的《三只老鼠偷油喝》的故事中,竞争心理和合作心理是同时存在的,如何良性合作、合理竞争,是我们每个人都要思考的一个问题。

在当今时代背景下,我们要敢于竞争,积极合作,在培养竞争意识的同时也要培养合作精神。竞争中合作,合作中竞争,是我们应当取得的价值选择和共识。从古至今,人类生存和发展的历程,都是合作与竞争并存的。罗贯中在《三国演义》第一回中指出,"天下大势,分久必合,合久必分"。当人们合作的愿望占主导地位时,促成了新公司的出现,而合作后出现的权力竞争、利益竞争及超越愿望的满足等,也能很快促使一家公司由内部合作转向内部竞争。

总而言之,合作与竞争是辩证统一的。竞争存在于合作之中,合作以竞争为前提。

第二节 合作与竞争的心理机制

有一个故事是这样的:两个人在沙漠之中迷失了方向,只有一个人还剩下一瓶水,这是他们两人唯一的生活资料。如果分享,两人将会一起死去;如果留给一个人,这瓶水就将维持他走出沙漠。一个人说:宁可两人都死去,也比一个人成为他的同伴之死的目击者要好。另一个人反驳说:保持自己的生命优于他人的生命。面对这样的问题,你会怎样选择呢?

一、合作与竞争的原因

合作与竞争的原因可以从两个方面来分析:一个方面是人类合作与竞争的原发心理;另一个方面是导致合作与竞争的直接动因。

(一)原发心理

人是社会性的动物,合作与竞争都是人类社会长期发展的结果。个体之间的合作是生存的基本条件与手段。人类社会发展的历史告诉我们,合作是人类生存的必要方式。在远古时代,个体间通过合作来抵御敌害和征服自然;在现代社会,如果你想取得成功、获得快乐,就需要通过人与人的合作来实现。本质上,人类社会的形成,社会各种形态的出现,都是人类合作的结果。

人类具有理性,是人类得以成为万物之灵而根本区别于动物的特有天赋。从自我意识出现的那一天起,人们就用价值尺度评价自己,也对他人进行评价,强烈的社会比较倾向使人们期待社会比较的结果能够有利于对自我价值的肯定,这就使得人们倾向于超越他人,因而选择竞争的方式。

(二)直接动因

现实生活中的利益一致和冲突,是合作与竞争的直接动因。

日常生活中,虽然许多利益与满足通过个人努力就可以达成,但更多利益与满足的达成,需要通过多个人的协同努力才能实现,此时人们就必须实行相互合作。例如,篮球、足球场上的球队内部球员之间的合作,学习任务小组的同心协力,等等。

利益的冲突或试图在社会比较中使自己处于优势的心理倾向,直接导致了日常生活中广泛存在的竞争。现实生活中,社会设定了许多成功和失败情境,处于这一情境中的人只能面对两种结果:自己成功或他人成功。在这种情境中,人们建立了"对手"概念,直接激发了人们的竞争动机与行为,产生一种超越意识。而超越他人是一个人获得自我价值肯定的重要途径,因此在生活中就出现了很多的竞争行为。例如,篮球、足球场上两个球队之间的竞争。

二、竞争心理优势

20世纪40年代后期开始,各国心理学家对合作与竞争问题进行了大量的、长期的研究,几乎得出了一个倾向共同的结论:与合作相比较,在没有特别引导的情况下,人们更倾向于优先选择竞争的行为方式,也就是说存在着竞争心理优势。

"竞争心理优势"是金盛华提出的概念,是指在需要共同拥有的资源情境中,人们在合作与竞争的两种选择上更倾向于选择竞争的心理现象:在生活中,我们会看到这样的现象:在超市购物,有几列顾客排队付款,总有人会在几列顾客中挪动,觉得别的队快一些;在马路上,行人和汽车司机的抢"路"行为;现在很多家庭有两宝,两宝的竞争心理就是最直接的体现,不论是玩具、食物、父母等,只要大宝想要,二宝多数时间都会争抢……竞争心理优势在生活中时时体现,也在大量的经典实验研究中得到验证。这些经典的实验研究有囚徒两难困境实验、卡车运输实验、窄口瓶实验等。

(一)囚徒两难困境实验

研究合作与竞争的经典实验是由鲁斯(1957)等人进行的囚徒两难困境实验。假设两个囚徒(甲、乙),在被隔离囚禁的情况下,两个囚徒被分开审讯,并且不知道对方反应。警方认为两个嫌疑人共同参与了同一项犯罪活动但是没有证据能够证明。如果甲、乙都不认罪,由于证据缺乏,两人都只会判较轻的罪(均判1年);如果两人都认罪,则都会被判重刑(均判10年);如果其中一人认罪,而另一人没有认罪,则认罪者会因为协助警方而被释放,而拒绝认罪的罪犯,则会受到更为严重的判决(15年)。囚徒两难困境实验示意图如图6-1所示。

显而易见,甲乙两名囚徒面临选择上的两难问题:如果他们认为同伴会认罪,那么自己最好也认罪;另一方面,最好的结果是两人联合一致都不认罪,这样两人都只判1年。因此,只要甲、乙相互信任,他们应该选择合作,都不认罪,这样两人都会被从轻判决。但是,如果

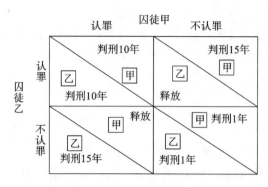

图 6-1 囚徒两难困境实验示意图

其中一人相信同伙不会认罪,他很有可能认罪,因为这样自己会被释放。合作还是竞争?在这个两难情境中,人们会怎样选择呢?

在多达 2000 个实验中,研究者(1991)对大学生在各种变化了的囚徒两难困境实验进行了研究,不过内容不再是囚禁或者释放,而是变成了是否得到筹码、现金和学分。研究的结果表明,被试在特定的决策上更倾向于背叛,因为这样剥削了他人的合作,并保护自己不受他人伤害。但不幸的是,因为没有采取合作,实际上双方都不能得到通过相互信任才能得到的共同利益。

(二)卡车运输实验

研究合作与竞争的另一个经典实验是多依奇(1960)等人的卡车运输实验。如图 6-2 所示,由两名被试分别扮演指挥甲、乙两辆卡车运行的负责人,每个人都要尽快地把货物从出发地运到目的地。两卡车运行的出发地和目的地各在相对的方向,甲乙各有一条互不冲突、但较远的路线(备用线路),同时还有一条彼此可以共用、但宽度仅容一辆卡车通过的捷径(单行线),运货的速度决定每个人的收益,因此双方都想尽快地通过那条捷径。很显然,最佳的选择是两人合作使用单行线,双方轮流使用近路。然而,被试为了争夺单行线,他们关闭自己所控制的电门,最终都以失败而告终。实验中双方偶尔也会合作,但是大部分的时间都是竞争性的。人类的竞争心理优势得到很好的证明。

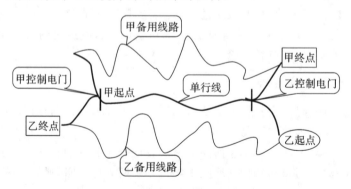

图 6-2 卡车运输实验示意图

(三)窄口瓶实验

较早研究合作与竞争的学者敏茨(1951)进行了一项有名的实验:窄口瓶实验,如图 6-3 所示。敏茨的设计十分巧妙,他在一个窄口瓶里放了几个圆锥体,每个圆锥体有一根细线通到瓶外,瓶口每次只能拉出一个圆锥体。瓶子的底部,有一个可以与水管相连接的细管,可以往瓶中注水。实验是让被试在群体条件下进行。

具体操作是:实验一开始就往瓶子里注水,谁在圆锥体沾湿之前拉出自己的圆锥体,就将获得奖励;谁没有拉出,则要受到一点小惩罚。由于注水管很细,因此实验实际上留出了足够的时间使被试都有成功的机会。如果他们合作,按顺序拉出各自的圆锥体,则大家都可以获得成功。但是结果发现,实验一开始,被试就争先恐后试图拉出自己的圆锥体,结果大家的圆锥体都堵在瓶口,谁也不能通过,致使大家都遭到失败。

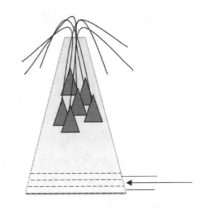

图 6-3　窄口瓶实验示意图

竞争心理优势在人群中普遍存在,例如,路上驾驶的司机想让自己更快,在道路上互不相让,甚至不守交通规则,随意变道,使堵车现象更为严重,大家都不能行走。当人们需要共享有关资源时,人们更倾向于选择竞争的行为方式,而不是选择更富有建设性的合作方式。这其中与很多的因素有关,需要社会的引导。

社会的发达与否,不仅在于其物质生活是否丰富,还有一个重要的基础是社会资源配置机制和社会行为引导机制是否建立在公平的规则上。在生活中,很多时候人们选择竞争是因为背后的社会规范失去约束,执行机制存在不公平等,因此人们趋于"势力"引导而不是"规则"引导,竞争中赢得的优势可以让自己在现实生活中占据有利位置,赢得势力。

竞争心理优势的弱化,需要有健全的社会法规及稳定和公平的执行机制引导。一个社会变革的方向,首先是建立真正平等并且被有效和公平执行的法则,当社会机制变为遵守法规者受到奖励和支持,而违反法规者必受到公平的惩罚且必须付出相应的代价时,民众的社会心态就会从追求特权转向遵守法规,社会才会向弱化竞争心理优势和重视合作价值方向发展。

三、良性竞争的规律

有人说:在夺取冠军的道路上,有无数的坎坷与障碍需要我们去跨越、去征服。人们通常走的有两条路:一条路是侧重攻击对手的薄弱环节。找出对方破绽,给予致命的一击,用最直接、最锐利的技术或技巧,快速解决问题。另一条路是全面增强自身实力。更注重在人格、知识、智慧、实力上使自己加倍成长,变得更加成熟,更加强大,使许多问题不攻自破,迎刃而解。

在美国商界也流传这样一句话:"如果你不能战胜对手,就加入他们中间去。"现代竞争,不再是"你死我活",而是更高层次的合作与竞争,现代企业追求的不再是"单赢",而是"双赢"和"多赢"。

那么,在现代社会中参与竞争,我们应该遵守哪些规律呢?

(1) 竞争中容不得妒忌。在竞争中,妒忌表现为使绊摔倒实力比自己强的人,不让对手超过自己,这种犯规动作既伤害了强者取胜,也对自己绝无好处。妒忌在竞争中是无能和卑鄙的代名词(不公平竞争除外)。所以竞争的第一忌就是妒忌。在现实生活中,经常发生一些能力较差的人，却受到重用的事情，这不值得气愤与妒忌，应该客观公正地评价，要对此人进行全面了解之后再做评价，不能把社会生活中的一切利害关系夹带进去，并带有个人感情色彩。只有客观、冷静、公正、全面地看问题，才能得出正确结论。

（2）竞争中应保持心理稳定，避免情绪大起大落。有竞争就有强弱之分，弱者必须承受得住失败的打击。你在这次竞争中失败了，并不说明你在将来的竞争中注定也要失败；你在这方面的竞争中失败了，并不说明你事事不如人。要克服自卑心理，选好努力的方向，下决心追赶。自暴自弃的思想要不得。另外一类失败者由于失败而产生忌恨和报复的心理，充分暴露了狭隘自私的特点，所以必须学会心态稳定。

（3）人人都有成功的机会。人的一生中充满了各种竞赛和竞争，成功有先后，胜利迟早会来到，社会总是前进的，所以每个人都应以乐观向上的态度投入竞争；竞争之余保持良好的合作，强盛之后不忘提携幼弱。切不可争一日之长短而有损于自己的品德。有这样一句话值得借鉴：事业上的竞争与做人是不矛盾的，良好的品格修养只会在竞争上有利于你。

竞争就像一扇门，不同的门里有着完全不同的等级。最下等的竞争是为了自己的利益，不择手段，哪怕置他人于死地；中等的竞争是不会采用卑劣的手段，但也不想管他人的事；上等的竞争是指向互赢的，他们知道追求事业也好，走进生活也罢，没有永远的赢家，一个聪明的人在竞争的时候，应该把一种高尚的生活哲学传达给对方，以筑就共同发展的道路。

天高任鸟飞，海阔凭鱼跃。走向竞争天地，让我们勇于承认自己的不足，铭记"天生我才必有用"的古训，在"百舸争流"中超越自我，完善自我。

【资料延伸】

《三个你人生中会遇上的小故事，遇上了那个只叫"我们"的世界》，https://baijiahao.baidu.com/s?id=1593616858182743181&wfr=spider&for=pc。

第三节 合作与竞争的影响因素

在工作和生活中，存在很多的合作与竞争，什么样的情境下人会选择合作，什么样的情境下人会选择竞争，需要我们了解合作与竞争的影响因素。

选择合作或是竞争，既受个体自身因素影响，也受人与人之间的互动、交流和沟通等影响，还受所处的环境影响。下面具体讨论合作与竞争的影响因素。

一、人际交互作用的影响

根据社会交换理论，在人际交往过程中，如果双方的行为能够形成一种公平和相互获益的关系，那么这种行为与关系就可以得到继续和发展，否则就会减少或停止。柯瑞等人（1994）的研究表明，人际交往过程中发生的合作或竞争也遵循同样的规则，如果他人做出合作姿态，我们因此会更倾向于与对方进行善意的合作；相反，如果对方自私自利，只用竞争的方式与我们发生关联，则我们也会倾向于用同样的方式回敬。

人际交互作用是人际关系的一个基本要素。人们行为的基本准则之一是以德报德，以怨报怨。在社会互动中，如果以竞争为开端，则将引起更多的竞争行为。增强合作最好的办法是相互妥协,彼此让步。

鲁宾等人(1975)的实验验证,人际交互作用的次数会影响合作的程度。实验是这样的:两人分坐在两间小屋内,每个人面前各有两个按钮,一个是黑色按钮,一个是红色按钮,要求被试按其中一个按钮。如果两人都选择黑色按钮,各赢1元;如果两人都选择红色按钮,各输1元;如果一个人选择红色按钮,另一个人选择黑色按钮,则选择红色按钮的赢3元,选择黑色按钮的输2元。实验发现一个有趣的现象:要求两人做一次这样的实验,比要求重复多次更倾向于竞争。

原因呢?只做一次,被试不需要考虑未来的行为,所以更多利用对方来获取自己的最大利益——双方选择红色按钮,而实际上双方都会输。多次重复这种游戏,双方知道了对方每次可能的选择,于是尝试合作。虽然合作双方少得一些好处,但对双方都有利。如果一方总想牺牲对方,多得好处,会让对方以牙还牙,对双方都不利。

二、信息沟通的影响

成员之间的信息沟通的程度是影响合作与竞争的重要因素之一。一般而言,沟通的机会越多,合作的可能性越大。许多研究也证明了充分的沟通会促成更多的合作。

威克曼(1970)的实验证明,沟通对合作会发生重要影响。他在类似囚徒两难困境实验中,设置了四种实验情境:同伴间不可见也无交谈(无沟通);可以看见但不可以说话;看不见但可以交谈;看得见也可以交谈。结果发现,不同的沟通形式对合作率产生了不同的影响,沟通越充分,沟通的形式越直接,合作率也就越高。在无沟通条件和无语言交谈情况下,竞争水平最高,只有40%的被试选择合作;而在实现了语言沟通后,合作率上升到了70%以上。语言沟通在促使双方讨论、增进彼此了解、做出承诺和使对方信服等方面产生了一系列作用。

多依奇等人在卡车运输实验中,针对沟通变量设计了三种不同的操作:不许沟通;可以沟通;必须沟通。结果发现,沟通导致了合作率的明显提高,强迫交流的情况更是如此。由此可见,对于合作来说,信息的交流非常重要。能够与对方进行有效的信息沟通,会在决定双方的合作方面起到重要的作用。在沟通的过程中,成员之间有了相互讨论、相互信赖、相互学习的机会,就有了合作的前提和可能。

三、奖励结构的影响

群体的奖励结构影响着群体成员做出合作与竞争的选择。

竞争性奖励结构,是指当一个人获得时意味着另一个人的损失,也就是个人的最终所得是以他人的失去为条件的。例如,在考试中,大部分的考试成绩是正态曲线分布,一个人获得高分的同时意味着他人的成绩会较差;在运动会中,只有一个人能够获得冠军,此人的成功就意味着他人的失败,这种情境称为竞争性共存。在这种情境下,如果个体希望得到奖励,就必须竞争。

合作性奖励结构,是指成员之间以积极的方式相联系,群体的绩效是以成员之间的合作为基础的,每一个成员做得越好,群体越可能获得最后胜利。例如,在球队比赛中,只有球队成员通力合作才能取得比赛的胜利。每名球员的表现越好,球队获胜的可能性就越大。在合作性奖励结构的情境中,群体成员之间的相互关系是正性的,这种情境称为合作性共存。在合作性奖励结构的情境中,对希望获得奖励的个体来说,最佳途径是选择合作。

个人主义结构,是指成员之间的成绩相互独立的结构。这种结构中,个体之间相互独立而不易发生直接的竞争关系。例如,在公司绩效考核时,对每个员工进行单独考评,每个人的成绩只以公司所制定的绩效考核标准为评定依据,与其他员工的成绩无关。

多依奇等人在研究中,考察了不同奖励指引对合作与竞争的影响,运用三种奖励指引:合作指向,选择必须关心另一个参与者的利益;个人利益指向,尽可能为自己赢得利益,不顾他人;竞争指向,尽量赢得比对手更多的钱。如表6-1所示,不同的奖励指引明显地影响了人们的选择倾向。

表6-1 奖励指引对合作与竞争的影响

奖励指引	选择合作策略的百分比/(%)		
	沟通	无沟通	平均
合作指向	96.9	89.1	93.0
个人利益指向	29.2	12.5	20.9
竞争指向	70.6	35.0	52.8

四、个体特点的影响

群体成员的社会性特征,包括群体成员的种族、年龄、性别、受教育水平、角色地位、文化等特征,都会影响合作与竞争行为的发生。

(1) 种族对合作与竞争的影响。梅德森和夏皮罗(1970)等的比较研究发现,美国人和英裔美国人最富于攻击性,墨西哥的城市儿童的竞争性相对较弱,墨西哥乡村儿童则无竞争性。

(2) 年龄和受教育水平等对合作与竞争的影响。卡岗和马森(1971)等研究发现,4~5岁和7~9岁儿童中,年龄小的倾向于合作。墨西哥人、美籍墨西哥人和英美人表现出明显的不同。墨西哥人是最擅于合作的,其次是美籍墨西哥人,英美人是最倾向竞争的。他们认为,学龄早期生活于美国这个高度重视通过竞争获得个人成就的教育环境下,会养成强烈的个人倾向。

(3) 文化对合作与竞争的影响。奥尔利克和帕廷顿(1990)等研究发现,中国儿童比加拿大儿童更富有合作性,肯尼亚乡村儿童比美国城市儿童更富有合作性。这可能是因为中国自古以来就更为重视对儿童从小进行友好、谦让、协商、合作等教育。而与城市相比,乡村人的合作性更为密切一些,而且在他们的文化中,对竞争的要求也相对低一些。

群体成员的性格特点也会对合作与竞争倾向产生影响。个体关于合作与竞争的价值倾向会影响其行为。在上面多依奇等人实验中,有三种不同价值倾向:合作倾向、竞争倾向和个人倾向。在面对卡车运输竞赛这样的情境时,他们的价值观会影响他们的行为。

五、威胁的影响

有一些群体内的沟通并不利于合作。对合作行为特别有损害的沟通就是进行威胁的沟通,这些威胁包括警告,诸如,不以某种特定的方式行动,会产生灾难性的后果。有时双方在合作过程中,其中有一方可能以另一方所不希望的方式来行动,这时,其中的一方会进行威胁,这种威胁常常为损害双方的团结。

Smith 和 Anderson(1975)的研究发现,当交流信息存在威胁时会对合作产生消极作用。研究者设计了一种类似卡车运输实验:被试有或没有信息交流的自由,双方有或没有受到威胁。在没有受到威胁的情况下,自由交流信息会增加合作。在双方受到威胁的情况下,自由交流实际上比没有交流有更少的合作。也就是说,双方利用交流信息的机会进行威胁,加强对抗,而并非借此解决相互之间的问题,因此影响了双方的合作。

合作与竞争的影响因素有很多,如群体规模、对他人动机的知觉等。

合作与竞争是社会发展不可或缺的两个部分。在一个完整的社会结构中,合作与竞争执行不同的社会功能,两者是不能偏废的。

(一)竞争对人的发展和社会的进步的促进作用

(1)竞争给我们以直接现实的追求目标,赋予我们压力和动力,能最大限度地激发我们的潜能,提高学习和工作的效率;

(2)竞争使我们在竞争、比较中,客观地评价自己,发现自己的局限性,以提高自己的水平;

(3)竞争能让我们的集体更有生气,丰富我们的生活,增添学习和生活的乐趣。

(二)合作对人的发展和社会的进步的促进作用

(1)合作可以使人们相互依存、相互促进、增强团结;

(2)合作可以扬长避短,最充分、最有效地使用人力和资源,做到人尽其能,物尽其用;

(3)合作可以互惠互利,共享成果。

人类自有的超越倾向和思维的自我中心特征,各种复杂的利益关系和自然条件的限制,都会推动人们进行竞争并为了更好地竞争而进行合作。现代社会鼓励竞争,鼓励通过竞争调动人的潜能,实现人的充分、全面发展和社会进步。但是,在竞争的同时,"合作"也是必不可少的,如果没有合作,任何事都将一事无成。合作是暂时的,相对的,而竞争是长远的,绝对的。在各种合作与竞争中,最引人注意的是与生存有关及与商业自由化有关的合作与竞争。合作与竞争是同一事物的不同方面。两者协同,才能使社会保持正常运转和得以发展。

生活中处处有合作与竞争,不论你选择合作,抑或竞争,希望大家都能获得"双赢"。

本 章 小 结

(1)人际互动,就是人际相互作用,是指个体与个体之间心理情感和行为的相互影响方式。合作与竞争是人际互动的主要形式。合作与竞争既对立又统一。一方面,两者不能同时并存于同一主体的选择。另一方面,它们相互依存,相互转化,竞争中包含合作,合作中也包含竞争。

(2)合作与竞争的原因可以从两个方面来分析,一方面是人类合作与竞争的原发心理。另一方面是导致合作与竞争的直接动因。现实生活中的利益一致与冲突,是合作与竞争的直接动因。

(3)"竞争心理优势"是指在需要共同拥有的资源的情境中,人们在合作与竞争的两种选择上更倾向于选择竞争的心理现象。竞争心理优势在生活中时时体现,也在大量的经典实验研究中得到验证。

(4)合作与竞争的影响因素有:①人际交互作用的影响;②信息沟通的影响;③奖励结构的影响;④个体特点的影响;⑤威胁的影响。合作与竞争的影响因素很多,除了上述因素,还有群体规模、对他人动机的知觉等。合作与竞争是社会发展不可或缺的两个部分。

思 考 题

(1)人际互动的定义和特点是什么?
(2)谈谈合作与竞争的对立统一关系。
(3)谈谈合作与竞争的原因。
(4)谈谈合作与竞争的影响因素。
(5)结合本章节内容和自身的经验,谈谈合作与竞争的功能。

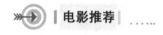

《少年的你》。

第七章 从众、服从和顺从

个体在社会中生活，离不开群体的影响。群体中的个人行为大多都是受到群体中其他人行为的影响而产生的，这种个体行为受到社会中群体影响的现象，就是社会影响。社会影响，是指因人际间的互动而产生的态度或行为上的改变。群体的背景、人与人之间的交往、大众文化、大众传媒等，都会对个体的行为产生种种性质不同的影响。常见的个体接受社会影响的方式有从众、服从和顺从。从众、服从和顺从都是一种相符行为。相符行为，就是指个人行为与群体行为相一致，或群体行为中一部分人的行为与另一部分人的行为一致的现象。在生活中，我们要合理看待相符行为对个体、社会的影响，学会恰当地促进个体的积极的相符行为，避免盲目消极的相符行为。

第一节 从 众

在生活中，你有没有做出随大流的行为，例如，看到大家都在使用华为手机，你也想购买一款华为手机；看到大家都在双十一网购，你是不是也很难抑制自己的冲动而加入网购大军；看到身边的人都到电影院看电影，你也选择到电影院看电影……这些现象都说明个体在群体中时常表现出的一种心态，也就是从众心态。那什么是从众？从众有哪些类型？从众对行为会产生怎样的影响？影响从众的因素有哪些呢？研究从众行为有什么意义？

一、从众概述

我们曾经学过的一篇课文《望天》，虽然有些令人发笑，却很恰当地说明了从众现象。

（一）从众的定义

从众，是指个人的观念与行为由于群体的引导或压力，而向与多数人一致的方向变化的现象，也就是我们常说的"随大流"。日常生活中的从众，可以表现为在临时的特定情境中对占优势行为方式的采纳，如在助人情境中跟随大家一起帮助他人等；也可以表现为长期性地对占优势观念与行为方式的接受，如顺应风俗、习惯、传统，举手表决时的少数服从多数等。

从众是由群体压力导致的个体行为变化，从众行为的特点有：①引起从众的群体压力可以是真实存在的，也可以是想象的；②群体压力可以在个体意识到的情况下发生作用，也可以在个体没有意识到的情况下发生影响；③从众行为虽然有时候不符合个体的本意，但却是个体自愿行为。自愿是从众的重要特点。

个体在解决某个问题时，一方面可能按照自己的意图、愿望采取行动，另一方面也可能根据群体规范、领导意见或群体中大多数人的意向制定行动策略，由于随大流总是安全的，所以在现实生活中不少人采取从众行为，以求得心理上的平衡，减少内心的冲突。

生活中,从众的事情时有发生。2011年3月11日,日本发生9级地震,导致福岛核泄漏。核辐射引起人们恐慌,导致我国国内爆发了一场食盐抢购风潮。食盐抢购风潮背后是人们的恐慌心理,暴露出科学常识普及不够。面对灾难,不仅要懂科学,更要相信科学,不仅不能信谣,还要做到不传谣,主动抵制谣言传播,这样才能避免灾难后的恐慌。

(二)不从众与独立

个体行为既有从众现象,也有不从众或独立行为。具有不从众行为倾向的个体,之所以能够克服群体的压力,不发生从众行为,是因为认识到群体行为可能是错误的。他们蔑视群体规范,仍然保持原有的态度与信念。从个性上看,这种类型的人,独立性强,不易受人暗示,所作所为不愿意被他人的行为所支配,有时也可能是某种叛逆心理的表现。

不从众与独立的人在团体中一般属于少数,常被多数人称为"异端分子"而受到指责。但不从众与独立对团体也有其存在的意义,主要体现在:①给团体提供从不同角度观察事态的机会,从而减少失误,起到监督作用;②容许不从众与独立可以激发人的创造性。

不从众与独立的个体在工作生活中常见的表现就是,坚持按照自己的意愿,做自己想这样做的事情,而不顾大多数人的意愿。不从众与独立的个体,一般会保持自己独立的判断。在生活中,发展与适应是人生两大主题,作为个体,与群体融合、适应社会是其重要发展任务,在某些情境和场合中需要我们做出与群体相符的行为,从众也就成为一种个体常见的相符行为。但在某些场合中,有时候需要我们保持独立,坚持自己的观念,保持自己的独特个性,不从众与独立也就成为个体的个性名片。

二、从众的分类

在生活中,你看到大家都在使用苹果手机,你是不是也想着自己拥有一部苹果手机呢?在学校里,你看到同学都在图书馆认真学习,你会不会走进图书馆去学习呢?早上室友都起床去晨读了,你还会睡懒觉吗?在这些情境下,个体很可能会受到他人的影响,而表现出从众行为。根据外显行为是否从众,及行为与内在的自我判断是否一致,可以将从众分为以下三类。

(一)真从众

真从众,是指不仅在外显行为上与群体保持一致,内心的看法也认同群体的观点。这种从众是表里一致的从众。谢里夫(1935)实验中的群体一致便属于这种情况。由于实验情境中没有任何光点移动距离的参照,人们自觉接受了群体的判断,在观点与行为上都与群体保持一致。

需要提醒的是,本质上,主动的认识与群体相一致,接受群体的意见,并在行动上与群体相一致,这不是一个简单的从众行为,而是与群体一致或相符的行为。不能任意地将其归入由于群体压力的作用而从众的现象,从众现象的一个重要标志,是主体具有内在的态度变化过程。

与群体相符及真从众,是个体与群体最理想的关系,因为它不引起个体心理上任何冲突,个体的知、情、意、行保持一种和谐的状态。例如,看到身边的人为提升自己的学历和能力而考研,自己也加入考研的行列,不仅认同考研这件事,而且还和考研的同学交流,积极备考。

（二）权益从众

权益从众，是指个人虽然在行为上保持了与群体的一致，但是内心却怀疑群体的选择是错误的，只是迫于群体的压力，暂时在行为上保持与群体的一致，如指鹿为马。权益从众会使个体处于认知失调状态，如果群体压力始终存在，个体需要调整心理，要么改变自己的态度，与群体意见一致，要么将自己的行为合理化，找出新的理由，弥补观点与行为之间的距离，实现认知协调。

在实际生活中，权益从众是从众的一种主要类型。由于种种利害关系，个体在许多情况下，不管内心看法如何，必须保持行为与群体的一致，否则由于群体的制裁，个人会付出太大的代价。

（三）不从众

不从众包含两种表现，一种是表里不一致的假不从众，一种是表里一致的真不从众。

表里不一致的假不从众，是指内心倾向与群体一致，但是由于某种特殊的需要，行动上不能表现出与群体一致。例如，群体由于某种原因而出现群情激愤时，作为群体的领导者，情感上虽然认同群体，但行动上却要保持理智，不能用自己的行动鼓动群体的破坏性行动而逞一时之快。

表里一致的真不从众，是指内心观点与群体不一致，行动上也不从众。表里一致的真不从众，就是独立，坚持自己的观点和行为。这种情况通常发生在群体对个人缺乏吸引力的情况下。

三、有关从众现象的实验研究

（一）谢里夫的研究

关于从众的实验研究最初是由谢里夫在20世纪30年代完成的。1935年，谢里夫利用"游动错觉"设计了一个实验。所谓"游动错觉"，是指在黑暗的环境中，在人们观察一个固定不动的光点片刻后，感觉到光点在来回移动的视错觉。实验中，谢里夫要求被试在暗室里各自独立估计一个实际是静止的光点的"移动"范围，实验反复了几次后，被试就都形成了各自所估计出的光点的"移动"范围。在第一天的实验里，被试要求单独在黑屋子里对光点"移动"范围进行判断，如某甲第一次说移动了15厘米，第二次说移动了12厘米，第三次说移动了14厘米，那么他所估计的移动范围就是12～15厘米。在后几天的实验中，要求几个被试在实验室共同进行估计。结果，尽管被试单独估计的"移动"范围各不相同，但几个被试共同进行估计时，他们个人之间互有影响，判断的结果也就相互趋近了。譬如，两人原来各自估计的"移动"范围是5～8厘米、18～25厘米。当两人一起进行估计时，两人估计的"移动"范围就一次比一次接近。实验进行到第九次时，两人的估计竟达到了完全一致，估计的"移动"范围为11～15厘米。

谢里夫的实验表明，一个人对外界的认识或见解，会受到他人的、众人的暗示性影响。在日常生活中，人们的这种易受暗示性有时很有趣，如受某个人咳嗽、微笑或打哈欠影响，周围的人也会表现出类似的行为。

【资料延伸】

《为什么打哈欠会传染，能引起连锁反应》，http://www.sohu.com/a/307395533_100171146。

（二）阿希的研究

20世纪50年代，美国社会心理学家阿希在1956年做了一个称为经典性的从众行为实验。阿希告诉123名大学生被试要进行一个视觉判断力的实验。如图7-1所示，实验材料是18套卡片，每套有2张卡片，卡片上分别画有标准线段和比较线段，要求从三条（A、B、C）线段中选出一条与标准线段（X）等长的线段。实际上是线段B与标准线段X等长。

 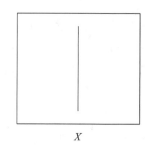 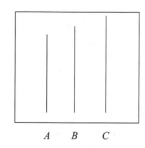

图7-1　阿希的实验材料

实验是每组7人，其中6人是实验者的助手，只有一个人是真正的被试，并且真正被试总是被安排在倒数第二个回答。几个被试围桌而坐（见图7-2），面对两张卡片，依次比较A、B、C三条线段中的哪一条线段与标准线段等长并大声说出他所选择的线段。

18套卡片共呈现18次，前几次判断，大家都做出了正确的选择，从第7次开始，假被试故意做出错误的选择，实验者观察被试的选择是独立的还是从众的。实验中真被试当听到前面5个人给出的错误判断时，惊讶不已，感到迷惑不解。面对这一实验情境，被试在做出反应前需要考虑以下三个问题：①是自己的眼睛有问题，还是他人的眼睛有问题？②是相信多数人的判断，还是相信自己的判断？③在确信多数人做出了错误判断后，能否坚持自己的独立性？实验者记录被试的每一次选择，然后加以统计分析。

阿希在1951年开始实施这一实验，在1956年、1958年又重复了这项实验，结果发现：①1/4～1/3的真被试保持了独立性，没有发生过从众行为；②所有真被试平均从众行为为35%；③大约有15%的真被试，从众行为的次数占实际判断次数的75%。

实验结束后，实验者个别访谈被试，询问其发生错误选择的原因。根据被试的回答，有三种类型。①知觉的歪曲。被试确实发生了错误的观察，把他人（假被试）的反应作为自己判断的参照物，根据他人的选择辨认"正确"的答案。但是当错误十分明显时，发生这种错误的人极少。②判断的歪曲。被试虽然意识到自己看到的与他人看到的不同，但由于对自己没有信心，认为多数人总比个人要正确，发生错误的肯定是自己，属于这种情况下的人最多。③行为的歪曲。被试确定自己是正确的，但不愿意成为"一匹离群之马"，所以表面上采取了与众人一致的选择。

图 7-2 实验情境

（三）重复阿希的研究

阿希的经典实验是关于感知方面的从众行为，尚未涉及社会生活方面。照理说，判断线段的长短似乎谈不上有什么压力，完全可以不受外界的影响而凭自己的感知。因此，有些人对阿希的实验抱有怀疑的态度，估计这种情况很可能不会在我们这里同样发生。为此，华东师范大学心理学系学生于 1982 年重复了阿希的实验。

被试是华东师范大学的学生，共 30 人，实验结果表明，中国人同样表现感知方面的从众行为，和阿希的实验结果相似，具体如下。

(1) 有 56% 的真被试未发生从众行为，44% 的真被试发生从众行为。

(2) 有 2 个真被试自始至终都表现了独立性行为，有 2 个真被试从头到尾都表现了从众行为，26 个真被试不同程度地表现了从众行为。

(3) 实验观察表明，开始表现从众行为的真被试较少，随着实验进程的推进，从众行为随之增加，这反映了从众行为次数与实验次数有一定的函数关系。

实验过程中还观察了被试的表情：①表现独立性行为的真被试回答果断，毫不迟疑；②每次都表现从众行为的真被试，表现为不假思索，人云亦云；③其余真被试表现为犹豫不决。实验开始时，有的真被试认真地用手比划卡片上的线段，也有的真被试先表示怀疑，越往后就越发不假思索地发生从众行为。

实验结束后，实验者对不同类型的真被试做了重点访问。

表现独立行为的一个真被试说："尽管许多同学与我不一致，我还是深信自己的判断是正确的。"另一个真被试说："我发现只有我一个人与众不同，我知道他们是错的，我无法屈服。"每次表现出从众行为的真被试说:"我看到别人怎么讲,我自己也就怎么讲,有几次我看出是不对头,但别人都这么说,我就跟着讲了。"其余真被试有的说:"开始我坚持,后来看看大家都讲得与我不一样,我就怀疑自己的眼睛有问题,有点害怕自己看错了,所以也就随大流了。"

进一步调查又发现,坚持自己意见,表现独立行为的两个真被试,都是家庭中的长子长女;而缺乏独立性、每次都表现出从众行为的两个真被试,其家中都有哥哥或姐姐。这可能反映了不同的社会生活条件对他们的要求不同,长子、长女在家庭内独立自主处理问题的机会多,而家中有哥哥或姐姐的人经常处于随从地位,容易随大流。

四、从众的原因

从众行为在怎样的心理状态下容易出现呢? 基斯勒(1969)从个体的角度提出从众行为产生的四种需求或愿望:①与大家保持一致以实现团体目标;②为取得团体中其他成员的好感;③维持良好人际关系的现状;④不愿意感受到与众不同的压力。

国内学者章志光在总结前人研究成果的基础上,总结了从众的三个原因,分别是:①寻求行为参照;②对偏离的恐惧;③与群体融合的需要。

(一)寻求行为参照

在许多情境中,人们缺乏有关适当行为的知识,又不愿在判断或行为上出现错误,就需要从其他途径来获得行为引导。例如,在大学里,你不知道考什么证书更好,选哪门选修课,你就会参照其他同学,看大家是如何选择的,从而做出选择。记得刚当妈妈那会儿不知道购买什么品牌的奶粉,就在网上看了很多妈妈选购奶粉的经验,询问很多妈妈选购奶粉的品牌,最后选择一款大家认可度比较高的奶粉心里才宽心。根据社会比较理论,在情境不确定的时候,其他人的行为最具有参照价值。而从众指向的是大多数的行为,自然就成了最可靠的参照系统。

(二)对偏离的恐惧

每个人都隶属于一个群体,研究证明:任何群体都有维持群体一致性的显著倾向和执行机制。对于同群体保持一致的成员,群体反应是喜欢、接受和优待,反之则是厌恶、拒绝和制裁。因此,在一些情境中,人们从众是为了避免拒绝和被人喜欢。

弗里德曼等人(1968)的实验研究证明群体会对偏离者采取惩罚态度。被试是一些互不相识的人,实验者通过操作,使被试相信,小组中5人意见一致,只有1个被试和大家意见不一致,使之成为大家心中的偏离者。然后,实验者要求选择1个充当电击学习实验中的被试,去承受实验中的电击痛苦时,群体中5个意见一致的被试,几乎一致选择了被视为偏离者的被试。而当要求群体选择1个人参加另一种有报酬的愉快的学习实验时,群体却尽可能避免选择那个被视为偏离者的被试。

在日常生活中,许多人已经养成了一种尽可能不偏离群体的习惯。作为东方文化,更倾向于鼓励人们的从众行为,因而也更容易产生偏离的恐惧。

(三)与群体融合的需要

与群体成员保持一致可以使人更容易被成员接受。在青少年中,出现玩游戏、看漫画等行为,更多的是为了被同辈群体接纳。群体规模越大,群体本身越有吸引力和越有价值,引发地从众融合需求和从众行为就越强。

五、影响从众行为的因素

在一个群体中,有的人容易从众,有的人不容易从众。同一个人,也许在一个情境中从众,而在另一个情境中坚持己见。那么,是什么因素影响了从众行为呢?阿希及后来的研究者对影响从众行为的因素做了进一步的探索,发现从众行为依赖于以下因素。

(一)群体因素

1. 群体凝聚力

群体凝聚力,是群体成员相互之间吸引的程度,它取决于群体中的人际关系。群体凝聚力与群体成员对群体规范、标准及期望的认同程度成正相关性。实验研究证实了这样的心理原则:群体的凝聚力越强,群体成员之间的依赖性、意见的一致性及对群体规范的从众倾向就越强烈,个体就越有可能为了群体的利益而放弃个人的意见,与群体的意见保持一致。相反,如果群体是一个松散的群体,群体成员之间的意见存在较大分歧,则群体中个人的从众行为就会大大下降。

2. 群体的规模

大量实证研究证明,在一定范围内,人们的从众性是随着群体人数的不断增加而上升的。阿希(1951)在较早的研究中发现,2个人的一致意见构成的压力,明显大于1个人的,从众率上升明显;3个人的一致意见又显著比2个人产生的压力更大。当群体达到4人以上的群体保持一致意见时,就不再明显引起从众率的变化。

(二)个体因素

1. 性别和年龄

在性别方面,人们通常认为女性比男性更容易从众。是这样吗?

考德曼(1958)等人研究表明:问题难度与从众率的相关系数:男性为0.58,女性高达0.89。也就是说,问题越困难或越缺乏客观标准,从众率就越高。女性在相应困难程度下比男性更容易从众。

西斯特克的实验验证从众的性别差异与自信有关。他在实验中分别选择了男女均适用的材料,结果表明,在男性比较熟悉的实验材料上,男性表现出较少的从众行为,而在女性比较熟悉的实验材料,如烹调、设计服装、带领孩子玩耍等上,则男性表现出较多的从众行为。在中性刺激材料面前,男女被试的从众程度没有什么差别。

也就是说,在性别方面,不能简单地说是男性还是女性更容易从众,而需要依据不同的问题、问题的难易程度及问题对男女的熟悉程度等方面进行综合考量。

在年龄上,儿童、青少年比成人更容易从众,因为这个阶段的个体处于发展阶段,有较强的可塑性,对同伴群体的影响较大,自我意识发展不如成人全面。随着年龄的增长,性格的稳定,自我认识的强化,在从众上年龄的差异就不再明显。

2. 个性特征

个人的能力、自信心、自尊心、独立性、果断性等都与从众行为密切相关。已有研究验证,能力强、自信心强的人,不容易发生从众行为;被试的自我评价越高,从众性率低;表现一致的独立行为被试,倾向于对自己的看法积极而稳定,有很强的自信心,不容易从众。相反,容易从众的被试表现自信心较差,依赖性较高;被试的果断性越强,越倾向于不从众;性格软弱、受暗示性强的人,也容易表现从众行为。

《祖孙抬驴》的故事表明:一个人缺乏独立思考,易受暗示,容易受他人影响,依赖性较强,更容易做出从众行为。

3. 知识经验

人们对刺激对象有越多的了解,掌握的信息越多,就越不容易从众,反之则越容易从众。每一个行业,你了解得越多,你的知识经验越丰富,就越容易认清这个行业、行业产品及相关的问题,表现上也就不容易从众。例如,一名医生和一群教师讨论教育问题,医生往往不会反对教师的意见,因为医生对此问题不甚了解;而讨论营养、健康问题,医生可能会反对教师的一致意见,因为医生在这方面有丰富的经验。

4. 个体在群体中的地位

个人地位的高低可在群体结构中得到反映。居于低地位者常常感到来自高地位者施加给他们的从众压力,人们往往愿意听从高地位者的意见,而忽视低地位者的观点。高地位者之所以能够影响低地位者,使之屈服于群体规范,是因为他们被认为有权力和能力酬赏从众者,处罚歧义者。此外,高地位者比低地位者显得更自信能干、经验丰富,能得到较多的信息,这样,高地位者就赢得了低地位者的信赖。这些因素综合在一起,使高地位者成为权威人物,而低地位者相对受人轻视,即所谓"人微言轻,人贵言重"。因此,一般来说,群体中那些地位越高的人,越不容易屈服于群体压力,不易发生从众行为;反之,地位越低的人,就越容易发生从众行为。

(三) 群体中其他成员的行为对个人从众的影响

1. "不从众者"的作用

群体的一致性是构成群体压力的重要因素之一,也是影响从众行为的主要条件。很多从众行为,都是个体在看到群体中的他人采取了相同的行为,个体为了保持群体的一致性而产生的。例如,在一个宿舍,其他同学要考计算机等级考试,你可能也会报考;你看到其他同学都购买了华为手机,你可能也会购买华为手机;你看到其他同学都参与了"双十一"、"双十二"购物,你还控制得住吗?

在群体中出现不一致,也就是"不从众者"作用后,从众率会发生明显的下降。阿希在20世纪50年代的研究证实,无论群体规模如何,只要群体出现不一致的情况,即使持不同意见的人没有任何权威,都会使从众率大大下降。艾伦(1969)等人的实验同样验证,只要群体中存在分歧意见,不论这位不从众者的知识、能力、威望或其他个人特点如何,都会导致从众行为的急剧下降。

群体意见不一致,也就是"不从众者"作用,导致从众率下降的原因有三个。

(1) 出现不一致时,人们对多数人的信任度就会降低,这就使得本来对群体意见有所怀疑的个体找到了支持力量,并提供了可以怀疑的空间,这就削弱了人们将多数人意见作为判断参照的依赖性,导致从众率的下降。

(2) 这种来自他人的支持力量同时也能提高个体对自我判断的信心,从而降低从众产生的比例。

(3) 群体意见不一致,会减少人们的偏离恐惧感,降低群体对个体造成的压力,使得人们进行独立判断的倾向增加,从而使从众率下降。

2. 群体成员态度改变对个体从众的影响

如果群体中其他多数成员一开始赞同被试而后来又改变态度,这种情况下对被试的影响,比一开始就做出不同于被试的反应更能引起个人的从众倾向。另外,如果被试在与其他人接受实验之前,曾自己独立做过相同的工作,而且有支持他做出正确选择的证据,则在群体作业情境中,更能抵制从众的压力。

3. 群体行为与个体行为的差距

从众的情形包含个人认知与群体行为的冲突,个人认知与群体行为之间的差距大小与从众反应有关。当差距太小时,被试不大会感受到群体压力的威胁;当差距太大时,被测会怀疑群体反应的正确性;当差距为中等程度时,被试感受到的群体压力最大。

从众是一种常见的心理现象,我们需要正确地认识从众的原因,才能更好地了解和规范自己的从众行为。

六、从众行为的意义

从众是一种常见的心理想象,大多数从众行为不具有直接的社会评价意义,本身无所谓积极的或消极的,它对人的作用主要取决于行为本身的社会意义,我们要理性看待从众的影响。

从众现象对个体和整个社会而言,具有重要的影响。任何一个社会,无论社会功能的执行,还是社会文化的延续,多数人在观念和行为上保持一致都是必要的。一个社会需要有共同规范、共同价值观与行为方式,但是,这需要大家在相互交往中,共同遵从才能达成。也就是说,从众具有促进社会形成共同规范、共同价值观的功能。对于个人来说,个人只有在更多的方面与社会的主导倾向一致,他才能够适应社会,否则他将困难重重。同时,任何一个个人,在社会中生存,都有他难以应对的情境,这时就需要参照他人的行为。也就是说,从众具有让个体适应社会的功能。

当然,如果我们遵从的是正确的舆论、积极的价值导向、合理的行为等,那么对于形成良好的社会规范、文明的构建和传递都是有积极意义的;反之,盲目地从众,则容易引起社会的动荡、价值导向的偏离、社会资源的浪费、个性的消失、人们的恐慌等,这就不利于社会的安定和发展,并容易导致社会的不良风气,给个人和社会造成极大的消极影响,如盲目地让子女上多种兴趣班,盲目地购买某种商品等。

从众行为既有积极一面,也有消极一面。例如,处于有着良好社会规范环境中的个人,会出于从众的心理而约束自己的言行,做到与他人的行为一致。因此对诸多懂文明、讲礼貌、尊老爱幼、保护环境等公益准则应大力宣传,以形成良好的社会风气。反之,如果群体对社会上的一些歪风邪气、不正之风不加以阻止、任其泛滥,也会使一些意志薄弱者随波逐流。

人们表现出的不从众行为或独立行为,也不能一概都认为是消极的,这主要看不从众行为或独立行为本身的性质。不过,不从众行为者如果对立情绪太浓厚,常常会意气用事,缺乏理智,即使其不从众行为的方向正确,也不能使人心悦诚服;如果方向错误,那么其产生的消极因素就更多。

在任何一个群体内总有一小部分成员对群体的准则或决议持有不同观点,这完全是正常的现象。有些群体的领导人对少数群体成员往往采取不欢迎的态度,其实少数群体成员在群体中也有一定的作用。在团体中若能听到不同意见,甚至是反对意见,能够激起大家的思考,有不同意见的争论是好事情,便于督促群体防止不良的倾向。如果群体内各个成员看法完全一致,毫无分歧,就会缺乏创新精神,群体成员往往都墨守成规,甚至"和稀泥",这样的群体缺乏生命力和战斗力。有时候,缺少少数群体成员意见的群体做出的决策甚至出现了"群体消极"的现象,即群体成员中原已存在的倾向性得到加强,从而群体的决策趋于极端保守或极端冒险。显然"群体消极"影响下产生的决策并不是最优方案。

第二节　服　　从

当你在马路上行走,交警正在进行交通疏导时,若此时为绿灯,但交警限制了这个方向的行走,你会通过吗?

当老师布置了课外作业,要求大家进行一项社会调查,以作为这门课程的考核任务时,你作为学生,会完成吗?

在生活中,会有很多类似的情境,迫于某种压力,人们选择了服从。

在社会群体中,人们对群体的规范是否一概表示无条件地服从?当有一个高地位者命令你去干一件你不愿意干的事情时,你会放弃个人的原则去执行高地位者的命令吗?这些问题就是下面要讨论的另一种相符行为——服从。那什么是服从?人们服从的原因是什么?影响服从的因素有哪些呢?研究服从行为有什么意义呢?

一、服从概述

(一) 服从的定义

服从,是指按照他人命令行动的行为,其方式是"命令,执行"。它是人与人之间发生相互影响的基本方式之一,具有较高的强制性和被动性。服从行为是在外界压力影响下而被迫发生的。这里的外界压力影响有两种情况,一种是在一定的有组织的群体规范影响下的服从,如遵纪守法、维护社会秩序等;另一种是对高地位者命令的服从,如一切行动听指挥、下级服从上级等。

个人服从集体,少数服从多数,下级服从上级,是社会群体所强调的组织原则。遵守组织原则,服从组织纪律,是维护和增强群体生命力、战斗力的一个极其重要的方面。所以,个体对于社会群体的各项政策、法律及各种规章制度,不管自己愿意还是不愿意,都是必须服从的。例如,人们要服从法律,要依法办事;军人以服从为天职,才能更好地保家卫国;司机遵守交通规则,才能更好地维护自己和他人的人身安全……

人们在群体活动中有时还会对个别学识渊博、德高望重的高地位者表现出服从,这种服从往往也是无条件的。对高地位者的服从可能是源自对其敬重,发自内心的信服,也可能是对其恐惧,违心地屈服。一般说来,人们的服从行为可能与其本人内心有一定的距离,但不至于引起内心激烈的矛盾和冲突。但当权威的要求与个人的道德和伦理价值发生很大矛盾时,个人违背了自己的良心而服从高地位者的命令,精神上就会感到惶惑不安。例如,父母结合你的实际情况和整个家族的状况,为了你的前程,让你报考金融专业,你觉得父母非常

"功利",相比金融你更喜欢文学,但你又不能违背父母的意愿,学着金融专业的你感到深深的痛苦。

在服从行为背后,还需考虑是否存在盲目服从情况,高地位者的命令是否合理、正确,社会规范是否有助于社会进步等。盲目的服从,会造成道德的沦丧,个人责任意识的降低,甚至造成错误的行为等。例如,一个学生在服从老师的惩罚,在太阳下暴晒后中暑晕倒,学生没有意识到,自己的生命是最重要的,自己对自己的生命负责,他是可以到阴凉处休息的,当然,老师的这种惩罚也是不可取的。

(二) 群体规范的服从研究

美国社会心理学家F.H.奥尔波特在一个时期内观察了十字路口2114车次的汽车驾驶情况,发现绝大部分的司机是服从交通规则的,但仍有极少数司机违背了交通规则。具体结果如下:

(1) 看见红灯立即停车的有1594车次,约占总车次的75.40%;
(2) 看见红灯减速慢行的有462车次,约占总车次的21.85%;
(3) 看见红灯稍缓停车的有47车次,约占总车次的2.23%;
(4) 看见红灯照旧行驶的有11车次,约占总车次的0.52%。

将观察记录的数据加以处理后,可以描绘成一条曲线(见图7-3)。

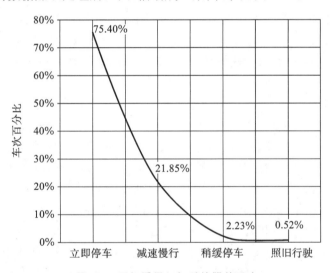

图 7-3 司机看见红灯后的服从反应

(三) 不服从的表现

在生活中虽然有许多人都按照群体的规范或高地位者的意志去行事,但并不是任何人在任何场合都无条件地表示服从。如果群体的规范或高地位者的要求不合理,或者群体的规范或高地位者的要求虽然合理,但不符合个人的实际需要,个人就会表现不服从的情况。不服从在不同的场合表现形式有所不同,一般来说有以下几种类型。

1. 抗拒

抗拒表现为在行为上拒不执行任务,并提出口头或书面的抗议,主观上情绪偏激,怀有对立情绪,这在生活中经常可以看见。领导和被领导者有时发生矛盾,往往都是由于领导提出的任务或要求不为下级所接受而产生的。

2. 消极抵制

有些群体成员对群体规范不愿意执行，又不敢明目张胆地表示不同意，只好采取表面上表示服从，而暗地里采取消极抵制的办法。例如，工厂里有些班组长对厂里的规章制度有意见，但不敢公开与之对抗，在暗地里即使有人违背规章制度，也不愿意对其深究。

3. 自由主义的态度

有些人服从命令或遵守规定是被迫的、不自觉的，他们在一般情况下能够维护群体的规范，服从高地位者的意志，但是在无人督促的情况下会采取自由主义的态度。例如，有些司机在马路上驾驶汽车时，看到有交警在维护交通秩序，能够服从指挥按规定的速度行车，一旦处于无人管辖地段或交警不在现场，则容易超速行驶。又如，有些学生在班主任面前能遵守课堂纪律，在班主任走开后，便"蠢蠢欲动"起来。

（四）取得服从的方法

取得服从的常用方法是说服、劝导、忠告。例如，一位母亲想要他十几岁的儿子不抽烟，她可以告诉他吸烟有害的医学道理，使儿子信服后不再吸烟。当希望人们捐款时，总要做出一定说明、动员之后，人们才开始募捐。

此外，还有其他一些取得服从行为的方法。

1. 实施奖惩

对符合命令、要求的行为给予奖励，对不符合命令、要求的行为给予惩罚，会取得对命令、要求的服从行为。一般来说，奖惩越重，取得服从行为的效果也就越好。例如，家长会告诉孩子，如果每天放学回家，自觉写好作业，坚持一个星期，星期六就可以去公园玩。孩子为了得到去公园的奖励，就会服从家长的要求，认真完成作业。同样，可以告诉孩子，如果不好好写作业，不但不能去公园，而且也不能看电视。孩子为了不受到这样的惩罚，也会认真完成每天的作业。

一般来讲，奖励比惩罚更容易让人服从。这是因为惩罚会造成消极的情感反应，其结果导致表面服从，而并非真正的服从。孩子因为抽烟挨了家长的打骂，那么，他可能在家长面前不再抽烟，而在家长背后照抽不误。另外，惩罚过多，还会造成较大的心理压力，易引起逆反心理或对抗心理，结果可能导致人们去做与要求相反的事情。例如，中学生早恋问题，如果家长、老师批评不当，过分指责，可能适得其反。

Brehm 和 Sensening(1966)做过这样的一个研究，让被试对两个将要解决的难易程度相同的问题进行选择。在做出选择之前，引入外在压力，让被试看一些纸条，纸条上写着另一个被试做出的选择。在一种条件下，纸条上写着："我选 A 题"，这是较小的一种压力；在另一种条件下，纸条上写着："我认为我们俩都应该选 A 题"，这是较大的压力。结果，在较小压力下，70%的被试选择了 A 题；而在较大压力下，只有 40%的人选择了 A 题。这项研究表明，增加压力并不一定能取得更大的服从，有时会适得其反，压力越大服从越小。

2. 给予关心

给人以特别的关怀和照顾，使之感到愉快，是让他人服从的重要方法。这方面最著名实验是由梅奥(1931)所做的系列实验之一。挑选装配车间的装配电话中继器的六名女工为被试，实验者对其进行为期一年十二个阶段的观察，发现无论工作条件如何变化，增加或减少工间休息、延长或缩短工时、提供或取消免费午餐，每一个实验阶段的生产效率都比之前的一个阶段的要高，女工工作越来越努力，效率越来越高。

这里面最重要的原因是女工感到受到了特别的关注,因而感到愉快,结果就按照实验者(老板)想让她们做的那样去做(她们知道实验主要测量她们的生产效率),从而服从实验者(老板)的要求。

3. 提供榜样

通过对榜样行为的观察和模仿也可以让别人服从。

布兰恩和泰斯特(1967)研究证明:一个人看到他人的高度服从,他会表现出更高的服从;相反,如果看到他人毫不服从,他会表现出更低的服从。

另外,格鲁塞克(1970)的研究表明:榜样的效果取决于他实际上怎样去做,而不是他怎样去说。在他设计的实验里,被试可以均分所得奖赏,也可以不均分奖赏。有三种情况:①没有榜样;②看到有一个榜样,榜样说要均分其奖赏,但实际并没有这样做;③看到一个榜样实际均分了自己的奖赏。结果,看到榜样均分的被试比没有榜样的更可能均分其奖赏,但是那些只是听到榜样说要均分奖赏的被试并不比无榜样的更多地均分奖赏。

二、米尔格莱姆的服从实验

(一) 实验的基本过程

对服从进行深入研究的是心理学家是斯坦利·米尔格莱姆的服从实验。

作为东欧犹太移民的儿子米尔格莱姆很想弄清楚,为什么这么多人参与了可怕的战争(第二次世界大战)罪行? 很不解是什么驱使德国士兵参与大屠杀。"这怎么会发生,我问自己,这些在日常生活中礼貌、举止得体的普通人,怎么会这么无情,没有人道,失去良知呢?"1961年,米尔格莱姆"灵光乍现",设计了经典的服从实验,想探讨在正常情况下,人们受到压力而服从的情况是怎样的。是不是和在战争期间或非常事件中盲目地效忠、无条件的服从命令,以至丧失人性和理智的情况有所不同。结论让人震惊。

1. 研究的被试

这一研究有40名被试,通过登广告的办法招募志愿者,以保证被试的广泛性。任何不是在校生的25～55岁身体健康的成年男性都可以报名申请,参加者可获每小时4美元,外加交通费的报酬。这在当时,4美元可是一笔丰厚的报酬。

2. 服从实验的原型步骤(米尔格莱姆的原型实验)

实验者告诉这些被试,他们将参加一项实验,目的是研究惩罚对学生的影响。实验时,一人当学生,一人当教师。谁当学生谁当教师,用抽签的方式决定。教师的任务是朗读配对的关联词,学生则必须记住这些关联词,然后教师呈现某一词,学生在给定的四个词中选一个正确的答案。如果选错,教师就按电钮给学生施以电击,作为惩罚。由于事先的安排,实际上每组只有一个真被试,另一个是实验者的助手,即假被试。抽签结果,真被试总是当教师,假被试总是当学生。

实验开始,充当学生的假被试与当教师的真被试分别安排在两个房间里,中间用一堵墙隔开(见图7-4)。在学生的胳膊上绑上电极,这是为了在学生做出错误选择时,可由教师施以电击惩罚。而且,实验者把学生用绳子拴在椅子上,向教师解释说是为了防止他逃跑。教师与学生之间不能直接看到,用电讯传声的方式进行联系。

给学生施以电击惩罚的按钮共有30个,每个电钮上都标有它所控制的电压,从15伏特

 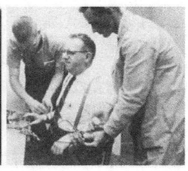

图 7-4 米尔格莱姆实验照片

开始累计,依次增加到 450 伏特,每四个电钮为一组,共七组零两个,各组下面分别写着"弱电击"、"中等电击"、"强电击"、"特强电击"、"剧烈电击"、"极剧烈电击"、"危险电击",最后两个用"×××"标记,事实上这些电击都是假的,但为了使作为教师的被试深信不疑,首先让其接受一次电压为 45 伏特的真电击,作为惩罚学生的体验。虽然实验者说这种电击是很轻微的,但已使教师感到难以忍受。

在实验过程中,学生故意多次出错,教师在指出他的错误后,随即给予电击,学生发出阵阵呻吟,随着电压值的升高,学生叫喊怒骂,尔后哀求讨饶,踢打墙壁,最后停止叫喊,假装已经昏死过去。教师不忍心再继续下去,问实验者怎么办。实验者严厉地督促教师继续进行实验,一切后果由实验者负责。在这种情况下,有 26 名被试(占总人数的 65%)服从了实验者的命令,坚持到实验最后,但表现出不同程度的紧张和焦虑。另外 14 名被试(占总人数的 35%)做出种种反抗,拒绝执行命令,他们认为这样做太伤天害理了。

米尔格莱姆在实验结束之后,把真相告诉了所有参加实验的被试,以消除他们内心的焦虑和不安。

3. 预测结果与实验结果的差距

预测结果:米尔格莱姆原先预测,在上述实验情境中,极少数被试会服从实验者对学生施加 240 伏特以上的"强电击"。预测时邀请精神科专家、大学生和一般的白领阶层共 110 名成人来预测结果。三个群体预测的平均电压为 135 伏特,没有一个人预测会超出 300 伏特。110 人中的 40 名精神科专家预计,在米尔格莱姆的实验情境中,被试对学生施以最强的 450 伏特电击的可能性只有 0.1%。

实验结果与人们的预测大相径庭。具体结果如表 7-1 所示。

表 7-1 米尔格莱姆的服从实验

电击水平	服从实验者命令的被试的百分比
弱电击到中等电击(15～240 伏特)	100%
强电击(255～300 伏特)	88%
特强电击(315～360 伏特)	68%
危险电击(375～420 伏特)	65%
"×××"(435～450 伏特)	65%

米尔格莱姆本人对实验中表现出来的服从程度也十分惊讶。有人质疑,说实验是由耶鲁大学做的,并且被试认为实验不会真的让他们伤害另一个人,因此显得有较高的服从。为

此,米尔格莱姆把实验从耶鲁大学移到城里的一座失修的办公楼中,不让被试知道实验与耶鲁大学有联系,实验结果表明:在服从程度上有所下降,但下降得并不明显。有48%的被试用上了达到了最大的电击水平。

实验带给我们的结果是震撼的,反映出来的现象是客观存在的。个体在社会要求、群体规范或他人意志的压力下,被迫产生的符合他人或规范要求的服从行为,是社会中人与人相互影响的方式之一,我们需要正视"服从"。

(二)简评米尔格莱姆服从实验

米尔格莱姆服从实验,对社会心理学关于服从问题的研究产生了一定的影响,同时也引起了广泛的争议。

首先应该肯定,米尔格莱姆服从实验的设计十分巧妙,实验采取假目的、假被试和假电击,使被试的自我防御心理机制不能发挥作用,增加了实验的可靠性。其次,米尔格莱姆使用的指标很客观,根据被试施行的电击强度等级来观察其服从行为的程度,比较自然、合理。而且,实验结果有一定的参考价值,说明了人们在得到保证,不承担任何责任的情况下,容易表现出毫无原则的服从行为。

人们对此实验涉及的伦理道德问题争论最大。有人认为,这项实验缺乏科学道德。由"教师"对"学生"实施电击惩罚,使"教师"(被试)内心遭受巨大冲击,引起紧张和焦虑,有损于被试的身心健康。此外,在实验过程中,采取假目的、假被试和假电击,用欺骗的手法进行实验,不符合科学的、实事求是的原则。

实验中涉及的伦理道德问题是科学研究中所普遍遇到的问题。在医学、生物学及其他多种学科研究中都可能遇到类似的问题。至于实验中的"欺骗"行为,这只不过是一种实验技术或实验手段而已,实验本身并无恶意,况且事后也已向被试说明,不会给被试造成重大的身心损伤。但是,这一实验毕竟是实验室中的实验,推广到现实生活有一定的局限性。米尔格莱姆服从实验研究中的被试是由公开招聘而来的,可以得到一定的报酬,而且在实验中得到明确的保证,对实验后果不需要承担任何责任,这就容易使被试产生迎合实验者要求的心理,可以毫无顾忌地表现出服从。这与社会生活中的实际行为不一样,因为在社会实际生活中每个人都必须考虑自己行为的后果,要对行为后果承担完全的责任,甚至承担法律责任,这就限制了盲目的服从行为。而历史事件的发生,存在着时空条件,有一定的民族基础,这些情况实验本身无法复制和超越。因此,倘若将实验结果用来解释历史事件或普遍推广到社会生活中去,未免失之偏颇。有人将这一实验结果用来说明纳粹分子屠杀犹太人时只是服从了上级命令而已,其责任主要在于法西斯头目希特勒。这种解释是不能令人信服的。因为作为人都有一定的道德水平,放弃原则去干那些灭绝人性的事情,是无法开脱其罪责的。

三、服从行为的原因

交警在路上疏通交通,行人和司机要服从指令;教师布置作业,学生要按时完成;军队首长下达指令,士兵要服从指令;医生嘱咐吃药,病人要吃药……人为什么会服从呢?

(一)合法权力

合法权力,是指社会赋予卷入社会角色关系的一方更多的影响力,从而使另一方认为自己有服从的义务。例如,交警有执勤的权力,行人需要服从;教师有布置任务的权力,学生需要服从;军队首长有下达指令的权力,士兵需要服从;医生有诊断的权力,病人需要服从……

稳定的社会角色关系使一部分人获得指挥另一部分人的合法权力,而被指挥者又有服从的义务,例如,老板与雇员,军官与士兵,上级与下级之间的关系等都属于这种情况。临时性的社会角色关系,也会使在社会结构上处于有利地位的人获得指挥他人的权力,而被指挥者有义务服从指挥。例如,米尔格莱姆服从实验、津巴多的监狱模拟实验等。当然,临时性的合法权力,需要同特定的情境或领地相联系。例如,教师在非教学场合给学生布置一些任务,学生不一定要完成。

(二)责任转移

米尔格莱姆在另一个实验中,实验者不是直接给被试指示,而是通过电话系统来控制实验情境。结果:加到最高电压450V的人数从65%下降到22%。

原因分析:在归因上,没有他人在场,更容易使人们将行为责任归于自己本人,从而拒绝服从给他人实施伤害性电压的人数显著减少。

在美越战争中,陆军中尉卡利带领上百名美国官兵制造了一起屠杀数百名无辜平民的血案,后来卡利因此在美国受审。在法庭上,卡利为自己开脱,他仅仅是服从上级军官的命令而已,自己对事件没有责任。

相关研究表明,服从权威和责任转移是人们非常稳固的心理机制。正是因为责任转移,所以在很多情境下,人们做出了服从行为。

四、影响服从的因素

从产生外界压力的他人和规范,到发生服从行为的服从者,再到服从结果的反馈效应,每一个环节都存在影响服从的因素。

(一)命令者的权威性

命令者的权威性越高,越容易导致服从。地位高、权力较大、知识丰富、年龄较大、能力突出等,都是构成权威影响的因素。另外,命令者手中如果掌握奖惩的权力,那服从行为会大大增加。在米尔格莱姆的实验中,发出命令的是耶鲁大学的一位很有名望的心理学家,并且宣称该实验是一个重要的科学问题,权威身份下服从的比例达到65%。在另一个实验中,实验者告诉被试,研究发起者是一家公司,被试绝对服从的比例下降到48%。可见,权威能带来高服从率。

(二)他人的支持

他人的支持,会直接导致人们对权威的蔑视和反抗。当人们发现不必忍受内心巨大的冲突而去伤害他人时,就更倾向于拒绝,而不是服从。

米尔格莱姆在原来实验的基础上,设计三名被试同时进行服从实验。三名被试只有一名是真被试。当实验电压增加到150伏特时,安排一名假被试拒绝继续实验,说他不愿意再做下去,然后拿一把椅子坐到旁边。电压增加到210伏特时,第二名假被试也拒绝继续做实验。实验结果:尽管实验者仍然命令最后留下的真被试继续实验,但90%的被试都对抗实验者,拒绝服从。

（三）服从者的道德水平和人格特征

道德发展水平直接同人们的服从行为有关。道德水平越高，越倾向于按照自己的独立价值观行事，拒绝服从权威而去伤害他人。米尔格莱姆采用科尔伯格的道德判断问卷测试被试，结果发现，处于道德发展水平第五阶段和第六阶段的被试，有75％的人拒绝服从；处于道德发展水平第三阶段和第四阶段的被试，只有12.5％的人拒绝服从。

在卡利中尉下令屠杀平民的事件中，上百名士兵中有一名士兵没有服从命令，并且该士兵抵御外界压力，还将此事公之于众，最终使卡利中尉受到制裁。毫无疑问，这名士兵有着自己独特的人格特征。

米尔格莱姆对参加实验的被试进行人格测验，发现服从的被试具有明显的权威主义人格特征，具有这种特征的人，往往十分重视社会规范和社会价值，主张对违反社会规范的行为进行严厉的惩罚。他们往往追求权力和使用强硬手段，毫不怀疑地接受权威人物的命令，表现出个人迷信和盲目崇拜的心态。同时，他们会压抑个人内在的情绪体验，不敢流露出真实的情绪感受。

（四）行为后果的反馈

米尔格莱姆设计用不同的方式来提供行为后果的反馈。反馈按充分和直接程度分为四种情况：间接反馈（原型实验）、声音反馈、身体接近反馈、身体接触反馈。

间接反馈：充当教师的被试与充当学生的实验者助手不在一间屋子，因而看不到被电击者的痛苦状态，也听不到其声音，只有在电压加到300伏特之后，有撞墙壁的声音（录音）。

声音反馈：让被试听到被电击者的喊叫、抱怨、愤慨和挣扎的声音。

身体接近反馈：在身体接近情况下，被电击者的反应由专门的实验助手做规范化的逼真表演。被电击者与被试相隔仅40厘米，被试既可以看到被电击者也能听到被电击者的声音。

身体接触反馈：由被试将被电击者的手压放在电击台上。

实验结果：行为后果的反馈越直接、越充分，服从权威而对他人施加伤害性电击的可能性就越小。相反，被试对自己的行为后果了解越少，服从权威而对他人施加伤害性电击的可能性就越大。行为后果的反馈越直接、越充分，此时，双方之间的人际互动也越多，人际互动的增加，能够增强移情反应，从而降低服从率。

了解了服从的原因和服从的影响因素后，面对需要服从的情境，我们需要理性对待。

五、服从行为的意义

个人在社会生活中总是隶属于某个群体，是群体中的一员。任何社会群体都必须有一定的规范和纪律，要求大家共同遵守。如果群体成员遵守群体的规章制度，则群体就会对其加以肯定、赞赏；如果违背社会规范，则受到群体的批评；如果触犯了国家的法律，侵犯了他人的合法权益，则要受到法律的制裁。可见，群体的规范对每个人来说，不管是否愿意，都必须服从，否则就不可能有正常的社会生活，于人于己都不利。在大多数情况下，服从群体规范都是自觉自愿的，但在有些方面也可能是被迫的，被迫的服从形成了习惯以后就会变成自觉的服从。例如，行人要走行人道、过马路要走斑马线，就是从被动服从到自觉服从的过程。

在一个社会群体中，群体成员对领导人物的服从也是必要的，因为群体领导是群体中的核心人物,对领导人物的服从,可以使群体在统一指挥下成为一个有机整体,大家齐心协力,为达到群体目标而共同努力,从而提高群体的活动效率。反之,如不服从领导的安排,群体就会成为一盘散沙,无法实现群体目标。特别是在紧急情况下,群体成员必须接受命令和指挥,服从行为就显得更为重要。

必须指出,在服从领导和权威的问题上,要注意反对盲目的服从。盲目的服从可以表现为对领导或权威的盲目崇拜,毫无原则地听从权威的命令,这是失去个性化的体现。这种类型的群体由于缺少反对意见,易形成专制型群体,貌似团结,实际上很容易走上错误的极端。

可见,开展服从行为的研究,对于保障社会秩序,维护社会治安,协调人际关系,提高群体效率,都具有十分重要的意义。

第三节 顺 从

当宿舍同学因为手头拮据,向你借100元时,你会借给他吗?

如果手头有钱,或许你会借钱给他。如果跟他一样,那只能拒绝了。

如果手头有钱,但了解他手头拮据是因为无节制地乱花钱所致,你很可能会拒绝。

如果他是你关系要好的室友,看到他手头拮据,只要你有钱,你肯定会借钱给他。哪怕你手头没钱,你也会想方设法帮助他。

如果他跟你关系一般,这个时候可能要看你的心情了吧。

……

在生活中,当他人向我们提出一个请求,不存在权威作用和强制关系的服从,也不存在群体压力和规范制约的从众时,个体又会出现什么样的行为呢?面对他人的请求,个体很有可能会出现顺从他人请求的行为。

一、顺从的概述

(一) 顺从的定义

顺从,也称为依从,是指个人接受他人请求使他人请求得到满足的行为。在现实生活中,我们经常向他人提出种种要求,希望他人顺从我们的观点和行为,我们自己也经常顺从他人的意愿。例如,推销员使得起初并没有购买意愿的顾客最终购买了自己的产品,某同学劝说本打算去看电影的同学改变主意和自己一起踢球,或者朋友在你的软磨硬泡下接受了你的邀请去跳舞,这些都是顺从行为。因此,顺从也是人与人之间发生相互影响的基本方式之一,只不过,顺从是一种主动性更高的行为模式,它的基本方式是:要求,默许。

我们影响他人的一个基本方式,就是要求他人去做或者不做一些事情。人们在相互交往中,总是力求适时地向他人提出一些要求并希望他人接受,同时也根据自己的需要而接受或拒接他人的要求。这些要求不同于命令,并非一定遵照不可,但是人们有时候确实更乐意选择接受,这便是顺从的力量。

(二) 从众、顺从、服从之间的比较

如上所述,从众、顺从与服从之间既有共同点,又有区别。它们都属于个体在群体中的相符行为,在群体行为中有可能交织在一起,难以截然分开。

从发生者与接受者来看,从众与服从是群体与个体或群体与群体的关系,而顺从是个体对个体的影响,是单一行为针对单一行为的改变。

从有无强制性来看,服从是在强大的外界压力作用下产生的,是被迫的,即对行政命令、群体规范或者权威意志的服从,是无条件的,不管是理解还是不理解,都得服从。从众不是对群体规范的服从,而是对社会舆论或群体压力的服从。从众也可能是一种违反心愿的服从,但它不是执行群体的明文规定或权威人物的命令,而是为了消除社会群体压力,求得心理上的平衡。而顺从则是应他人的要求或请求而产生的,要求或请求的发出者既不是权威者也不是权威机构,而是平等的或地位低于接受者的发出者。这里提及的社会或群体的压力,主要指社会舆论,集体心理气氛和群体意识,而不是社会或群体的明文规定。

顺从虽然也是受到群体压力而表现出符合外界要求的行为,但内心仍然坚持自己的观点,保留自己的意见,仅是在表面上遵从群体意见或他人期望。从众与顺从的区别在于是否出自内心的意愿。放弃自己原有的意见附和群体的意志,遵守行为规范,这是从众;虽然行为上与群体一致,但内心态度并未改变,保留个人原有的观点而去附和客观要求,做出权宜的行为改变,这是顺从,其特点是"口服心不服"。两者的共同点都是迫于外界压力而产生的相符行为。

我们可以通过表7-2所示的内容了解到从众、顺从和服从的关系。

表7-2 从众、顺从、服从的比较

类型	从众	顺从	服从
相符主体	个体、群体(多数)	个体、群体	个体、群体
相符客体	个体、群体(少数)	个体、群体	个体、群体的行政命令、群体规范、权威意志
行为目的	对事情真实性的探求或认同	迎合他人(或群体)的期望	免受处罚或寻求奖赏
行为指向	主体认知	客体需求	主体需要
行为与认知	一致	不一致	不一致
行为过程	主动	主动	被动
行为性质	公正行为或态度	利他行为或态度	利己行为或态度
情感体验	积极	消极倾向	消极
行为表现	一致	一致	一致
主要应用领域	商务、广告、教育、管理、宣传等服务领域	人际关系、家庭关系等社会领域	政治、行政、企事业经营等管理领域

二、顺从的原则

要求提出的方式不同,所造成的结果也不尽相同,人们或接受,或拒接。正如俗语所讲:"重要的不是说什么话,而是怎么说。"那么,是什么因素使不同的策略影响了人们的决定呢?

(1)友谊、喜欢。一般来说,我们更愿意承担来自朋友和自己喜欢的人的请求,而不愿意接受陌生人或自己不喜欢的人的要求。

（2）承诺、一致性。人们一经做出了某种判断，就有意维持这种判断，并尽可能表现出言行一致。如"得寸进尺"策略和"低球"策略都是基于这一原则的。一旦我们承诺自己某个观点或行为时，我们更愿意顺从与自己观点和行为一致的请求，而不愿意顺从与自己观点不一致的请求。

（3）缺乏。越是被限制的、不容易得到的选择，越容易促进人们去争取，这就是"激将法"策略的原理。如果商家贴出"仅此一件"或"最后一天"促销标语，消费者会觉得机不可失。心理激将法的理论认为当选择的自由受到威胁时，人们经历一种危机感，这种危机感使得他们力图重新把握自由的选择权。一般来说，我们会重视并且想要保护那些稀有的或数量正在减少的物品或事件，结果，更容易顺从着重于缺少的请求。

（4）互惠。人们都愿意发挥并维持良好的社会关系，一条基本的准则是，人人为我，我为人人。当他人对我们有"恩"时，我们习惯以某种方式"回报"。然而有时候"回报"与"施恩"不成比例，有些商家即利用了这种不平衡的互惠原则，以一些微小的"施恩"得到巨大的"回报"。例如，销售商会利用"以退为进"的策略，在商场中提供免费试用品，消费者试用之后，为了"回报"，于是购买产品。"意外惊喜"的策略也是基于同样的道理。互惠原则被证明是发生顺从行为的重要因素。我们通常更乐意接受一些以前曾给予我们关爱和让步的人的请求。换句话说，我们会强令自己以某种方式回报那些曾经帮助过我们的人。

（5）社会认同。我们通常更乐意接受一些我们所信任的并且与我们做法或想法相似的人提出的要求。我们希望自己是正确的，因此其中一个方法就是参照他人的想法和做法。

（6）权威。我们通常更乐意接受来自那些拥有或表现出合法权威的人们的要求。

三、顺从发生的心理规律

要想使他人顺从我们的请求，创建良好的顺从环境显得非常重要，有三个因素有助于建立一个使人们感到愉快的顺从气氛，促进顺从行为的发生。

（一）积极的情绪

情绪好的人顺从的可能性更大，尤其是要求他人做出助人行为时。情绪好之所以有这样的作用：第一种，情绪好的人更愿意也更可能参与各种各样的行为；第二种，情绪好会激发愉快的想法和记忆，而这些想法和记忆使得人们喜欢提要求的人。由于情绪好有助于增加顺从，所以人们经常会在向他人提要求之前先给他人一点好处。例如，生活中的讨好和奉承、给予一些恩惠等都会增加顺从率。

【资料延伸】

《营销里的寓言故事一：两辆中巴》，https://www.5068.com/gs/zgyy/580232.html。

（二）顺从行为的互惠性

在社会规范中，互惠规范也影响顺从。互惠规范强调一个人必须回报他人给予自己的恩惠，如果他人给予我们一些好处，我们就必须相应地给他人一些好处，也就是"投之以桃，报之以李"，这种互惠和中国的传统"礼尚往来"是很契合的。互惠的规范使得双方在社会交换中的公平性得到保持，但同时也成为影响他人的一种手段。

例如,在销售活动中,保险销售人员经常会召开一些免费的公益讲座,针对不同的人群选择不同的主题。还会开展一些免费活动,如就餐、亲子活动等。他们经常会送给人们一些台历、优惠券等小礼品,这样做无非是为了增强人们购买他们保险产品的愿望。

(三)一个合理的原因

对他人的顺从需要有合理的理由,当他人能够给自己的请求一个合理解释的时候,顺从的可能性就很大。

朗格等人对理由增加顺从行为进行研究。在研究中,她让助手去"加塞"复印一些文件,在一种情况下,助手没有说出理由,只是简单地说:"我可以先复印这五页文件吗?"结果60%排队的人顺从了助手的要求。而另一种情况下,助手给了一个简单的理由,他说:"我时间紧张,可以先复印这五页文件吗?"结果94%排队的人顺从了助手的要求。也就是说,一个简单的理由就可以增加他人的顺从率。因为在生活中人们习惯对他人的行为寻找原因,并且我们也相信他人不会提出不当的要求。

四、顺从的策略

这是一件真实的事情。上高中时,有一个女推销员跑到宿舍推销商品,有很漂亮的相框、精致的相册、本子、笔、纽扣。她先给我们看大件的商品,看到我们有兴趣,然后说所有商品8分钱,一起买还会有优惠。最后大家动心了,宿舍里的人凑钱把她的商品都买了,花了80多元。那个时候我们每个月的生活费是200元。后来的情况大家也可以想到,大件的商品,有的10元,有的8元,很快就卖掉了,只是大件的商品很少,最后留下了好多包的纽扣。

在这件事情里,女推销员是怎样让我们购买了她的商品呢?

在生活中,此类例子很多,如营销人员使得顾客购买其产品,慈善机构募集善款,义务献血点征集献血志愿者,候选人争取尽可能多的选票……无论人们是否意识到,顺从行为总是受到有意或无意的策略影响。那么,是什么因素导致顺从,又是什么策略影响了顺从行为呢?社会心理学家对此进行了研究,主要提出了以下观点。

(一)登门槛技术

登门槛效应,原意是指推销员只要能把脚踏进人家的大门,最后就能成功地让人家买他的商品。现在泛指在提出一个较高要求之前,先提出一个较低要求,从而使他人对较高要求的接受性增大的现象,也称为得寸进尺效应。

登门槛技术,是指先提出较低要求,然后再提出较高要求,引导人们顺从的方法。弗里德曼等人(1966)的研究验证了登门槛技术。实验设计:让两位大学生访问郊区的一些家庭主妇,其中一位首先请求家庭主妇将一个小标签贴在窗户上或在一个关于美化加州或安全驾驶的请愿书上签名,这是一个小的、无害的要求。两周后,另一位大学生再次访问这些家庭主妇,同时也访问了一些以前没有访问过的家庭主妇,要求她们在今后的两周时间内在院内竖立一个呼吁安全驾驶的大招牌,但该招牌很不美观。

实验结果:第一项请求答应的人中有55%的人接受了第二项请求,第一项没被访问的家庭主妇只有17%的人接受了第二项请求。也就是说,人们都有保持自我形象一致的愿望,一旦表示助人、合作的言行,即使他人后来的要求有些过分,人们也愿意接受。下面给大家分享一个《石头汤》的故事。

很久以前,有位农民专门以帮助财主收割、打理庄稼为生。有一年好不容易辛苦收割完庄稼,财主却以庄稼收成不好为由,没给农民发一点儿酬劳就直接赶走了农民。农民到了冬天饿得厉害,一天晚上忍不住敲开了财主家厨房的门。农民恳求仆人让他靠近炉灶暖暖身子,仆人答应了;过了一会,农民从怀里掏出几块石头,恳求仆人把炉灶借给他,让他做一顿"石头汤",仆人很好奇,但觉得没什么损失便答应了;"石头汤"熬得差不多,农民向仆人借了一点盐,仆人二话不说给他拿来了盐,看到炉灶上有几片菜叶、砧板上一些肉末,都一股脑放到了"石头汤"里,农民便吃到了入冬以来最丰盛的一顿汤了。

现实生活中的顾客选购衣服,精明的售货员先推荐合适的衣服给顾客试穿,并周到地为顾客服务,如倒水等,在这种情况下,很多顾客都愉快地购买了。

登门槛技术可用在任何人身上,也包括在孩子身上。所以,学一学登门槛效应在孩子行为教育方面未来或许能帮大忙。

(二)低球技术

低球技术,是指先提出一个较低要求,他人接受这个较低要求后再提出一个他人要付出更大代价的要求。低球技术与登门槛技术类似。两者都是二步渐进策略,但两者有如下两点区别。①二步时间联系的区别。登门槛技术的两步操作中间有时间间隔,而低球技术的二步操作是紧密联系在一起的,没有较长的时间间隔。②二步要求的性质。登门槛技术的二步要求之间没有直接的联系,而低球技术的二步要求则是直接相关的。举例如下。

在理发店,理发师先让你洗发,提供舒适的服务,然后剪发,在剪发时又会建议烫发,并推荐当前流行的烫发款式,让你心动,于是你就烫了发。烫发后再告诉你,店里做活动,有会员优惠,很可能你就会办一张会员卡。

一个同学向你借25元钱,说明天就还你,于是你就把钱借给了他。但他拿到钱后,又说这钱也许不能如期归还并说如果两周后再还钱对他更方便。如果你同意了,就说明他使用的低球技术获得了成功。

登门槛技术与低球技术为什么能提高顺从率,其作用原理如下。

(1)人们接受一个要求之后,增加了人们在某个特定问题上的投入,使人们增强了责任意识,从而增加了人们对更大要求的接受性。

(2)请求者与被请求者之间的人际关系在其中起作用。人们需要在同自己发生交往的人面前维持一个一致的社会形象。

(三)留面子技术

留面子效应,是指人们拒绝了一个较高要求之后,对较低要求的接受性出现增加的现象,也称为门面效应。

留面子技术,是指为了使人更好地接受一个较低要求,先提出一个让人拒绝的较高要求,再提出较低要求,以提高人接受较低要求可能性的方法。

查尔迪尼等人1975年的研究验证了留面子技术。研究者要求大学生花两年的时间担任一个少年管教所的义务辅导员,这是一件费神的工作,几乎所有的大学生都拒绝了。他们接着又提出一个较低要求,让大学生带领少年犯去动物园玩一次,结果有50%的人接受了此要求,而研究者直接向大学生提出这一要求时,只有16.7%的人同意。

留面子技术的作用原理:由于人际相互作用,在人们拒绝了他人的一个要求后,会愿意做出一点让步,给他人保留颜面,使他人获得满足。在人际交往中,人们会自然地倾向于选择给交往双方都带来最大满足的行为。他人的不愉快,也会导致个人的不愉快,出于补偿,拒绝他人后对人的接受性往往会增加。

留面子技术必须满足三个前提:①最初的要求必须很高,当人们拒绝该要求时不会对自己产生消极的推论(如我不是一个慷慨大方的人等);②两个要求之间的时间间隔不能过长,过长的话义务感就会消失,这点与登门槛技术不同;③较低要求必须由同样的人提出,如果换了其他人,该效应就不会出现。举例如下。

商场中的售货员会把价格定得远远超过实际应有的价格,然后在讨价还价中通过让顾客拒绝高价时接受一个比高价低得多而实际又高于应有价格的价目。他们把一件衣服标价为 1000 元,等顾客相中并犹豫时马上过来解释:"价格可以商量嘛。"于是顾客心里开始盘算,砍半价自己应该不会亏,就还价 500 元。售货员装出亏本的姿态,"您再添点,500 元卖给您我就亏了。"顾客再坚持一会并做出要走的姿态,售货员马上说:"成交,亏本卖给您了"。实际上这件衣服可能只需 400 元。

【资料延伸】

《营销故事二:两家小店》,https://www.5068.com/gs/zgyy/580232.html。

(四)附加价值策略

附加价值策略,是指向对方提出要求,在对方尚在考虑要不要答应说服者的要求时,马上提出较小的诱因,以增加答应要求的附加值,增加对方顺从的机会。

附加价值策略通常顺从的一方会将附加价值视为一种让步,觉得自己也有义务做出相应的让步,因而顺从对方的要求。例如,购物时赠送小礼品、给出折扣、优惠等。还记得小时候买干脆面就是为了凑齐一套干脆面里面的小卡牌,虽然从未凑齐,但增强了购买欲望。

(五)相同处境策略

相同处境策略,是指当人们觉得自己与对方有关系时,无论这种关系是多么微不足道,人们都会因为这种关系而接受要求。

昂等人(1994)的研究验证这一策略的有效性:他和学生一起在校园内拦住学生,请他们为一著名的慈善组织捐款。其中一个情境不提供额外信息,而另一个情境的学生被问是不是学生,如果回答"是",则说"太好了,我也是!"结果有关系的学生表现出更多的捐献行为。正是因为人们在做决策时渴望得到他人更多的认同,所以如果发现自己与他人有相同的处境,则更有很可能被说服。

在前面,我们讲了顺从的原则,登门槛技术和低球技术是基于顺从的承诺、一致性原则的技术,留面子技术和附加价值策略是基于顺从的互惠原则的技术,相同处境策略则可以增进友谊,促进相互喜欢。

本 章 小 结

(1)从众,是指个人的观念与行为由于群体的引导或压力,而向与多数人一致的方向变化的现象,也就是我们常说的"随大流"。对从众行为有深入研究的是阿希的群体压力实验。

（2）从众的类型有：①真从众；②权益从众；③不从众，包括表里不一致的假不从众和表里一致的真不从众。从众的原因有：①寻求行为参照；②对偏离的恐惧；③与群体融合的需要。从众的影响因素有：①群体因素；②个体因素；③群体中其他成员的行为对个人从众的影响。

（3）服从，是指按照他人命令行动的行为，其方式是"命令，执行"。对服从行为进行深入研究的是米尔格莱姆服从实验。

（4）服从的原因有：①合法权力；②责任转移。影响服从的因素有：①命令的权威性；②他人的支持；③服从者的道德水平和人格特征；④行为后果的反馈。

（5）顺从，也称为依从，是指个人接受他人请求，使他人请求得到满足的行为。顺从的原则有：①友谊、喜爱；②承诺、一致性；③缺乏；④互惠；⑤社会认同；⑥权威。服从发生的心理规律有：①积极的情绪；②顺从行为的互惠性；③一个合理的原因。顺从的策略有：①登门槛技术；②低球技术；③留面子技术；④附加价值策略；⑤相同处境策略。

思 考 题

（1）在生活中，你从众了吗？请举例说明你在生活中的从众的例子，并简要谈谈从众对个人和社会的影响。

（2）谈谈从众的原因和从众的影响因素。

（3）谈谈服从的原因和服从的影响因素。

（4）谈谈从众、服从与顺从之间的区别和联系，并从日常生活中找到关于自己的实际例子并加以说明解释。

（5）顺从的策略有哪些？在现实生活中如何使用这些策略？

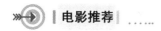

《十二公民》。

第八章 群体心理

人生活在社会中,其个体行为不仅受到个体心理影响,也受到群体的影响。人一出生就会隶属于一个群体——家庭,随着个体的成长,还会受到同伴、老师、同学、亲戚、朋友、社会中的其他人抑或社会团体、社会组织等的影响。在群体中,群体的氛围、态度、文化、互动等,都会对个体的心理和行为产生影响。社会助长和社会干扰、社会惰化和去个性化、群体极化和冒险转移、模仿和暗示等,都是个体对群体的意识、群体对个体产生的心理与行为影响的具体表现。

第一节 社会助长和社会干扰

在我们身边,经常会听到"考研学霸宿舍","考研学霸班级"。在2015年全国研究生入学考试中,湖北工程学院政治与法律学院传来好消息,该院社会工作专业1103341班全班共29名学生,25人参加全国硕士研究生统一招生考试并全部通过国家线,最终有22人分别被武汉大学、华中师范大学、华南理工大学等重点大学录取,录取率高达76%。该班有3个宿舍的学生全部考上硕士研究生,黄思、王金蓉、赵佳敏、赵蕾4名女生所在宿舍是其中之一。此前,该宿舍4人因一次性通过英语四、六级考试在学校小有名气,被称为"学霸宿舍"。

是什么原因导致学生取得如此优异的成绩呢?除了学生自身努力和院系重视外,还有一个很重要的原因,那就是班级、宿舍营造的浓厚学习氛围,同学之间的相互激励、相互帮助、相互促进。

人是社会人,生活在社会中的每一个个体必定会受到来自社会其他成员、群体的影响,同时也会反过来影响其他成员、群体。群体背景对个体可能会有促进,也有可能会有干扰阻碍,这就是下面要探讨的社会助长和社会干扰问题。

一、社会助长和社会干扰的定义

(一)社会助长的定义

社会助长(social facilitation),也称为社会促进,是指个体对他人的意识、他人在场或群体性的活动所带来的行为效率的提高,出现增量或增质的现象。《荀子·劝学》中有对社会助长效应的最早论述:"蓬生麻中,不扶则直。"其原意为蓬昔日在大麻田中,不用扶持便自然挺直。譬如,你是教师,虽然你有时候身体不太舒服,可是一上讲台,就来了精神;在表演和比赛中,观众越多,情绪越热烈,演员和运动员的劲头就越足,发挥得越好。

最早以科学的方法对社会助长现象进行研究的是美国心理学家特里普利特。1897年通过实验研究发现:他人在场或群体性的活动,会明显促进人们的行为效率。特里普利特安排被试在三种不同的情境下,骑车完成25千米路程。第一种情境,单独骑行;第二种情境,骑行时有人跑步伴随;第三种情境,与其他骑车人同时骑行。结果显示:单独骑行,平均时速为24千米;有人跑步伴随骑行,平均时速为31千米;与其他骑车人同时骑行,平均时速为32.5千米。特里普利特还在实验室条件下,要求儿童绕钓鱼线,越快越好。结果发现,与大家一起绕的儿童比单独绕的儿童速度更快。对让被试完成计数和跳跃等工作的实验,也发现了同样的社会助长作用。

由此可见,群体的存在本身就是对个体行为的一种刺激。这种刺激,常常使个体能完成或者达到在个体条件下达不到的目标。这一发现对于解释群体条件下的个体行为具有重要的意义。

社会助长包括结伴效应和观众效应两种。结伴效应,是指在结伴活动中,个体会感到某种社会比较的压力,从而提高工作或活动效率的现象。就像我们日常生活中朋友在一起讨论、相互关注、评论等,大家结伴、欢声笑语,更加能够促进我们对讨论、评论的热情,让人觉得生活丰富多彩。观众效应,是指当个体从事活动时,是否有观众在场,观众多少及观众的表现对其活动效率有明显影响的现象。例如,在运动场上,因为有啦啦队的助阵,观众的喝彩,运动员会更有激情和斗志,表现会更好,这就是观众效应。在以考研为纽带聚集在一起的宿舍,大家结伴学习,相互支持、鼓励和帮助,其学习效果比单独一个人时要好,这就是结伴效应。

(二)社会干扰的定义

社会干扰(social inhibition),也称为社会抑制,是指有他人在场或与他人一起活动时,阻碍了个人活动(工作、学习等)的效率,出现减量或减质的现象。奥尔波特在做一系列社会助长实验时发现,个体在从事活动时,他人在场有时候会促进活动的进行,有时候却妨碍了活动的进行。一个典型的实验是奥尔波特从两个古代哲学家的著作中选了几段性质一致的论述,安排一些大学生被试在5分钟时间内写出一篇批驳文章,要求被试尽量写得篇幅长一些,批驳深刻一些。被试完成后,奥尔波特从中选出一些典型,按照好、中、差进行比较,发现被试单独写作的效果好于在一起集中写作的效果,这表现出社会干扰现象。具体结果如表8-1所示。

表 8-1 不同情境下写作的等级情况

情境	好	中	差
单独作业	6	4	3
集中作业	3	4	6

关于社会干扰,心理学家皮森在1933年的实验中进行了证明。他发现,有一个旁观者在场,会降低被试有关记忆工作的效率。心理学家达谢尔也提出,有观众在场时,被试即使是做简单的乘法,通常也会出现差错。这些都说明,群体条件或者说他人在场的刺激,不利于复杂任务的完成。相反,它会影响个体,阻挠其正常水平的发挥。

在日常生活中,社会干扰现象也是常见的。例如,在考场上,你碰到一个难题,左思右想不得其解,正在思考中,如果监考老师站在你的旁边,会让你的思绪变得更加混乱,这就是社会干扰。还有日常生活中人们常说的"怯场"现象,也是由于他人在场而降低个体活动效率的一种表现。

二、社会助长和社会干扰的性质

他人在场，什么情况下会带来助长，什么情况下会起到干扰呢？

20世纪20年代，社会心理学的创始人奥尔波特在哈佛大学曾经做了一系列有关社会助长的研究。一方面，他们发现社会助长的确广泛存在，并且不仅可以引起人们行为效率在量上的增加，而且也可以在有些工作上提高行为的质量。但是，另一方面，他人在场，并不总是带来社会助长。随着工作难度的增加，社会助长会逐渐下降，乃至最终变为社会干扰。奥尔波特1924年的研究发现，在复杂的思维工作中，他人在场促进了量的增加，但在质的评价上，单独工作更为有利。

心理学家扎琼克和卡特莱尔等人在20世纪60年代的研究进一步证明，在群体背景中，群体对个体的社会助长作用主要受制于两个因素。

（1）个体从事活动的难易复杂程度。若个体从事的活动是简单的、机械的操作，则他人在场可能提高个人的活动效率，群体背景会促进社会助长；若个体从事的活动是需要负责推理判断的思维活动，他人在场可能降低个人的活动效率，则群体背景会造成社会干扰。卡特莱尔等人在1967年做了一项实验，他让被试在独自一人和群体一起两种情境中学习单词配对表。配对单词有两类：一类由同义词组成，学习起来比较容易；另一类由无关单词组成，非常难以学习。结果表明，在容易的同义词配对的工作上，群体背景有明显的社会助长作用；而在困难的无关单词配对的工作上，效果正好相反，群体背景带来了社会干扰，成绩反而不如一人独自完成的情况。

（2）个体所表现的是不是优势行为。若个体表现的是其优势行为，他人在场可能促进个体的活动效率。例如，一个钢琴演奏家在观众的瞩目下演奏出优美的乐曲，震撼全场。若个体表现的是其劣势行为，他人在场可能降低个人的活动效率。例如，一个不擅长演讲的同学让他在全班同学面前演讲，他可能表现得会比一个人时更糟糕。

三、社会助长和社会干扰现象的理论解释

如何解释他人在场时而起促进作用，时而起干扰作用，这曾经让心理学家大伤脑筋，做了许多研究。主要的理论解释有：扎琼克的优势反应强化理论、评价理论和分心-冲突理论。

（一）优势反应强化理论

心理学家扎琼克（1965）以动机和内驱力的研究成果为基础，在20世纪60年代中期提出了优势反应强化理论。扎琼克研究发现，有他人在场是产生社会助长作用还是社会干扰作用，取决于个体从事活动的性质。他由学习理论中的动机原则想到，一个人在动机很强烈的时候，其优势反应能够很轻易地表现出来，而劣势反应会受到抑制。所谓优势反应，是指那些已经学习和掌握得相当熟练，成为不假思索就可以表现出来的习惯动作。如果一个人从事的活动是相当熟练，或者是很简单的机械性动作，则他人在场会提高动机水平，活动会更加出色；相反，如果他所从事的活动是正在学习的、不熟练的或者需要费脑筋的，他人在场会提高动机水平，反而会产生干扰作用。正如扎琼克所说，他人在场会加强优势反应的产生。如果优势反应是正确的反应，像在已完全熟练的情况下做出的反应一样，那么，他人在

场对个体来说是有利的。如果这些反应大部分是错误的,与学习初级阶段的情况一样,他人在场将使反应被推迟或受到阻碍。扎琼克的这一理论如图 8-1 所示。

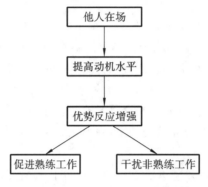

图 8-1　他人在场对个人活动的影响

相关研究也证实了扎琼克的观点。1967 年卡特莱尔等人做的让学生学习词汇的实验就证实了这一理论。他们让大学生默记难易程度不同的两类双音节词,一类是组成部分密切相关或者意思相近容易学习的词汇,诸如熟练—灵活,荒芜—不结果等;另一类是相互之间没有关联不容易学习的词汇,诸如贫困—发脾气,荒芜—最重要等。首先由学生单独默记,然后在他人在场的条件下默记。结果发现,对于第一类词,他人在场时默记效果好;对于第二类词,单独默记效果好。很明显,默记关联词比较容易,默记没有关联的词比较困难。

他人在场究竟提高了人的什么动机呢？这个问题难以明确回答。他人在场可能提高了多种动机,如竞争动机、社会赞誉动机、成就动机、归属动机等。需要指出的是,这种动机的提高是个体几乎意识不到的。因此,它和有意的竞争、竞赛有着明显的区别。

大家再来想想日常生活中的情形,当一群人走路时,本来是一起散步,你会发现,大家越走越快了,于是就会提出"我们慢点走吧"的建议,一会儿后,大家的散步节奏又快了;当你骑车去购物,发现后面有一辆车在向你的车子靠近,并要超越你时,你会情不自禁地加快车速;你不擅长唱歌,但在众人的鼓动下开唱,你会觉得自己越唱越糟糕;当你在完成复杂的论文写作时,有旁边人观看会让你难以下笔……

(二) 评价理论

扎琼克认为,只要有他人在场,就可以提高活动者的动机水平,影响其活动效率。但是,后来有研究发现,并非在所有条件下,他人在场都可以提高动机水平。他人在场或他人在场评价会激发行为者的被评价意识,从而提高动机水平。这种对评估的关注,成为"评价焦虑"。他人在场是否会提高动机水平及会提高的程度,受以下因素的影响。

1. 活动者觉知评价的程度

马斯顿和兰德斯的一项研究表明,观众的评价对产生社会促进或者社会干扰起重要作用。具体实验情况如下:他们让男性本科大学生完成运动性的任务,用两根绳子把一个圆球从一个斜面往上推,这是需要足够操作技巧的工作。实验安排在三种条件下进行:第一种条件是"直接评价",每个被试都能看见自己的得分,也能看见他人的得分和操作情况;第二种条件是"间接评价",即被试看不到他人的操作,只能看到他人的得分;第三种条件是"无评价",被试看不到他人的操作,也看不到他人的得分。结果发现,在"直接评价"条件下,被试操作成绩最差,说明他们的动机水平大大提高,对复杂活动造成了抑制作用。而形成对照的是,在"无评价"条件下,被试则始终处于放松状态,并且做出正确的反应。在"间接评价"条件和"无评价"条件下,被试的操作确实没有什么差别。这表明,动机水平提高到何种程度,依赖于活动者觉知其操作正在被他人评价的程度,一般来说,觉知他人的评价程度越高,其动机水平就越高。

有经验的父母在陪伴孩子做作业时,不会干扰和影响孩子的学习。只有当他遇到问题需要讲解时,才会和孩子一起讨论。而有些父母会盯着孩子做作业,当孩子做得不好、做错或做得很慢时,在旁边不断地评说,这时孩子就会表现越来越糟糕。

2. 评价者的身份和态度

一个参赛演员,面对评委和面对观众,其动机水平是不同的。一般来说,评价者越具有权威性,活动者的动机水平就越高。对青年人来说,如果评价者是同龄异性,对其活动有较大影响,动机水平明显提高,这其中异性的吸引力在起作用。另外,如果活动者不清楚评价者的身份,对评价者了解甚少,则对其活动的影响更大;如果对评价者较熟悉,则活动的心理压力相对较小。从态度上看,评价者越是正襟危坐、严肃认真,对活动者的影响就越大;如果评价者漫不经心,则影响较小。

当孩子写作业时,妈妈开玩笑地说:"你的字怎么像摩斯密码,妈妈都看不懂了",语言轻松而幽默,孩子会意识到自己的字书写不工整了,就会变得认真。如果妈妈在旁边很严肃地跟孩子说,你的字这里写得不好,那里写得不好,写得不好就要重写,甚至还要罚写,这时候孩子就会越写越糟糕,产生抵触和害怕情绪。

3. 活动者的年龄和个性特征

活动者的年龄、气质、性格、情绪等方面的差异,会导致受他人在场的影响的差异。从年龄上说,孩子更在乎他人的评价,十分希望得到他人的肯定,有他人在场时,其动机水平相对成人来说有明显提高。从性格上说,内向、谨小慎微、独立性差、缺乏自信的人对他人在场更为敏感一些。从气质上看,胆汁质和抑郁质的人比多血质和黏液质的人更在乎他人的看法。另外,不同的情绪状态下,他人在场对活动者的影响效果也不尽相同。

在生活中,孩子喜欢在老师、家人面前表现,受到鼓励和肯定后,表现会更积极、更自信;随着年龄的增长,作为成人,他们会更在意重要的朋友、同伴、异性的评价,中肯的评价能够促进他们的表现。

(三) 分心-冲突理论

桑德斯(1983)和巴伦(1986)等人对评价焦虑开展了更深入的研究,发现分心引起的注意分配冲突会增强唤起水平,即当个体在进行某些作业时,观众或共事者在场会导致个体产生两种注意分配倾向:把注意投向观众或共事者以及把注意投向任务本身。这种注意他人和注意任务之间的矛盾冲突会加重认知系统的负荷,增强唤起水平,影响工作效率。认知超载会限制个体的注意广度,将注意力集中在关键线索或无关刺激物上,前者起到社会助长作用,后者起到社会抑制作用。

刚学开车的人都会有这样的体验,当自己操纵方向盘或油门或挡位时,教练在旁边评价会增加自己的紧张情绪,有时候会过分关注教练说的而影响到自己的开车,甚至有时候会出现教练越说开车越糟糕的情况。

通过理论分析,可以发现社会助长产生有其复杂的心理过程,而扎琼克的优势反应强化定律(唤起能促进优势反应)迄今仍然被视为社会助长作用产生的最根本原因。那么,我们为什么会因为他人在场而被唤起？已有研究发现，有一部分唤起来自个体的评价焦虑，一部分来自分心，来自注意他人和注意任务之间的矛盾冲突。

第二节 社会惰化和去个性化

在生活中，当个体与群体一起活动时，因为意识到他人的存在因而感到自己处于被评价的环境下，从而个体的优势反应会被激发，在擅长的领域中会出现社会助长，在不擅长的领域中会出现社会干扰。除了社会助长和社会干扰外，在群体中，个体还有可能会出现社会惰化现象和去个性化现象。

一、社会惰化

《三个和尚》的故事大家耳熟能详，故事背后说明了什么呢？按照我们的想法，人多力量大，人多好办事，三个和尚应该不愁水喝，可是为什么三个和尚没有水喝呢？

（一）社会惰化的定义

社会惰化（social loafing），也称为社会惰化作用或社会逍遥，是指群体一起完成一件事情时，个人所付出的努力比单独完成时偏少的现象。早在数十年前，心理学家达谢尔（1930）就发现，随着共同完成一件事情的人数增加，每个人所做的努力程度会逐步下降，达谢尔曾经用实验的方法测量拔河比赛中每个人的用力水平。结果发现，如果一个人独自参加实验，那么平均拉力可达 63 牛顿；但如果是群体一起参与，则参加人数越多，每个人所贡献的平均拉力会越小。在达谢尔的实验中，2 人一起拔河时，人均拉力下降到了 59 牛顿；3 人为一边时人均拉力继续下降为 53.3 牛顿；8 人为一边时人均拉力仅剩 31 牛顿。

20 世纪 70 年代，心理学家英格汉姆（1974）等人更精确地重复了达谢尔的实验。他们专门设计了一个供实验用的拔河仪器，该仪器可以精确测量拉力，并有 6 个明确划分的位置，实验时，唯一的真被试被蒙住双眼，并且将其安排在最前面的第一个位置。实验要求每个人都尽最大努力拉绳。结果表明，在被试认为自己后面的第二至第六的位置上还有其他人也在拉绳，他的最大拉力要比认为自己只有一个人拉绳的情况平均低 18%。

1979 年，拉特纳用测量被试拍手和呼喊声音强度的方法，也同样揭示了社会惰化作用的存在。实验结果表明，与个人单独实验的情况相比，参与实验的人数越多，每个人所发出的声音越小。他人的参与，直接导致了个人努力水平的下降。

1988 年，社会心理学家杰克逊等人总结了 49 个有关社会惰化问题的研究，涉及被试总数超过 4000 人。结果如图 8-2 所示，一起完成一个共同目标的群体越大，个人所做的努力水平越低，当群体规模增大到 8 人时，个人的努力程度仅为单独工作时的约 80%。在一定范围内，随着群体规模增大，个人努力水平还会继续下降。

心理学家们在 20 世纪 70—80 年代所做的大量研究揭示，社会惰化作用在现实社会生活中是广泛存在的。根据有关研究，匈牙利农民曾在 13% 的自有耕地上，生产出了全国农产品的 1/3。根据最新资料，1978 年中国农业改革以来，农产品产量较过去 26 年增加了 8% 到 2.5 倍。拉特纳等人的研究也发现，社会惰化作用绝不是西方个人主义文化的产物。在强

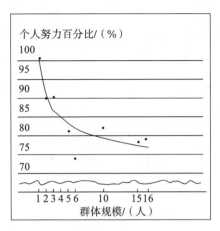

图 8-2 群体规模与社会惰化的关系

调集体主义的亚洲国家和地区,包括日本、泰国、马来西亚、印度、中国台湾等,也同样存在着社会惰化现象。

(二) 社会惰化的原因

心理学家通过研究已经证实,出现社会惰化的原因,是个人的被评价焦虑减弱,使个人在群体中的行为责任意识下降,行为动力也相应降低。拉特纳 1979 年及威廉等人 1981 年的研究都发现,如果让被试相信,自己的行为效率可以被鉴别出来,或是对个人行为贡献单独进行测量,则即便与群体一起完成一项工作,也不再有社会惰化作用存在。单独测量使人们保持了足够的被评价焦虑,因而行为的动机也得到激发。社会惰化的原因如下。

(1) 个人的被评价焦虑减弱,使个人在群体中的行为责任意识下降,行为动力也相应降低。在群体中,自己的努力只是群体的一部分,因此不愿意付出更多的努力。

(2) 当群体成员相信个人对群体的贡献无法识别时,社会惰化就会发生。卡罗和威廉姆斯(1993)的"集体努力模型"认为,只有在满足下面三个条件的情况下,个体才会努力工作:第一,相信自己的努力工作会带来良好的工作成绩;第二,相信自己良好的工作表现会得到认同、获得奖励;第三,所得奖励正是自己希望得到的。

(3) 群体成员缺乏对群体的认同感。当群体成员缺乏对群体的认同感时,个体就不会在乎群体及群体中他人的评价和看法,个体的行为驱动力就会降低,个体的表现欲也会降低,个体就可能出现社会惰化现象。

(三) 较少发生社会惰化的情境

20 世纪 80 年代中后期的进一步研究表明,群体共同完成一项工作并不一定导致"混水摸鱼"式的社会情化作用。总结这些研究,可以发现,人们在以下几种情境下,倾向于较少出现社会惰化:

(1) 群体成员之间关系密切;

(2) 工作本身具有挑战性、号召性或有效地激发人们的卷入水平;

(3) 以群体整体成功为目标的奖励引导;

(4) 增强群体凝聚力,群体有鼓励个人投入的"团队"精神;

(5) 个人相信群体成员也像自己一样努力;

(6) 群体中成员的工作明确化,每个人必须为自己的工作负责;
(7) 让成员相信自己在工作任务中起到的作用是无可替代的。

二、去个性化

你不是一个热情奔放的人,在演唱会现场,你是不是也会受到其他人的影响,变得热情奔放,随着大家一起呼喊明星的名字,大呼"我爱你"呢?在球场上,看到你支持的队伍进球了,你是不是会异常兴奋,跟随大家一起敲响手中的气球,大声呐喊加油!你支持的队伍丢球了,因为队员之间的冲撞或其他因素,你是不是会变得愤怒?这些就是生活中常见的一种现象:去个性化。

(一) 去个性化的定义

去个性化,是指个体在群体影响下丧失了对自我的控制,失去了个体感,产生一些与群体一致行为的现象。去个性化是现实生活中常见的现象,如起哄、球迷闹事、聚众斗殴都存在去个性化。一旦个体处于去个性化,会表现出无自知性,行为与内在目标不一致,自制力降低,从而产生一些个人单独活动时不会出现的重复的、冲动的、情绪化的甚至是破坏性的行为。例如,在很难找出行为者是谁的情况下,集体宿舍楼出现乱倒污水、乱扔垃圾等,都属于去个性化。

心理学研究表明,群体处于激励性、充满令人心情紊乱的刺激状态下,尤其是群体中的成员不易被识别,也就是匿名的情形下,以及药物、酒精或催眠等影响下,个体成员易产生去个性化。

(二) 对去个性化的实验研究

费斯廷格等人在 1952 年对此进行了研究。他们以 23 组男大学生为研究对象,让他们以组为单位进行讨论,讨论内容是让每个人说是憎恨自己的父亲还是憎恨自己的母亲,这是一个敏感的话题,平常大家很少谈论。一部分小组的讨论在明亮的教室里进行,每个成员具有高辨认性;另一部分小组的讨论在昏暗的教室里进行,每个被试还穿上布袋装,只露出鼻孔和眼睛,具有低辨认性。该研究的预期假设是具有低辨认性的被试,即去个性化的被试会更猛烈地抨击自己的父母。实验结果最终证实了这种预测。

津巴多试图研究去个性化在敌视、盗窃等极端行为中的作用。1969 年,他以女大学生为研究对象,把她们分为四人一组,告诉她们进行一项关于人类移情的实验,要求她们对隔壁房间的女大学生实施电击。她们可以从单向镜里看到女大学生被电击的情形。一些小组的被试被安排在昏暗的房间里,身着布袋装,不佩戴名签,具有低辨认性。结果证实,和没有去个性化的被试相比,那些去个性化的被试电击受害者的时间延长了 1 倍。需要说明的是,电击的实验仪器是仿制的,实验中的受害者并不是真的被电击,受害者的哭喊挣扎是假装的。

(三) 去个性化的原因

去个性化产生的原因,主要有以下几个方面。

(1) 匿名性。个体在群体中时,肆意地破坏社会准则,是因为个体觉得自己是一个匿名者,外人不知道自己的真面目,因而,做出违反社会准则的行为不会被人发现,或不会追查到自己而受谴责,这样就助长了个人的冒险心理,做出平常不敢表现的行为。比如前述实验中的被试,身着布袋装,身上没有姓名标签,并且在昏暗中操作,就是匿名性。再比如,有的国家的防暴警察,他们穿着同样的衣服,拿着同样的武器,并用保护性面罩遮住面孔,使人们无法辨认他们。因而他们也就产生了匿名感,可以出手镇压或强行驱散肇事者。

(2) 责任感丧失。一个人在单独行动时,往往能从伦理的角度考虑自己的行为,尽力避免受到舆论的谴责或法律的制裁。可是在群体中,其成员就会感到反社会行为是以整体出现的,责任职能落实到群体身上,或者分散在每个个体身上,而单个人不会承担群体行为造成不良后果所招致的谴责,于是,个人在群体中就不像单个人时那样具有强烈的责任感了。另一方面,在进行群体活动时,个人总觉得"法不责众",即使惩罚也只能是惩罚群体,而不会惩罚个人,因为个人活动的责任是群体来负担的,这样个人的责任心就大大减少,对自己做出的行为当然也就更加不负责任,以至于胆大妄为。

(3) 群体的淹没性。在群体中,成员的活动往往并不是以个人的身份出现的,而是具有群体的意义,是以群体的形式出现的,这样群体就淹没了个性,成员自我被融化在群体中,与群体统一起来。而且群体成员越是无个性特征,他们的情绪、思想和活动就越一致,自我的感觉就越少,从而行为也就越缺乏自我控制。相反,如果个体单独行动,由于没有群体的融化,个性就明显地突出,并且很容易被他人知觉,于是个体就会非常注意个性的意识,保护自我,不倾向于做出不负责任的行为。

有过一则报道,说高楼顶上有个小伙子要跳楼自杀,救护车、消防车呼啸而至,警察为挽救生命苦苦努力。而高楼下看热闹的人越聚越多,突然人群中有人大叫"快跳呀",其他人也跟着附和起哄,最后在众人的"怂恿"声中,年轻人对人间不再留恋,从楼顶一跃而下。在这种情境中,"看客"们是去个性化的,每个人都不再是自己,而是一个"匿名"的、和他人无差别的人。在去个性化的情境中,人们往往表现得精力充沛,不断重复一些不可思议的行为。人们会表现出平常受抑制的行为,而且对那些在正常情况下会引发自我控制机制的线索也不加反应。

了解群体的去个性化,对于把握群体的活动是很重要的。特别是对防范群体因一时激动而产生的破坏行为,具有一定的意义。

(四) 去个性化的避免

要使人们的行为更加符合社会行为规范,使人们遵纪守法,一个可行的办法是尽可能减少去个性化的程度。

(1) 人的责任分工明确,处在他人的监督之下,每个人都难以逃避自己的责任。比如,各行各业的人们有一些职业服装,军人要穿军装、警察要穿警服,学生要穿校服、戴校徽,这相当于给每个人贴了个标签。一名穿上警服的警察走在街上,面对歹徒行凶,就很难袖手旁观;大学生带上校徽,在很多情况下,对自己的行为和责任就有了更多的约束。如果不安排值日生,教室里就没有人擦黑板,如果不仅安排了值日生,而且每天把值日生的名字写在黑板上,情况就会完全不同。

(2) 适度的自我评价和自我控制是必需的。个体只有保持一定的自我意识,才能觉察和评价自己行为的后果,有意识地避免伤害他人。个体的自我意识水平越高,就能越清楚自己的角色,意识到个人对自己、对他人、对社会的责任,就能选择正确的行为方式,去个性化就会降低。

第三节 群体极化和冒险转移

在生活中,面临决策时,个体的决策也会受到群体的影响。个体在群体讨论的情境下,个体的已有观念和态度会发生变化,出现"极端化"现象,这种现象就是群体极化。在群体中决策,个体表现出比单独决策时更大胆的倾向,这种现象就是冒险转移。

一、群体极化

大学宿舍卧谈会中,你们会谈什么?那时候,如果某某谈男朋友了,我们在宿舍谈论最多的就是她的男朋友。如果她男朋友对大家都比较礼貌,时不时给点恩惠和帮助,例如给大家买点水果,请大家吃饭,帮助大家搬重物等,大家会你一言我一语地说:你男朋友对你真好,你男朋友真不错。如果她男朋友对大家不理不睬,碰到了也不招呼,让他帮个小忙也爱理不理,只对女朋友上心,大家就会议论纷纷:你男朋友怎么那样,一点都不好打交道。大家的议论对她会不会产生影响呢?会不会影响她男朋友在她心目中的形象呢?笔者的回答是:会。心理学中,有一种心理现象可以解释:群体极化。

(一)什么是群体极化

群体极化,是指个体在参与群体讨论时,由于受群体气氛的影响,个体成员原已存在的观点和态度会得到加强,并从原来的群体平均水平,加强到成为具有支配性地位的现象。群体决策关系到群体活动的成败。大量事实表明,群体决策在绩效上要优于个体决策。因此,为了实现群体目标,人们总是希望凡事大家共同讨论,做出一致性的决策。正如中国俗话所说:"三个臭皮匠,胜过一个诸葛亮。"因此,在谈恋爱时,特别希望室友能给出一些观点和评价,感觉大家都说好的人也不会差到哪儿去。

按照群体极化的假设,群体的讨论可以使群体中多数人同意的观点得到加强,使原来同意这一观点的人更相信观点的正确性。这样,原先群体支持的观点,讨论后会变得更为支持;而原先群体反对的观点,讨论后反对的程度也更强;从而最终出现"极端化",如图8-3所示。

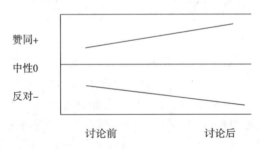

图 8-3 群体极化假设预言的群体讨论对群体状态倾向的影响

20世纪60年代以来的大量实验研究证明群体极化假设的正确性。如迈尔斯等人(1970)以中学生为被试,考察他们在讨论前后种族偏见的变化。结果表明:高偏见组与低偏见组的态度差异在讨论后的确增大。高偏见组讨论后偏见更大,而低偏见组讨论后偏见更小。

（二）群体极化的机制

为什么会导致群体极化现象呢？一般认为有以下两种解释。

（1）社会比较促进极化。当一个群体被成员认同时，群体的价值就会成为每个成员自身价值的一部分。在群体中，成员为了表明自身的价值，每个人都会试图比群体平均水平高一些。当自己的意见受到重视时，就表示自己比其他成员水平高一些。比如，在一些喜欢冒险的群体中，水平高一些就是指更激进一些，而在一个保守的群体中，水平高一些就是更保守一些。因此，在群体讨论中，每个成员为了超过他人，显示自己水平高一些，群体决策就越来越趋于极端化。在群体中讨论某一问题会造成规范性影响，大多数人会遵循少数服从多数的原则，会选择既与其他人一致又稍微强化一点的态度，这样既表现自己支持群体的价值观，又显示自己是一个积极思考者的形象，保持自己的个性。在社会比较的过程中，群体决策也就极端化了。

（2）争论与说服互动推动极化。在讨论过程中，当有人坚持不同意见时，群体就会出现争论，说服也会随之而来。随着争论和说服的加剧，越来越多的成员会支持大多数成员的意见，这也就加强了对原本还可能被怀疑的意见的支持。最后，成员会认为只有坚持这个意见才是正确的，于是推动了群体极化现象的产生。在争论与说服互动中推动群体极化，首先是信息的影响。当群体中一种观点获得了最好的支持解释时，某些群体成员会被说服，从而他们会改变观点，转向支持这种有说服力的观点，使这一观点在群体中出现极化。辛茨等人（1984）及其他一些心理学家近年的研究证明，论据是使一种态度在群体中被极化的主要因素。在信息影响方面，积极的语言参与要比被动地听他人陈述引发更多的态度变化。格林沃德1978年研究表示，积极的语言参与可以扩大对群体讨论的影响，使人们变得易于接受一种观点而使其极化，我们在前面的讨论中也曾提到，个人的投入可以增加人们对一种态度的接受。

社会极化在日常生活中也同样普遍存在。社会心理学家对大学生的研究表明，不同大学中的亚文化，会显著由于大学内部特征共同的学生之间的相互作用而加强，使学校之间的差异加大，同一个社区、同一个地区、同一个社会经济阶层的人群的许多特征，也会由于一个特定群体内部的相互作用而出现极化，使这一群体与其他群体的差距增加。

二、冒险转移

在日常生活中，人们面临的决策通常是两难的，做出选择的同时也必须付出代价。还记得2015年时我公公被检查出小细胞肺癌晚期，家里一下乱套了。将我公公送到肿瘤医院就诊时，医生说建议手术取片检查癌细胞有没有扩散，为下一步治疗提供依据，但手术也会给人带来极大的损伤，有可能会加剧病情。当时面临决策，我和老公也很矛盾，既想做手术又怕做手术，后来打电话问了好多的亲戚，最后大家说只要有希望，对治疗有好处，就做手术，最后就选择了做手术。

一个人单独决策和一群人决策，会有较大的不同。心理学研究表明：个体参与群体决策，往往比单独决策表现出具有更大的冒险倾向，而较少有谨慎保守的倾向。这就是我们下面要讲的冒险转移。

（一）什么是冒险转移

冒险转移（risky shift），是指群体做出决策比个人决策更冒险的现象。研究者发现，这种存在于各类决策中的冒险转移现象是人类社会的共同现象。心理学家弗里德曼等人（1981）以美国、加拿大、德国、英国、以色列等国家的被试为研究对象，都发现了共同的冒险转移现象。在生活中的投资冒险、获取成功冒险等，都存在冒险转移现象。

心理学家对冒险决策问题进行了大量研究，广泛涉及投资冒险、获取成功冒险等。研究结果表明，个人独自决策，有较小的冒险性，倾向较为保守；群体共同决策，最后的决策会比个人独自决策有更大的冒险性。心理学家何根等人1967年的一项研究表明，个人单独决策时，倾向于认为需要有70%的成功把握才能够进行投资，而群体决策所形成的决定把成功的可能性降到了50%，说明群体决策会接受冒险性高得多的决定。

（二）冒险转移的机制

个人独自决策，有较小的冒险性，倾向较为保守；群体共同决策，最后的决策比个人独自决策有更大的冒险性。为什么呢？主要有以下几个方面的原因。

（1）个人假设群体鼓励富有冒险性的见解。与个人独自决策的情境不同，群体决策情境为评价情境，个人需要提出一个为群体其他成员所赞赏的选择。如果在决策上显得过于谨慎，个人会担心被群体成员视为胆小、保守、缺乏气概。

（2）责任分散。从前面有关社会惰化问题的讨论中，我们已经知道，群体的背景会直接导致个人行为责任意识的下降，责任意识下降的直接结果，是使人们的冒险性得到鼓励。有关去个性化的研究也证明，行为责任意识下降时，个人会变得敢于尝试通常被自我控制所抑制的行为。

（3）文化价值倾向于对高冒险性有较高评价。社会心理学家的研究已经证实，人们倾向于对高冒险性的人有较高评价。日常生活中的斗牛、骑马、竞技、空中飞人、飞机上走钢丝等冒险行为，广泛吸引了人们赞赏、羡慕的目光。表演者也被视为英雄。这样，在人类的文化价值中，高冒险与英雄气概联系到一起，从而使人们倾向于鼓励冒险。群体的鼓励冒险倾向，也正是来自这种文化价值倾向的影响。

进一步的研究表明，冒险转移本质上为群体的"极化转移"，冒险转移是群体极化在决策方面的特殊表现。群体决策受制于多种因素影响，也要受到决策内容的影响。在有些方面，群体决策的结果不是更冒险，而是比个人独自决策更保守。

第四节 模仿和暗示

在生活中，我们会有意无意模仿他人。看到他人的装束很好看，就想着跟他人一样；看到他人学习用功，自己也跟着用功；看到他人考取证书，觉得自己也应该考取证书；看到别家的装修很好看，也想着改变自己的家里装修……这些现象就是模仿，是生活中常见的一种社会影响现象。

当希望影响他人时，我们就会通过一些间接的方法给予对方暗示，从而使对方接受你的行动方式或意见、想法等。暗示也是生活中常见的一种社会影响现象。

一、模仿

肥裤子、破礼帽、小胡子、大头鞋,再加上一根从来都不舍得离手的拐杖,是卓别林的经典形象。卓别林用他的表情和动作使美国幽默片达到最高境地。有一个关于卓别林的故事说:1915年旧金山举办了一场卓别林模仿秀,卓别林觉得很有意思,于是用了别名偷偷报名参加了这次模仿秀。许多人都会想,卓别林自己扮演自己,肯定拿冠军无疑了。结果,卓别林只得了第三名!前两名模仿者表演的居然比他还到位。这些趣闻当年还上了当地的娱乐新闻呢!我们不去探究其中的原因,但两个字"模仿",是我们关注的问题。

(一)什么是模仿

模仿,是指在没有外界控制的条件下,个体受到他人行为的影响,自愿仿照他人行为,使自己的行为与之相同或相似的现象。模仿的社会刺激是非控制性的,榜样是模仿的对象,但模仿是自愿产生的,模仿者的举止近似于其所模仿的榜样。

模仿是普遍存在的一种社会现象。从个体对他人无意识的动作,到衣、食、住、行,到对他人的风度、性格、工作方法、生活方式,乃至于对整个社会生活有关的风俗、习惯、礼节、时尚等,都存在模仿。比如,看了电影《少林寺》后,许多人纷纷模仿少林寺和尚的武打动作;到国外学习工作的人,模仿外国人的行为方式等。

需要特别提出的是,模仿只能是对外显行为的模仿,对他人内隐心理则无法进行模仿。正如奥尔波特指出的那样:我们不能模仿惧怕,如果我们看到他人有惧怕的表情,而使我们也感到惧怕,那不是模仿的结果,而是由于看到了他人惧怕的表情,会感到自己也处于危险的环境之中,因而才惧怕起来,因此,对他人的气质、性格等人格特质的模仿,实际上是通过模仿他人的一系列行为而体现出一个人所具有的性格、爱好等个性心理特征的结果。

模仿过程中,模仿者一般是主动的,在许多场合下是有意识的、自觉的,并且不受外界其他人的控制。而被模仿者一般是被动的、无意的。当然,某些场合模仿也可以是主动的、有意的,子女对父母行为的模仿,大多数情况下,父母的行为是在无意之中表现出来的,也有一小部分行为是父母有意表现而使子女模仿的。

复杂的模仿包括对模仿对象的感知和理解,与思维过程相联系。它起因于个体对当前问题的认识,或者起因于个体对模仿后得到奖赏的理解,这些认识或理解均是理性的。例如,进入学校后,我们会模仿优秀作文进行创作;会模仿某种助人行为帮助他人等。还记得给妈妈洗脚那则公益广告吗?孩子看到妈妈给奶奶洗脚,耳濡目染,在妈妈榜样的示范下,也端着一盆水给妈妈洗脚。从小让孩子学会爱、懂感恩之心,这是人生最宝贵的财富。

【资料延伸】

《东施效颦》,https://baike.baidu.com/reference/232075/4988sfIOlq_uYBlXYkZdLg-MeVgaifkp4wIdm-3okcLxb8zR93Jo4CZxUpLOJUcOsTgTjUrHsakMYKAeU-LCXpQwUCQ。

(二)模仿的种类

依据模仿者对模仿行为的觉知程度,模仿可以分为无意识模仿和有意识模仿等两种。

1. 无意识模仿

无意识模仿,是指模仿者没有意识到的自己的模仿行为,不知不觉之中对他人行为的仿照。无意识模仿有两种情况。一种是模仿者迅速、自动地模仿他人简单的行为。如有时我们看到他人打哈欠,也会不由自主地打哈欠。这种行为的特点是简单,早已为模仿者熟练掌握而不需重新学习。一种是由于他人行为的长期熏陶,而在某种场合中模仿者无意识模仿了这种行为,如许多儿子的行为酷似父亲,就是通过这种无意识模仿形成的。又如生活在山东菏泽地区的人,天天听到人们把"不知道"说成"知不道",久而久之他就有可能在说话的时候,无意识地把"不知道"说成"知不道"。

2. 有意识模仿

有意识模仿,是指自觉主动地仿照他人的行为行动。这种模仿也有两种。一种是模仿者不理解他人行为的意义与价值而进行的模仿。如我国古代的成语故事《东施效颦》就是这种模仿的例子。美国心理学家阿伦森曾讲述一则笑话:一个平民被总统请去吃茶点,感到很恐慌,因为不知道总统吃茶点的规矩是什么,于是就决定照着总统的样子做,当他看到总统把牛奶倒进咖啡里,他也把牛奶倒进咖啡里;看到总统加入几块糖,他也加入几块糖;看到总统把咖啡倒到盘子里,他虽然非常困惑,也这么照做了;不过当他又看到总统把盛着咖啡的盘子放到地上喂自己的狗时,就束手无策了。另一种是模仿者了解行为者行为的意义与价值,而有目的、有选择地对他人行为的模仿。我们对他人性格、气质,工作方法、生活方式等的模仿,基本都属于这一种的模仿。

(三)人为什么要模仿

1. 模仿的功能

在21世纪初,以塔尔德和麦独孤为代表的一些社会学家和心理学家把模仿看作一种先天倾向。麦独孤认为,人类有一种天然的冲动去照样做其他人的行为。行为派则强调模仿是由于社会榜样的影响,可以通过学习榜样的行为而发生。班杜拉关于模仿的社会学习理论较有代表性。他设计了一系列的实验研究作为建立理论体系的依据。其主要论点是,人们的道德行为通过学习而获得,社会生活中榜样是学习模仿的重要因素。

心理学家班杜拉认为,模仿有三种功能:①使原有的行为得以巩固或改变;②学到新的、原来不会的行为动作;③使原来潜伏存在的而未表现的行为得到表现。

模仿这种行为,或是出于好奇,得到心理上的满足;或是为了消除焦虑,更好地适应环境;或是为了获得进步,取得成就。各种不同动机,驱使个体产生各种不同的模仿。

模仿是学习和习惯形成的方式之一,也是人与人之间相互影响的重要方式之一,是实现个体行为社会化的基本历程之一。

2. 模仿实验

1)学习模仿的实验

1963—1968年,班杜拉和麦克唐纳等人进行了学习模仿的实验。实验步骤为:先用两难问题测试学生,让学生判断故事中人物的行为是否正确,以此了解他们原先的判断能力。

然后把学生分成三个组,控制三种不同的情境,但仍然用上述两难问题让他们进行道德判断。第一组是单纯强化组。只有他们第二次的判断与第一次的判断稍有不同,或稍有进展,即给予强化——奖励与赞扬。第二组是榜样强化组,要求他们做道德判断以前,先以成人的道德判断作为榜样,学生若是模仿成人而做出道德判断,立即给予强化——奖励与赞扬。第三组是榜样不强化组,情境与第二组同样,但当学生模仿成人的道德判断时不给予奖励与赞扬。

再给三组提出 12 个两难故事,要求各组学生做道德判断,"故事中谁做得对？谁做得错？为什么？"对三组学生的回答既不提供榜样,也不给予强化。研究结果发现:第二、三组学生的成绩远远超过第一组的成绩,其原因就是这两组已经经过了对榜样的模仿,这表明模仿的作用是很大的。第二、三组成绩相近,但实验情境不同,一组给予强化,另一组不给予强化,这说明奖励与赞扬等强化作用并不显著。

对于这一实验结论,有人有不同看法,认为模仿和强化两个因素对人们道德行为都有影响,但这两者并不属同一个层次,是不同质的。因此,它们对人们道德行为发生的作用应从不同的角度来看待。模仿是以外界提供现有的行为模式为前提,据此而发生相符行为的。但强化并未提供直接的样板,主要通过奖赏与惩罚以激发行为的动机作用。因为强化的量缺乏绝对的标准,它可多可少,其作用的大小,可随强化的程度而不同,而提供模仿的榜样是明确的,是有客观标准的。由此可见,把模仿和强化两个因素进行对比实验,说服力不强,科学性不够。

2) 利他行为的模仿实验

格鲁西研究了以小学生为被试的利他行为的模仿效果。实验设计了三个组。活动内容为滚球游戏,模仿内容是捐献行为。

第一组是根据他人行为的模仿组。在滚球游戏中,首先由模特儿玩,如果达到标准就可以得到奖品——弹子,然后模特儿把所得到的弹子的一半都送给了其他孩子。最后让被试玩球,也给予奖品,观察被试是否表现出模仿他人的捐献行为。

第二组是根据他人的语言表示的模仿组。整个过程与上组相同,所不同的是模特儿没有捐献行为,而是用语言表示,要把奖品送给其他孩子。

第三组是对照组。既没有模特儿的捐献行为,也没有语言表示,让被试玩同样的滚球,观察他们能否捐献获得的弹子。

实验结果表明,第一组、第二组与第三组相比,差别显著并且很有成效;第一组与第二组相比,第一组有更好的效果,被试对于模特儿的语言表示也有较好的效果。

事实上,由于人们会自觉地或不自觉地模仿他人的行为,所以,榜样的作用确实很大。电影、小说、故事都给人们提供了榜样,主要看它们所提供的是什么形式的榜样。好的作品对人们起着鼓舞作用,宣传先进人物的典型,能起到良好的模范作用。但坏的作品却会腐蚀人们的灵魂,对人们的模仿提供了坏的样板。

3) 模仿与从众的对比实验

学校教育中,教师的榜样作用和学生同伴之间的相互作用,是影响学生行为的两个主要因素。华东师范大学心理学系的学生做了专门的实验,目的在于了解模仿与从众在不同的年龄阶段的作用的变化,以此比较两者作用的大小。实验分为 6 岁组、10 岁组、13 岁组和 17 岁组。各年龄组随机分为模仿组、从众组及控制组。

实验内容是按规则投圈。实验结果表明,模仿组和从众组在各个年龄阶段都明显地发生作用。尤其是 6 岁组的模仿和从众行为都很普遍,10 岁以后,儿童对于模仿有所下降,到了 17 岁,对于从众也有所下降。

可以认为,上述结果也是符合人类心理发展的年龄特征的,7 岁以前的儿童有很大的依附性,他们尊重成人和权威,随从众人;到了 10 岁以后,儿童的道德认识发生了新变化,他们已经不完全仿效成人,但还未形成自己的行为准则,还需要与同伴保持一致;到了 17 岁以后,他们的自我意识迅速发展起来,因此,他们的行为更多地受自我支配而显示了独立性。

（四）人会模仿什么

一般来说，儿童的模仿对象总是由近及远，由小及大，最初模仿的对象是父母、兄妹，而后是老师、同学，随后再发展到社会范围内的英雄、先进人物。从衣、食、住、行，到对他人风度、行为方式、工作方法，乃至整个社会生活的风俗、习惯、礼仪等，都存在模仿。

模仿的基本趋势是从无意模仿到有意模仿，从游戏的模仿到生活实践的模仿，从对外部特征的模仿到对内部实质性内容的模仿。例如，儿童模仿他人做好人好事，最后养成了做好人好事的习惯，发自内心地帮助他人；儿童模仿妈妈穿鞋，最后学会自己穿鞋；模仿跳舞，最后学会跳舞；等等。

（五）模仿理论

1. 本能论

作为一种常见的人类社会互动形式，模仿长期受到人们的关注。亚里士多德认为，"模仿是人的一种自然倾向"，是人的本能之一。达尔文则认为模仿不仅是人的本能，也是大多数高等动物的本能。在《人类的由来》一书中，他列举了许多人类和高等动物在心理上的相似性和连续性特征，其中就包括模仿在内。20世纪初，塔尔德和麦独孤等人都把模仿看成是一种先天的倾向。尤其是塔尔德的"模仿论"更是闻名遐迩。在塔尔德看来，模仿是社会发展和社会存在的基本原则，模仿的结果产生了群体的规范和价值。

模仿是社会进步的根源，这种进步主要表现在两个方面：一方面是个人的创造，即发明；另一方面是社会的同化，即模仿。在《模仿律》一书中，塔尔德为模仿制定了三条亚定律。①下降律，即下层阶级具有"模仿上层阶级的倾向"。比如，像时尚这种社会现象其基本的传播形式，就是一种自上而下的、越来越广泛的瀑布式传播。②几何级数律，即在没有干扰的理想状态下，模仿行为将以几何级数的速度增长。像时尚、谣言无一不是以这种滚雪球的方式扩散。③先内后外律，即个体对本土文化及其行为方式的模仿与选择一般总是优先于外域文化及其行为方式而进行的。用本能来解释人类的模仿显然是片面的，而且塔尔德也过分夸大了模仿的作用。

2. 社会学习论

和模仿行为的"本能论"是相对立的，是社会学习理论的观点。这一观点最初以米勒和多拉德为代表，他们以"强化理论"来说明人类模仿行为的产生。米勒曾以动物实验来证明模仿是后天习得的。在实验中，实验者先让一只已熟悉了实验环境具有引导习惯的白鼠在"T"形迷宫中学习辨别白与黑的刺激，然后将该白鼠置于出发点，而将另一只不熟悉环境但具有顺从习惯的白鼠放在其后。

结果表明：如果后者跟从前者的行动并且获得了酬赏，后者就一直跟从前者行动。因此米勒认为，模仿是后天通过强化习得的。20世纪60年代以后，班杜拉的一系列研究进一步证明了这一观点。

二、暗示

三国时期，曹操率领部队去讨伐张绣。时值七八月间，骄阳似火，万里无云，士兵口渴难忍，行军速度明显变慢，有几个体弱的士兵竟然体力不支晕倒在道旁。曹操见状，非常着急，心想如果再这样下去，部队根本不能如期到达目的地，战斗力也会大大削弱。于是他叫来向导,询问附近可有水源?向导说最近的水源在山谷的另外一边,还有很长的路程。曹操沉思一阵之后,一夹马肚子,快速赶到队伍前面,然后很高兴地转过马头对士兵说:"诸位将士,前边有一大片梅林,那里的梅子红红的,肯定很好吃,我们加快脚步,过了这个山丘就到梅林了!"士兵一听,不禁口舌生津,精神大振,步伐也加快了许多。

望梅为什么能够止渴,其中有一个重要的原因是:心理暗示在其中发挥了重要的作用。暗示这种社会心理现象在生活中是十分普遍的。一个人在社会上无时无刻不在接受他人的暗示,也无时无刻不在暗示他人,从而使得人与人之间发生了相互影响与相互作用。

(一)什么是暗示

暗示,是指在无对抗条件下,用某种间接的方法对人们的心理和行为产生影响,从而使人们按照一定的方式去行动或接受一定的意见、思想的现象。

暗示是一种被主观意愿肯定了的假说。它不一定有根据,但由于主观上已经肯定了它的存在,因此其心理就会尽量趋向于主观假说。一个人生了病,一时查不出病因,就自己怀疑患上了癌症。这时,如果有位医生说他的疾病是癌症,这个病人是会相信的。暗示可以通过语言的形式进行,也可以通过其他方式进行。市场上做买卖的人,常常向顾客介绍他的商品如何物美价廉,这就是语言的暗示;有些做买卖的商贩,为了推销他的商品,故意让其伙伴拥挤在他的摊头,似乎"生意兴隆",过路人不知有诈,误以为他的商品物美价廉,于是挤进去抢购,这就是行为的暗示。有些商店出售廉价物品时,往往冠以"出口转内销"之名来招徕顾客,因为在人们的印象中,出口物品质量好,出口转内销又会减价,于是竞相抢买,这就是信誉的暗示。

(二)暗示的作用

暗示对人们的心理与行为会发生很大的影响。

美国心理学家谢里夫曾对暗示的作用做过一个实验。他要求大学生对两个作品做出评价,告诉学生说,第一个作品是英国大文豪狄更斯写的,第二个作品是一个普通作家写的。其实这两个作品都是狄更斯所写。受了暗示的大学生却对两个作品进行了悬殊的评价:第一个作品获得了宽厚而又崇敬的赞扬,第二个作品却得到了苛刻而严厉的挑剔。两个作品出自同一作者,只不过受到的暗示不同,就得到了大为不同的评价。这一实验表明了暗示的作用是很大的。

南京大学陈秀萍(1986)的暗示实验,同样证明暗示有很大的心理作用。实验对象是干部进修班学员,实验材料是一张青年人的照片,实验者把干部进修班的学员分为两组,然后将两组人员分别安置在两个地方。主试拿着这张青年人的照片,对一组学员说:"这是一名'三进宫'的罪犯,请大家根据照片上的形象描写这个人的性格。"拿着同一张照片,主试对另一组学员说"这是一个年轻的、在德国获得博士学位的副教授,请大家根据照片上的形象描写这个人的性格。"结果发现,虽然是同一张照片,但由于主试的暗示不同,大家对照片中人的性格描写也不同。当然,在受暗示的程度上,每个学员是有差别的,不过这仅仅是程度上的差别,并没有人将"副教授"说成"罪犯",把"罪犯"说成"副教授"。有趣的是,大家从同一双眼睛、同一个前额、同一个嘴巴中看到了不同的性格,结果如表8-2所示。

表 8-2　对同一照片不同暗示的结果

部位	副教授	罪犯
眼睛	从他那专注凝神的眼睛里,不难发现他是一个在专业知识及个人爱好的领域十分有造诣的人。有不达目的不罢休、"不到长城非好汉"的执着风格。他那炯炯有神的眼睛中含有坚定不移的信念。此人比较爱思索、爱科学、爱钻研,风强,认真,责任心较强	眼睛中含有迷茫又自甘堕落的情绪。从他的眼神中可以看出,他选择的是自我毁灭的道路,追求的是"今朝有酒今朝醉"的醉生梦死的生活。从眼神看,两眼呆滞,内心世界空虚,对前途感到渺茫
前额	他那宽宽的前额说明,他善于思考,聪颖敏捷	他那被黑发压低的前额让人感到他缺乏远大的志向
嘴唇	他那紧闭的嘴唇告诉人们,他不善交际	那紧闭的双唇告诉人们:这是一个胆大,心狠,暴烈而又固执、自以为是的人

暗示不仅对人们的心理与行为发生影响,还会引起人们的生理变化。

在实验室内,反复给被试喝大量糖水,经过检验,可以发现其出现血糖增高、糖尿并尿量增多等生理变化。后来,不给糖水,实验者用语言来暗示,结果同样会发生上述生理变化。该实验表明,语言暗示可以代替实物给人脑以兴奋的刺激,虽然被试未喝糖水,但人脑仍然参与体内糖的代谢活动。人们常说的"望梅止渴",也就是由于语言的参与而发生暗示作用,产生一定的生理变化——分泌唾液。

暗示得越含蓄,则其效果越好,要使人们的心理活动受到影响,能按照一定的方向去行动,尽量少用命令的形式提出要求。若能用巧妙的方式引导,则能获得更好的效果。例如,有些孩子有偏食的习惯,不喜欢吃青菜,父母不用命令的方式,叫他非吃不可,而是自己先大口大口地吃青菜,并且说:"这青菜烧得真好吃",还可以对孩子讲青菜的营养价值。在这种情况下,孩子多半也会跟随吃青菜了。从效果看,用含蓄的语言或设置具体情境要优于命令式要求。因为人们都有一种自尊心,都愿意保持自己的独立性,不愿意受到他人的干涉与控制。

（三）暗示的种类

1. 语言暗示、行动暗示、表情暗示和符号暗示

依据暗示工具,暗示有语言暗示、行动暗示、表情暗示和符号暗示等几种。语言暗示即语言引起的暗示。如一位化学教授曾经做过这样一个实验。他把一个空瓶子带到教室欺骗学生说瓶子里装有恶臭气味的气体,要测试这种气体在空气中的传播速度。要求学生在他打开瓶盖后,闻到气味的学生就把手举起来。然后教授一边开瓶盖,一边看表。结果15秒后,前排多数学生把手举了起来,一分钟后有3/4的学生把手举了起来。这种暗示仅仅通过语言就达到了影响人的心理和生理反应的目的。

行动暗示即由于个体的行为引起的暗示。如在商业社会中出现的"托儿"这种不正当的现象就是行动暗示的典型例子。

表情暗示即由于个体的表情引起的暗示。比如上述"托儿"的作用不仅仅是行动引起暗示,常常伴随夸张的表情来对消费者进行暗示。

符号暗示即利用特殊符号作为刺激信息引起的暗示。譬如在商业社会中随处可见的、比比皆是的大小广告牌,都是利用各种各样的符号系统对消费者进行暗示的。

2. 他人暗示和自我暗示

依据发出暗示信息的人,暗示有他人暗示和自我暗示等两种。他人暗示是指由他人发出暗示信息而引起的心理暗示,如上述的化学教授实验的例子。自我暗示是指由个体自身发出的信息引起的心理暗示。我国成语故事《杯弓蛇影》就是一例典型的自我暗示。

3. 直接暗示、间接暗示和反暗示

依据暗示方式,暗示有直接暗示、间接暗示和反暗示等三种。直接暗示即暗示者有意识地把刺激信息直接提供给受暗示者,使其迅速而无意识地加以接受的一种暗示。其特点是刺激信息直截了当,无须迂回曲折,一般采取直陈式的说明。

间接暗示即由暗示者以其他事物或行为为中介,将刺激信息间接提供受暗示者,使人迅速而无意识地加以接受的一种暗示。这也是主要的暗示手法。由于间接暗示发出的刺激信息比较含蓄,受暗示者并未意识到自己的观念是由他人的暗示形成的,一般不会使接受者产生心理抗拒或逆反心理。因此,间接暗示对人的控制作用往往大于直接暗示的作用。

反暗示是指暗示者发出刺激信息后引起了受暗示者性质相反的反应。中国古代的一则笑话是反暗示的绝好例证。有人偷埋银子以后怕被人窃去,于是在地上插牌直书"此地无银三百两"。结果,本来怕人偷而做的暗示却起到了指路的效果,银子反被邻居阿二偷走。但是阿二却在牌子的背面写上"隔壁阿二未曾偷",这一下又起到了不打自招的效果。这两人的行为都起到了反暗示的作用。还有成语故事《请将不如激将》等都是反暗示的例证。不过,后者是故意说反话以达到正面效果,又称为有意的反暗示;前者则称为无意的反暗示。

(四)暗示的研究

德国学者施密根最早研究暗示现象。他于1892年出版《暗示心理学》一书。1903年,俄国心理学家别赫捷列夫发表《暗示及其在社会生活中的意义》,首先提出"社会暗示"一词。法国社会学家塔尔德研究了暗示在违法行为的发生和传播中的作用。勒邦则从社会心理学的角度利用暗示对精神病学进行了研究。美国社会心理学家罗斯在上述研究的基础上企图以"暗示—模仿"这一心理过程来解释社会生活中人们相互影响的心理现象。这些研究对弗洛伊德产生了一定影响,在他的医疗实践和精神分析学说中,暗示占有重要地位。

心理暗示是社会普遍存在的一种心理现象,从以下三个著名的实验,可以清楚地看出心理暗示的作用。

1. 气味辨别实验

被试是100名男子和100名女子。实验时,先让每个人闻烧酒、薄荷和鹿蹄草的气味,然后拿出10瓶没有任何气味的蒸馏水,谎称其中有3瓶分别具有上述物质的气味,并让所有被试分辨。结果有48名女子和37名男子声称他们完全嗅出来了;另一部分声称患有感冒,不能完全确定是哪种气味;只有6人表示没有嗅出任何气味。

2. 帽子实验

被试是儿童。实验时,先由一个人对儿童讲话,讲完离去,然后由主持实验的人问儿童:"刚才讲话的人哪只手里拿着帽子?"在被试的27名儿童中共有24名回答是左手或右手。其实,那个讲话的人手里根本没有拿帽子。

3. 皮肤实验

在被试的皮肤上贴一片湿纸,并声称这是一种具有特殊功效的纸,能使皮肤局部发热,

要求被试用心感受皮肤的温度变化。十几分钟过去之后，将湿纸取下，被试被贴处的皮肤果然变红，摸上去还发热。其实，那只是一张普通的湿纸，是心理暗示的作用使皮肤发生了变化。

"无中生有"成为上面三个实验的共同结果。暗示的综合作用，即实验者对被试的外在暗示、被试的自我暗示及被试之间相互心理影响的团体暗示，是产生"无中生有"结果的原因。正确地运用心理暗示将会得到意想不到的结果。

（五）影响暗示效果的因素

暗示者、被暗示者及所处的情境都会影响暗示效果。

1. 暗示者的特点

暗示者的权力、威望、社会地位及人格魅力等都会对暗示效果有明显的影响。例如，广告中用明星做代言，就容易引起"明星效应"，引起广大粉丝的购买行为。望梅止渴，正是因为曹操的权力和威望才让士兵充满希望等。

2. 被暗示者的特点

被暗示者如果独立性差，缺乏自信心，知识水平低，那么暗示效果就明显；被暗示者的年龄、性别与暗示的效果也有关系，年龄越小，越容易接受暗示，一般女性比男性易受暗示。例如，一个孩子走路不小心，头上碰了一个包，妈妈抱着他说："来，妈妈吹一口仙气，你就不疼了。"于是朝他的头吹一口气，孩子马上就不疼了。赵本山和范伟的小品《卖拐》，也是暗示效应的幽默体现。在小品中，暗示者佯装专家、被暗示者的知识水平有限等促成了一场卖拐、买拐的交易。

3. 情境

个体处于困难情境且缺乏社会支持时，往往容易受到暗示。有这样一个真实的事情：英国著名网球明星吉姆·吉尔伯特小的时候跟着妈妈去看牙医，她以为一会儿就可以跟妈妈回家了。但是我们知道，牙病是会引发心脏病的。小女孩看到她的妈妈竟然死在了牙科的手术椅上！这个阴影一直跟随她40年，可惜的是，她从没想过去看心理医生，以至于她即使牙痛也不敢看牙医。后来，她实在被牙病折磨得受不了，在家人的极力相劝之下，才把牙医请来家里给她诊治。谁知，当医生在一旁整理器械准备手术时，却发现吉姆·吉尔伯特已经断了气。英国著名网球明星吉姆·吉尔伯特被40年来的一个念头"杀"死了，当时的情境影响加上自身的原因（知识、经验和承受力等）导致一个牙痛就断送了这位网球明星的生命。

（六）暗示的意义

暗示这一社会心理现象在社会生活的许多领域内都有重要的意义。

1. 暗示在医学领域中的意义

医生临床实践经验证明，有许多病人尽管自诉本人有种种不适的主观感受，但并无器质性疾病，生理上一点毛病也没有，只是其神经功能失调，表现为食欲不振、失眠心悸、头昏眼花等症状。有经验的医生采用暗示疗法，让病人吃些维生素，注射葡萄糖，竟然治好了病人的"病"。在第一次世界大战中，前线的士兵流行一种因炸弹的爆炸震惊而得的心理恐惧症，患者四肢严重瘫痪。当时英国的心理学家麦独孤参加了战时诊疗，他凭借自己的威望，成功地进行了多次暗示治疗，使士兵得以康复，这就是医学上的暗示疗法。

医生对病人最易发生暗示作用。病人即使患了不治之症，如果医生安慰病人，关心病人再加上悉心治疗，就会增添病人的自信心，病人与医生密切配合，就能取得圆满效果。日本电视剧《血疑》中幸子的父亲大岛茂是个医生，看到女儿得了白血病，一边千方百计地为她治病，一边鼓励她要像一个正常人那样生活，要有所追求，有所希望。父亲的积极暗示，使幸子鼓起了生活的勇气，在她活着的时候，像一个正常人那样充满青春的活力。

2. 暗示在体育运动领域中的意义

在体育竞赛中，在知己知彼的前提下，运动员最重要的是树立必胜的信念，克服一切不利的因素，实现积极的自我暗示，稳定自己的情绪，才能更好地发挥自己的技术水平。比赛时，运动员总是怀有程度不同的紧张情绪，这时，周围人的一句话、一个眼神、一个动作，都能对其发生暗示作用。若领队、教练以和蔼可亲并充满信心的态度对运动员加以支持、激励、赞扬，就能对运动员起积极的暗示作用；若运动员与领队、教练的关系素来十分融洽，相互信赖也能促使运动员产生积极的自我暗示，使他的技术得以充分发挥。双方组织的啦啦队对自己运动员的鼓励，实质上也起着暗示作用。

3. 暗示在教育领域中的意义

近年来，国外许多学者都纷纷研究"暗示教学法"。暗示教学法的三条原则是：①保持愉快、轻松、集中的心理松弛状态的原则；②有意识与无意识统一的原则；③暗示手段相互作用的原则。上述原则的生理学理论基础在于，人的大脑左右两半球是其心理的主要器官，左半球优势脑是掌管逻辑、理性和分析思维的，右半球优势脑是负责直觉、创造力和想象的。它们并非彼此孤立地发生作用，而是和神经系统其他部分共同协同活动的。暗示教学法就是用大脑左右两半球的优势作用，共同实现反映现实的功能和调节各种复杂活动的。教师的语言富有暗示作用。在晓之以理、动之以情、导之以行、持之以恒的整个教育过程中都有暗示，所谓"循循善诱"，就包含了暗示作用。

此外，暗示在商业领域内也有很重要的意义。有些商人为了推销商品，不惜重金聘请名演员、名运动员为他们做广告。这些广告宣传对人们起到了暗示作用，人们就会自愿去购买他们的商品，产生了所谓"名牌效应"。

暗示心理在文艺创作、人际交往、司法审判与证词等方面，都有一定的意义。

综上所述，暗示在社会生活中既有积极意义，也有消极作用。从积极方面看，可以对个体产生有益作用；从消极方面看，可以对个体产生不良影响。它可以应用于医疗、商业、体育、教育等各个领域。但是，接受暗示毕竟不是一种根据事实做出判断的品质，接受暗示在很多情况下是一种盲从的表现，它往往是与缺乏知识、缺少经验联系在一起的，也与性格缺少独立性、不善于独立思考有关。因此，不断丰富知识、提高水平、磨炼意志、培养独立思考的习惯，可以降低接受他人暗示的程度。

（七）暗示与模仿的区别

心理学家海德认为，一个人的观念使他人接受即为暗示；一个人的情绪使他人感同身受即为同情；一个人的行动使他人也要如此做即为模仿。实际上，无论是思想、感情或行动都可以产生暗示和模仿。

两者的区别如下。

在暗示中，刺激是被控制的，对暗示者来说，虽然通常是以含蓄的和间接的方式，但一般都是有意识的;而在模仿过程中,模仿者的行为可以是有意识的,也可以是无意识的,但被模仿者一般都是无意识的、非控制性的。

模仿者的仿效行为一般都与被模仿者的行为相同或相似,而被暗示者则不一定做出与暗示者类似的行为。例如,反暗示就是被暗示者做出了相反的行为。

暗示和模仿都是人与人之间相互影响的方式,在生活中,我们要学会选择和分辨,模仿榜样行为,接受积极暗示,促使自己进步。

(八) 破窗效应

1. 破窗效应的由来

美国心理学家津巴多于1969年进行了一项实验,他找来两辆一模一样的汽车,把其中的一辆停在加利福尼亚州帕洛阿尔托地区,而把另一辆停在相对杂乱的纽约布朗克斯地区。停在布朗克斯地区的那辆汽车,他把车牌摘掉,把顶棚打开,结果当天就被偷走了。而停在帕洛阿尔托地区的那一辆汽车,一个星期也无人理睬。后来,津巴多用锤子把那辆汽车的玻璃敲了个大洞。结果,仅仅过了几个小时,那辆汽车就不见了。以这项实验为基础,政治学家威尔逊和犯罪学家凯林提出了一个"破窗效应"(broken windows theory)理论,该理论认为:如果有人打破一幢建筑物的窗户玻璃,而这扇窗户又得不到及时维修,他人就可能受到某些暗示性的纵容去打破更多的窗户。久而久之,这些破窗户就给人造成一种无序的感觉,结果在这种公众麻木不仁的氛围中,犯罪就会滋生、猖獗。此理论认为,环境中的不良现象如果被放任存在,那么会诱使人们仿效,甚至变本加厉。以一幢有少许破窗户的楼房为例,如果那些窗户不修理好,可能将会有破坏者打碎更多的窗户,最终他们甚至会闯入楼房,如果发现无人占用,也许就住下来或者在里面放火。再如,行人路上有垃圾堆积,不久那里就会有更多的垃圾堆积。

2. 破窗效应的某些表现

我们日常生活中也经常有这样的体会:桌上的财物、敞开的大门,可能会使本无贪念的人心生贪念;对于违反公司程序或廉政规定的行为,有关组织没有进行严肃处理,没有引起员工的重视,从而类似行为就会再次甚至多次重复发生;对于工作不讲求成本效益的行为,有关领导不以为然,下属员工的浪费行为就得不到纠正,会日趋严重。

有一家百来号人的公司,公司规定上班时间必须佩戴工牌。虽然制度上规定,如果发现不佩戴工牌,每次罚款20元。最初一两个员工没有照做,但并没有引起管理层重视,没有严格执行该项规定。一个月以后,不佩戴工牌的员工由最初的一两个发展到几乎一半的员工,员工对此事抱着"可有可无"的态度,在这件事上管理层没有"令行禁止",反而一再纵容,严重影响了公司和员工的精神面貌。

在管理实践中,管理者必须高度警觉那些看起来是个别的、轻微的,但触犯了公司核心价值的"小过错",要坚持严格依法管理。"千里之堤,溃于蚁穴。"不及时修好第一扇被打破玻璃的窗户,就可能会带来无法弥补的损失。

在日本,有一种称为"红牌作战"的质量管理活动。日本的企业将有油污、不清洁的设备贴上具有警示意义的"红牌",将藏污纳垢的办公室和车间死角也贴上"红牌",以敦促其迅速改观,从而使工作场所清洁整齐,营造出一个舒爽有序的工作氛围。在这样一种积极暗示下,久而久之,人人都遵守规则,认真工作。实践证明,这种工作环境的整洁对于保障企业的

3. 破窗效应的启示

从破窗效应中,我们可以得到这样一个启示:任何严重的事情,都是从最初的不经心而慢慢铸成的。任何失范行为都是在一定的附加条件铺垫下形成的。人们容易接受"社会感染",或者接受某些"暗示",做出自己没有感觉到严重性的事情来。

一面墙,如果出现一些涂鸦没有清洗掉,很快,墙上就布满了更多涂鸦;城市中,街口转角若有一包垃圾在地上,不久,那个地方就会堆放更多垃圾。一个很干净的地方,人会不好意思丢垃圾,但是一旦地上有垃圾出现,人就会丝毫不觉羞愧,毫不犹豫地往地上扔垃圾。

心理学家研究的就是这个"临界点":地上究竟要有多脏,人们才会觉得反正这么脏了,再脏一点也无所谓,情况究竟要坏到什么程度,人们才会自暴自弃?

任何所谓的坏事,如果不给"诱因条件",而进行正确引导说教,情况就会好很多。比如,城市环境卫生方面的问题,可以应用破窗效应理论,先改善使人乱扔垃圾的条件,使人们不易乱扔垃圾,接着卫生便会有所好转,市容便会整洁。

本 章 小 结

(1) 社会助长,也称为社会促进,是指个体对他人的意识、包括他人在场或与他人一起活动所带来的行为效率的提高,出现增量或增质的现象。社会助长包括结伴效应和观众效应等两种。社会干扰,也称为社会抑制,是指有他人在场或与他人一起活动时,阻碍了个人活动(工作、学习等)的效率,出现减量或减质等。奥尔波特进行了一系列的研究发现,社会助长作用广泛存在。他人在场或与他人一起工作,并不总是带来社会助长作用。随着工作难度的增加,社会助长会逐渐下降,乃至最终变为社会干扰。社会助长与社会干扰的理论解释主要有扎琼克的优势反应强化理论、评价理论和分心-冲突理论。在社会助长中,有一种特殊的助长称为性别助长,主要发生在性意识发展成熟的个体中,印象管理是性别助长作用的主要心理机制。

(2) 社会惰化,也称为社会惰化作用或社会逍遥,是指群体一起完成一件事情时,个人所付出的努力比单独完成时偏少的现象。社会惰化的原因,可以从以下三个方面予以解释:①个人的被评价焦虑减弱,使个人在群体中的行为责任意识下降,行为动力也相应降低;②当群体成员相信个人对群体的贡献无法识别时,社会惰化就会发生;③群体成员缺乏对群体的认同感。在生活中,倾向于较少发生社会惰化的情境特点如下:①群体成员之间关系密切;②工作本身具有挑战性、号召性或有效地激发人们的卷入水平;③以群体整体成功为目标的奖励引导;④增强群体凝聚力,群体有鼓励个人投入的"团队"精神;⑤个人相信群体成员也像自己一样努力;⑥群体成员工作明确化,每个人必须为自己的工作负责;⑦让群体成员相信自己在工作任务中起到的作用是无可替代的。

(3) 去个性化,是指个体在群体影响下丧失了对自我的控制,失去了个体感,产生一些与群体一致行为的现象。去个性化是现实生活中常见的现象。去个性化产生的原因,主要有以下几个方面:①匿名性;②责任感丧失;③群体的淹没性。要使人们的行为更加符合社会行为规范,使人们遵纪守法,一个可行的办法是尽可能减少去个性化的程度:①人的责任分工明确,处在他人的监督之下,每个人都难以逃避自己的责任;②适度的自我评价和自我控制是必需的。

(4) 群体极化,是指个体在参与群体讨论时,由于受群体气氛的影响,个体原已存在的观点和态度会得到加强,并从原来的群体平均水平,加强到成为具有支配性地位的现象。为什么会导致群体极化呢?一般认为有以下两种解释:①社会比较促进极化;②争论与说服互动推动极化。冒险转移,是指群体做出决策比个人决策更冒险的现象。冒险转移是群体极化在决策方面的特殊表现,存在于各类决策中的冒险转移是人类社会的共同现象。冒险转移主要有以下几个方面的原因:①个人假设群体鼓励富有冒险性的见解;②责任分散;③文化价值倾向于对高冒险性有较高评价。

(5) 模仿,是指在没有外界控制的条件下,个体受到他人行为的影响,自愿仿照他人行为,使自己的行为与之相同或相似的现象。模仿是普遍存在的一种社会现象。需要特别提出的是,模仿只能是对于外显行为的模仿,对他人内隐心理则无法进行模仿。模仿过程中,模仿者一般是主动的,在许多场合下是有意识的、自觉的,并且不受外界其他人的控制。而被模仿者一般是被动的、无意的。依据模仿者对模仿行为的觉知程度,模仿可以分为无意识模仿和有意识模仿等两种。模仿是学习和习惯形成的方式之一,也是人与人之间相互影响的重要方式之一,是实现个体行为社会化的基本历程之一。模仿的基本趋势是从无意模仿到有意模仿,从游戏的模仿到生活实践的模仿,从对外部特征的模仿到对内部实质性内容的模仿。模仿的理论有本能论和社会学习论等两种。

(6) 暗示,是指在无对抗条件下,用某种间接的方法对人们的心理和行为产生影响,从而使人们按照一定的方式去行动或接受一定的意见、思想的现象。暗示不仅对人们的心理与行为发生很大的影响,还会引起人们的生理变化。依据暗示的工具,暗示有语言暗示、行动暗示、表情暗示和符号暗示等四种。依据发出暗示信息的人的不同,暗示有他人暗示和自我暗示等两种。依据暗示方式,暗示有直接暗示、间接暗示和反暗示等三种。暗示者、被暗示者及所处的情境都会影响暗示效果。暗示这一社会心理现象在社会生活的许多领域内都有重要的意义。

(7) 心理学家海德认为,一个人的观念使他人接受即为暗示;一个人的情绪使他人感同身受即为同情;一个人的行动使他人也要如此做即为模仿。实际上,无论是思想、感情或行动都可以产生暗示和模仿。暗示和模仿两者是存在区别的,我们要学会选择和分辨,模仿榜样行为,接受积极暗示,促使自己进步。

思 考 题

(1) 谈谈他人在场对个体活动的干扰与促进作用。

(2) 如何理解去个性化?

(3) 你是否怀疑过你所属的群体成员有社会惰化现象?如果有,你做了些什么?如果你有所行动,那么行动的原因是什么?

(4) 谈谈群体极化和冒险转移的原因。

(5) 谈谈模仿、暗示的概念及影响暗示效果的因素。

（6）借鉴自我暗示的相关研究，试着在日常生活中应用积极的自我暗示，并将每天的情况记录下来。

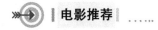 电影推荐

《中国机长》。

参 考 文 献

[1] 郑全全,俞国良.人际关系心理学[M].北京:人民教育出版社,1999.
[2] 乐国安,管健.社会心理学[M].3版.北京:中国人民大学出版社,2017.
[3] 章志光,金盛华.社会心理学[M].2版.北京:人民教育出版社,2008.
[4] 尹恩基.贵人[M].吴荣华,译.哈尔滨:哈尔滨出版社,2015.
[5] 郑日昌.大学心理辅导[M].北京:团结出版社,2001.
[6] 全国13所高等院校《社会心理学》编写组.社会心理学[M].4版.天津:南开大学出版社,2008.
[7] 金盛华.社会心理学[M].北京:高等教育出版社,2005.
[8] 戴尔·卡耐基.人性的弱点:如何赢得朋友并影响他人[M].韩文桥,译.杭州:浙江文艺出版社,2017.
[9] 刘瑞军.交际心理实用技巧[M].北京:中国财富出版社,2012.
[10] 郑日昌.沟通心理学[M].北京:北京师范大学出版社,2015.
[11] 纪宇.微表情与身体语言[M].北京:机械工业出版社,2013.
[12] 格伦·布卢姆,艾伦·森特,斯科特·卡特里普.有效的公共关系[M].明安香,译.北京:华夏出版社,2002.
[13] 王怀明.组织行为学:理论与应用[M].北京:清华大学出版社,2014.
[14] 纪德尚.管理心理学[M].北京:高等教育出版社,2012.
[15] 中国就业培训技术指导中心,中国心理卫生协会组织.心理咨询师(基础知识)[M].北京:民族出版社,2015.
[16] 陈英和.发展心理学[M].北京:北京师范大学出版社,2015.
[17] 罗兰·米勒,丹尼尔·珀尔曼.亲密关系[M].5版.王伟平,译.北京:人民邮电出版社,2011.
[18] 郭韶明.生活中的心理学:找到幸福的自己[M].北京:金城出版社,2011.
[19] 段鑫星,赵玲.大学生心理健康教育[M].2版.北京:科学出版社,2008.
[20] 罗伯特·霍尔登.爱的能力[M].汤珑,译.南京:译林出版社,2014.
[21] 盖瑞·查普曼.爱的五种语言[M].王云良,译.北京:中国轻工业出版社,2006.
[22] 时蓉华.现代社会心理学[M].上海:华东师范大学出版社,2016.
[23] 张承芬,马广海.社会心理学[M].济南:山东人民出版社,2010.
[24] 沙莲香.社会心理学[M].3版.北京:中国人民大学出版社,2011.